中世のなかに生まれた近世

山室恭子

講談社学術文庫

序

むかしむかしあるところに、となりあった二つのくにがありました。けわしい山がつらなる東のくにと、ゆたかな海にめぐまれた西のくにです。東のくにをおさめていたのは、りんとしたきしょうの黒の王さま、西のくにをおさめていたのはおだやかでいつくしみぶかい白の女王さまでした。

黒の王さまのくにでは、まいにちけわしい自然とたたかいながらくらしていかなければならなかったので、みんなが力をあわせてきびきびとはたらいていました。王さまもそのせんとうに立って、川をせきとめたり町をつくったり、いっしょうけんめいはたらきました。いっぽう、白の女王さまのくにでは、ゆたかな自然のおかげでみんなのびのびとくらし、うつくしい文化の花をさかせていました。白の女王さまのけだかくいつくしみぶかいおひとがらが、くにのすみずみにまでいきわたって、平和な日々がながれていました。

あるとき、悲しいできごとがおこりました。戦争です。ささやかないきちがいがもとで、二つのくにのあいだで、たたかいがはじまってしまったのです。

くる日もくる日もはげしいたたかいがつづき、たくさんの血とたくさんのなみだがながされました。どちらのくにも勇ましくたたかったので、しょうぶがなかなかつきません。けれどもとうとう、黒の王さまのくにが勝ちました。白の女王さまのくにのひとびとも、そんけいする女王さまのために、ひっしでたたかったのですが、橋や町をつくりながらみんなで力をあわせてものごとをなしとげるやりかたを知らず知らずまなんでいた黒の王さまのくにには、かなわなかったのです。

たたかいはおわり、白の女王さまのくにには、そのはなやかな文化とともにほろんで、二つのくにはひとつになりました。ひろいおおきなくにをおさめるようになった黒の王さまは、はりきってみんなのせんとうに立って、まえよりもっといっしょうけんめいはたらきました。そのため、のびのびしたくらしかたはすがたをけし、くにじゅうのみんなが力をあわせてきびきびとはたらくようになりました。

これが、この「とよあしはらみずほのくに」をおそった不幸のはじまりだったのです。

こんなおとぎ話は信じられないあなたに、このささやかな本を贈ります。

☆　☆　☆

この本で私は、ひとつの旅をしてみようと思っています。中世の末、各地に割拠してとりどりの個性を競いあった魅力あふれる大名たち、そして彼らのなかから頭角をあらわして中原に覇を唱えた天下人たちを、かたはしから訪問してみようという、欲張りな旅です。その際、漫然と名所旧跡めぐりをしたのでは、よくある観光ガイド、ありふれた戦国絵巻になってしまいますから、ポイントを絞ることにしました。彼らはどんな文書の出しかたをしたのか、この一点に訪問のターゲットを絞り込んだのです。

彼らが出した文書は、そのとりどりの個性を映し出すかのように、じつに変化に富んでいます。墨痕鮮やかな花押《かおう》がしたためられたもの、堂々たる朱の印章がおごそかに据えられたもの、所領を宛行《あてが》ったもの、兵士を募ったもの、書式も鄭重だったり尊大だったり、とまちまちです。私にはこのような、どんなスタイルの文書を出すかということが、どんなスタイルの統治を行なったかということと密接に連関しているように思えました。ちょうど言語学者が、どんな文法・どんな語彙が用いられたかを調べることによって、その文化体系の本質に迫ることを夢みるように、文書のスタイルをていねいに分析していけば、それを出した政権の支配がどんなものだったかがわかるのではないか、という望みを抱いたのです。

ここから、彼らが遺した文書をせっせせっせと蒐集し、それをもとに試行錯誤をくりかえしながら特徴を析出していくという、たいへんだけれど心楽しい作業の日々が始まりました。はたしてその成果やいかに。中世から近世へと時代が大きくうつり変っていく、その躍動の熱気を首尾よくつかまえることができるでしょうか。あずま路の果てに後北条氏の大帝国をおとなうことによって、さっそく旅の第一歩を踏み出したいと思います。

目次

中世のなかに生まれた近世

序……3
一　東国の大名たち……21
後北条氏　22
概　況　22
内　容　26
印判状化の意味したもの　42
補足三題　58
1　年記と書止文言　59
2　当主の代替り　69
3　支城主の文書　72
武田氏　76
概　況　76

内　容　80
年記と書止文言　89
穴山氏　91
今川氏　93
概　況　93
内　容　95
年記と書止文言　100
上杉氏　103
概　況　104
内　容　106
年記と書止文言　111
佐竹氏　113
天正十八年以前　115

天正十九年以後　121
小　括　127
二　西国の大名たち……133
毛利氏　134
二頭政治期　134
天正十六年の変化　145
1　形　式　145
2　内　容　154
3　ふたたび形式　161
元春と隆景　168
尼子氏　173
大友氏　181

概　況　181
二頭政治期　183
内　容　187
書　式　189
印判状　192
島津氏　196
概　況　196
二頭政治期　198
内　容　201
書　式　205
大内氏・六角氏　210
大内氏　211
六角氏　213

中括　東と西と　217

三　東北の小宇宙……243

伊　達　氏　245

稙宗・晴宗・輝宗　245

政　宗　248

書　状　259

奥羽の諸氏　262

A　戦国期に印判状を積極的に用いた大名　263

B　戦国期に印判状を部分的に用いた大名　269

C　戦国期に印判状を用いなかった大名　273

四　天下人たち……285

信　長　287

概　況　287

二つの転換期　290

内　容　296

書　式　305

「御判銭出すべからず」　313

秀　吉　322

概　況　323

内　容　326

文書の宛先、文書の値段　336

書　式　346

秀　次　357

家　康　363

概　況　363
内　容　367
書　式　383
黒と白と——旅のおわりに……393
文献リスト……407
謝　辞……410
用語集……416
学術文庫版あとがき……417

挿図挿表目次

後北条氏

表1　五年ごとの残存量の推移……二三
表2　宛先ごとに分類……二五
表3　内容ごとに分類……二七
図1　系ごとの印判状化の進行状況……四三
表4　年記の記しかたごとに分類……六一
表5　判物を署名の有無で分類……六一
表6　内容ごとにみた年記の記しかた……六三
表7　書止文言ごとに分類……六四

武田氏

表8　五年ごとの残存量の推移……七七
図2　永禄8-9年を境とする書式の変化……七九
表9　内容ごとに分類……八二
表10　年記の記しかたごとに分類……九〇
表11　書止文言ごとに分類……九〇

今川氏

表12　十年ごとの残存量の推移……九四
表13　内容ごとに分類……九五
表14　年記の記しかたごとに分類……一〇一
表15　書止文言ごとに分類……一〇一

上杉氏

表16　十年ごとの残存量の推移……一〇五
表17　内容ごとに分類……一〇七
表18　年記の記しかたごとに分類……一一三
表19　書止文言ごとに分類……一一三

佐竹氏

表20　天正18年以前の発給文書の状況……一一六
表21　義宣の印判状の状況……一二三
佐竹氏印章一覧……一二五

毛利氏

表22　各当主の発給した文書総数とその内訳……一三五
図3　誰から文書を貰うのか——官途状類の場合……一三七
表23　誰から文書を貰うのか——感状の場合……一三九
図4　誰から文書を貰うのか——宛行状や安堵状の場合……一四三
図5　誰から文書を貰うのか——感状を除く文

表24　書全体の場合……………………………一四三
表24　天正16年における署名と敬称の変化………一四七
図6　表24を相関図にしてみると…………………一四七
表25　署名の変化を寺社宛てと士宛てに分類……一五一
表26　表25の有署名のなかをさらに分類…………一五一
図7　輝元以前の相関図……………………………一五三
図8　輝元以後の相関図……………………………一五三
表27　天正16年を境とする輝元の文書内容の変化…………………………………………………一五五
表28　内容の変化を寺社宛てと士宛てに分類……一五七
表29　各当主の文書を内容ごとに分類……………一五八
図9　誰から文書を貰うのか――輝元・秀就期の官途状類の場合…………………………一六〇
表30　各当主の文書を書止文言ごとに分類…一六二-一六三
表31　尼子氏の当主ごとの書止文言の変遷………一七三
表32　毛利氏の文書を内容ごとに分類……………一七九

大友氏

表33　五年ごとの残存量の推移……………………一八三
表34　内容ごとに分類………………………………一八八

島津氏

表35　五年ごとの残存量の推移……………………一九七
表36　内容ごとに分類………………………………二〇一
表37　年記・書止文言ごとに分類…………………二〇五

大内氏

表38　内容ごとに分類………………………………二一一

六角氏

表39　内容ごとに分類………………………………二一四

中括　東と西と

図10　列島の上にフォッサ・マグナを描く…二二〇-二二一
図11　豊臣期以降の状況……………………………二二三

伊達氏

表40　各当主の発給文書の状況……………………二四六
伊達氏印章一覧………………………………二五〇-二五一

奥羽の諸氏

表41　書状の状況……………………………………二五九
表42　奥羽諸氏大一覧…………………………二六四-二六七

信長

表43　年ごとの残存量の推移………………………二八八
表44　内容ごとに分類………………………………二九七
表45　年記の記しかたごとに分類…………………三〇五

表46　書止文言ごとに分類……三〇七
表47　署名・敬称ごとに分類……三〇九

秀　吉
表48　年ごとの残存量の推移……三一四
表49　内容ごとに分類……三一七
表50　内容分布の年ごとの変遷……三一八
表51　内容ごとの印判状化の進行状況……三三四
表52　年記の記しかたごとに分類……三四七
表53　書止文言ごとに分類……三四七
図12　署名―敬称ごとに分類……三四九
表54　秀次の文書の状況……三五八

家　康
表55　年ごとの残存量の推移……三六四
表56　内容ごとに分類……三六八
表57　内容分布の期ごとの変遷……三六九
表58　内容ごとの印判状化の進行状況……三七六
表59　年記の記しかたごとに分類……三八四
表60　書止文言ごとに分類……三八四
図13　署名―敬称ごとに分類……三八五

中世のなかに生まれた近世

一　東国の大名たち

【後北条氏】

概況

後北条氏の文書というとすぐに虎の印判状《いんぱんじょう》を連想する。日付の上にべたっと捺された、虎のうずくまるあの大きく個性的な朱の印は、その風貌といい、発給量といい、まさに後北条氏文書の代表というにふさわしい。けれど、後北条氏は印判状ばかりを出していたのではない。花押《かおう》を据えた判物《はんもつ》も各当主から少なからず出されている。また、印判状には日下《にっか》に家臣＝奉者《ほうじゃ》の名が記されている奉書《ほうしょ》式印判状と、何も記されていない直状《じきじょう》式印判状の二種類がある。これらはどのように使い分けられたのだろうか。

てはじめに、判物・奉書式印判状・直状式印判状の三者の発給量の消長を表1によって眺めてみよう。まず目につくのは判物の時代から印判状の時代への変化である。永正十五年（一五一八）にはじめて登場した印判状は天文中期頃から急速に増え、天文十六年（一五四七）頃に判物を追い抜いてからは増加の一途を辿り、印判状全盛の時代が到来する。判物の方は一向に増えないから全体の中でのその比重は低下するばかりである。

いま一つ気づくのは印判状の中での奉書式と直状式の関係の変化である。初めての印判状は奉書式であったが、その後ながらく直状式ばかりという時期が続き、奉書式が直状式と並

表1　五年ごとの残存量の推移

（単位：通）

年代	判物	印判状	奉書式	直状式	計
1495　1517 明応 4～永正14	20	0	0	0	20
1518　1522 永正15～大永 2	8	4	2	2	12
1523　1527 大永 3～大永 7	8	6	1	5	14
1528　1532 享禄 1～天文 1	1	3	0	3	4
1533　1537 天文 2～天文 6	12	3	1	2	15
1538　1542 天文 7～天文11	26	9	0	9	35
1543　1547 天文12～天文16	18	25	0	25	43
1548　1552 天文17～天文21	12	24	0	24	36
1553　1557 天文22～弘治 3	6	56	20	36	62
1558　1562 永禄 1～永禄 5	34	50	31	19	84
1563　1567 永禄 6～永禄10	22	90	53	37	112
1568　1572 永禄11～元亀 3	45	142	98	44	187
1573　1577 天正 1～天正 5	10	90	63	27	100
1578　1582 天正 6～天正10	20	118	67	51	138
1583　1587 天正11～天正15	42	198	113	85	240
1588　1590 天正16～天正18	19	128	62	66	147

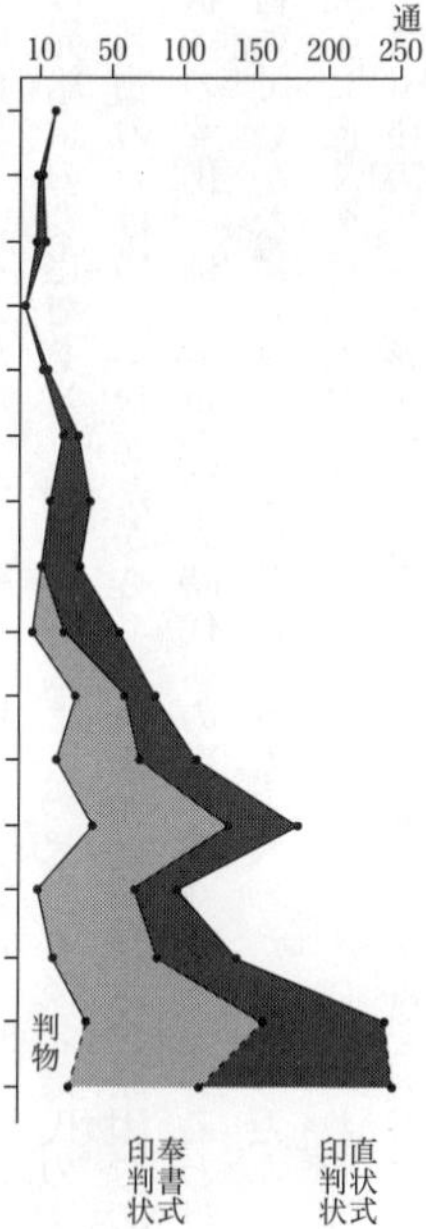

んで本格的に出されるようになるのは弘治元年（一五五五）頃からである。そして、しばらくは奉書式が直状式の約二倍という奉書式優位の時期が続くが、天正八年（一五八〇）頃から直状式の比重が増加しはじめ、天正十二年頃からは奉書式とほぼ拮抗するにいたる。

このように、判物から印判状へ、印判状の中では直状式単独から奉書式・直状式併用の時代へ、というのが表1からさしあたり読みとれる全体の大きな流れである。むろん、それぞれの文書の性格によって残りやすい文書と失われやすい文書があることが予想されるから、「優位」だの「拮抗」だのといっても、当時の状況ではなく、あくまでも現在残されている文書の世界の中での話に過ぎない、という限定は付けなければならない。

では、こうした書式上の変化の流れは、後北条氏の文書発給の状況がどのように変化したことをあらわしているのだろうか。細かな検討に入る前にいくつかの予想を立ててみよう。

一つは発給量の変化である。印判状時代に入ってから後北条氏の文書の発給量は急激に増加する。判物の方は横這い状態だから、その増加は印判状が原因である。すなわち、判物から印判状への変化とは、大量発給の時代への変化を意味しているわけである。一つ一つ筆を執って書いていかなければならない花押よりも、ぺったんぺったんと捺していくはんこの方が大量発給に向くのはあたりまえの話だが、グラフの上にもそれが如実にあらわれている。後北条氏は印判状という形式を採用することによって文書を大量に発給する体制を確立したと言えよう。

もう一つは宛先の変化である。後北条氏の文書を宛先によって分類してみると、寺社に宛てたもの、士—家臣たちに宛てたもの、郷村《ごうそん》あるいは職人たちに宛てたものの三つに大別することができる。判物と奉書式・直状式それぞれの印判状をこの三種の宛先ごとに分類してみると表2のようになる。なお、印判状を弘治元年を境に分けたのは、奉書式・直状式併用期とそれ以前では文書の性格が変っている可能性があるからである。

表2　宛先ごとに分類　（単位：通）

宛先＼書式	判　物	印判状	天文以前(～1554)		弘治以後(1555～)	
			奉書式	直状式	奉書式	直状式
寺社宛て	102	262	5	47	144	53
士 宛 て	213	395	0	18	197	140
郷村宛て	8	366	2	24	162	154
計	325	1024	7	89	504	347

どこにも分類しえなかったもの若干を含むので、各項の合計と「計」欄の数値とは必ずしも一致しない。（以下の各表についても同様である。）

表を見ると、判物と印判状の著しい違いは郷村宛ての文書の有無にあることが分る。印判状では三分の一以上を占める郷村宛ての文書が、判物では八通とごく僅かしかない。しかもその八通の年代を見ると、五通までが永正十五年以前のもの、つまり印判状が使われ始める前の時期のものであり、残りの三通はいずれも大永年間、すなわち印判状の使用が始まってから間もない時期に出されたものである。印判状が本格的に用いられるようになって以後に郷村宛てに出された判物は一通もないわけだ。しかも、印判状時代になってから、判物だけだった時期よりも遙かに頻繁に郷村宛ての文書が出されるようになる。よって、後北条氏は印判状を使用することで郷村宛てに文書を発給する体制を確立した、ということになろう。虎の印判状の登場に「百姓を後北条氏権力の基礎にする」意向を読みとった先学の指摘（中丸和伯「後北条氏と虎印判状」『中世の社会と経済』東京大学出版会、一九六二年）は正しかったわけである。

そして、弘治元年以降の奉書式・直状式各印判状に占める郷村宛て文書の割合を比較してみると、直状式の方がかなり多いことが表から見てとれる。郷村宛ての文書の存在という、判物には見られない印判状の特徴をより顕著に体現しているのは直状式印判状の方なのである。

かくして、判物から印判状へという書式上の変化は、後北条氏にとって、文書を大量に発給する体制、および郷村宛てに文書を発給する体制の成立を意味したことがわかり、印判状化という現象が文書の発給にもたらした変化の大きさが少しずつ見えてくる。そこで次に、この印判状化という現象を文書の内容と関わらせながら、より細かく検討していくことにしよう。

内　容

家臣に所領を宛行《あてが》ったり、寺に禁制《きんぜい》を与えたり、村から人足を召集したり、と後北条氏は実にさまざまな内容の文書を出している。判物・奉書式印判状・直状式印判状といった、各種のスタイルは、ひょっとしたらそうした文書の内容ごとに使い分けられていたのではない

表3　内容ごとに分類　(単位：通)

内容＼書式	判物	印判状	天文以前直状式	弘治以後奉書式	弘治以後直状式	計
起請文	10	0	0	0	0	10
感状	81	5	0	1	1	86
官途状	7	0	0	0	0	7
所領宛行	41	55	0	46	9	96
宛行約束	13	11	0	8	2	24
寄進	24	30	19	4	7	54
安堵	22	67	6	51	9	89
所領安堵	17	38	1	32	4	55
相続安堵	14	10	0	9	1	24
禁制	34	109	9	75	19	143
役免	13	55	14	30	9	68
過所	0	16	3	11	1	16
伝馬	0	46	0	31	4	46
命令	6	246	17	46	148	252
徴発	0	113	0	48	57	113
掟	1	57	3	18	30	58
給付通知	0	36	2	6	27	36
計	325	1024	89	504	347	1353

か。所領を与える時は判物、禁制は奉書式印判状、人足召集は直状式印判状といった具合に、どんな内容の文書かによってサインをするか、はんこにするかが決められたのではないか。後北条氏の文書たちを漫然と眺めていると、そんな感想が湧いてくる。文書を内容ごとに分類し、それぞれについて主にどんなスタイルの文書が用いられたかを調査することで、この憶測を検証してみよう。

まず、後北条氏の文書を内容ごとに一七種類に分け、それぞれを判物か印判状かといった文書のスタイルごとに分けて表3を作成してみる。印判状の方はさらに、天文以前つまり奉書式と併用される前の直状式、それ以後の奉書式と直状式の三者に分けておく。一七ではいささか細分し過ぎの気味があるが、多様な内容を反映させるためにとりあえず細分してみて、その後でまとめていくこととし、しばらくは地道に一七種の文書群をひとつずつ眺めていこう。

①起請文《きしょうもん》

すべて判物である。

②感《かん》　状《じょう》

ごく僅かの例外を除いて、すべて判物である。

③官途状《かんとじょう》

名の一字やある官途を与えた文書。七通と量は少ないが、そのことごとくが判物である。

④所領宛行《あてがい》

判物と印判状の両方が用いられているが、印判状のうち直状式は、天文以前が皆無、弘治以後も九通と少ない。その九通のうち四通までは同日に一斉に出されたもので、それゆえに直状式が用いられたと考えられる。それ以外の場合には、この分野では主に判物と奉書式印判状の二つのスタイルが用いられたわけである。

では、その判物と奉書式印判状はどう使い分けられたのか。宛先によるのか、宛行う所領の大きさによるのか、などといろいろ比べてみると、両者の違いは宛先や所領の大きさではなく、出された年代にあることがわかる。判物の方は天正期以後に出されたものが僅か三／

四一通と著しく前期に偏っているのに対し、奉書式の方は逆に天正以後に出されたものが二八／四六通と後期に偏っている。しかも元亀以前に出された奉書式一八通のうち七通までは所領＝土地ではなく切扶持を宛行ったものであり、その点でも奉書式の所領宛行状が本格的に出されるようになるのは天正以降と言ってよかろう。つまり、天正期初頭を境として所領宛行状は判物から奉書式印判状へと切り替えられていくわけである。

　さらに判物と奉書式印判状を比べてみると、もう一つ興味深い違いがあることに気づく。「就二今度眼先忠一、於二館林領内一望地五ケ所進レ之候」（『神奈川県史』資料編3、文書番号七九五六――以下、『神』七九五六のように略記する）というように、その所領を宛行う理由として戦闘などでの忠節をあげているものが、判物の場合は一六／四一通としばしば見られるのに対し、奉書式の方は九／四六通に減る上に、判物の方にはかなり見られる「今度於二薩埵山一……粉骨感悦ニ候」（『神』七七七八）というような、どの戦闘での手柄に対して宛行うと具体的に述べているものがほとんど姿を消してしまう。戦闘での働きに応じて所領を与えるという理由づけが、判物から奉書式印判状への移行とともに次第になされなくなっていくのである。このことから、戦闘での忠節と引き換えに所領を与える、という意識が印判状化とともに少しずつ希薄になっていくのではないか、とさしあたり考えてみることができる。

⑤宛行約束

近い将来に所領を宛行うべきことを約束した文書。④の所領宛行と同様に判物と奉書式印判状の二様式が中心である。判物のうち天正期以後に出されたものはわずか一通、いっぽう奉書式印判状は八通すべてが天正年間のもの、というように、天正期初頭を境として判物から奉書式印判状に切り替えられていく点も所領宛行と同じである。

また、それぞれの文書が出された事情についてみていくと、判物の方は「今度無二可レ為二一戦一条、抛二身命一可レ被二走廻一候、於レ遂二本意一者、恩賞者戦功次第可レ任レ望候」（『神』八〇一八）というように戦の直前に戦功を励ますために出したものが九／一三通と大部分を占め、それ以外のものにも「今度大宮城中被二楯籠一無足人、別而忠節之由候条」（『神』七六三九）というように、みな軍忠《ぐんちゅう》に報いるために宛行う旨が明瞭にうたわれている。それに対し、奉書式印判状の方は、戦の直前に出されたものはわずか二通、それ以外には「走廻次第、任レ望知行可レ被二宛行一旨」（『神』八七四五）というように一般的な奉公を交換条件とするものはあるが、判物のようにはっきり戦闘での忠節が掲げられたものはない。このように、印判状化にともなって戦功を理由に所領を宛行う約束をするというケースが少なくなる、すなわち戦功への見返りとして所領を宛行うという意識が薄れていく点も、④の所領宛行の場合と同様である。

⑥寄　進

寺社に所領その他を奉納寄進した文書。

判物と印判状の両様式がある。うち直状式印判状は天文以前・弘治以後ともに、ほとんど（二〇／二六通）が同日に一斉に同じ文面で多量の文書を頒布する場合に用いられている。この一斉頒布の場合を除けば、判物か奉書式印判状が用いられたということになるので、両者がどのように使い分けられたかを見ると、ここでも判物から奉書式印判状への変遷が生じている。すなわち、判物のうち天正期以降に出されたものは三／二四通、奉書式印判状の方は三／四通までが天正期というように、④所領宛行・⑤宛行約束と同様、天正期初頭を境として判物から奉書式印判状へ移行していく。ただ、天正期のものが他の分野に比べて少なく、また移行がゆるやかな点が④・⑤と異なる。

⑦安堵《あんど》　職の安堵など各種の既得権を擁護した文書。ただし所領安堵は別にした。④〜⑥同様、この分野も判物と奉書式印判状の両者が中心となっているが、奉書式印判状の方が判物よりはるかに多く、また判物から奉書式へというような時期的な変化が見られない点が前三者と違う。では判物と奉書式印判状はどう使い分けられたのか。まず宛先を比べてみると、判物の方は一九／二二通までが寺社に宛てられたもの、と寺社宛てに著しく偏っているのに対し、奉書式の方は寺社宛て二四通・士宛て一四通・郷村《ごうそん》宛て一三通と、士宛て・郷村宛ての割合がぐっと増える。

さらに内容を比べてみると、判物の方は寺や住持職や不入権の安堵、奉書式印判状の方は竹木の安堵が中心である。竹木を安堵した判物や、寺・住持職を安堵した印判状は見られず、重要な権益の安堵は判物、それほど重要でないものは印判状というように、安堵する権益によってきれいに使い分けられていたことが知られる。権益の重要度によるこの使い分けはかなり厳密に行なわれていたらしく、同じ時に同じ寺に宛てて寺と竹木の二つを安堵する場合に、わざわざ文書を二通に分けて、寺の安堵には判物、竹木の安堵には印判状を用いている例を検出することができる（『神』九〇三八・九〇三九）。

いっぽう、少数派の直状式印判状の様子をみると、やはり竹木の安堵など軽い安堵が中心であり、弘治以後すなわち奉書式・直状式が分化した後は同日に一斉に出される場合に用いられている。

これらの手がかりから全体の動向をまとめてみると、天文以前にはこの分野に印判状が用いられることはあまりなかったが、奉書式の登場とともに印判状が主流となる、そして判物は寺社宛てのしかも重要な権益を安堵する場合のみに限られるようになり、軽い権益のものや士・郷村宛てのものはみな奉書式印判状が用いられ、さらに同日に一斉に頒布する時は直状式が使われた、ということになろう。④〜⑥に比べて印判状進出の時期が早いことが注目される。

⑧所領安堵

安堵の一種だが、量が多いので別にしてみた。⑦安堵と同様に判物と奉書式印判状が中心であり、かつ奉書式印判状の方が量が多いこと、判物は寺社宛てが一三／一七通あるのに対し、奉書式印判状は寺社宛て二一通・士宛て一一通と寺社宛ての割合が減ること、弘治以後の直状式は同日一斉の場合に用いられていることも安堵と同じである。さらに宛先を詳しく眺めてみると、判物の方は鶴岡八幡宮などの大社寺に宛てたものが目につくが、印判状にはそうした大社寺宛てのものがほとんど見られず中小社寺宛てばかりであることに気づく。すなわち、奉書式の登場とともに印判状が主流となり、判物は大社寺宛てのものを中心とし、中小社寺や士宛てには奉書式印判状が用いられ、同日一斉の場合は直状式が使われた、という⑦とほぼ同様の傾向を示すことがわかる。

⑨相続安堵

家を新しく嗣いだあとつぎに対し、その家督相続を承認した文書で、当然のことながら士宛てのものがほとんどである。これまた判物か奉書式印判状のどちらかで、両者を比べてみると奉書式印判状の方が永禄十一年（一五六八）以後と後期に偏っている。⑦や⑧よりも印判状の進出が遅く緩やかなわけである。

また、前の当主が戦死した跡の相続を安堵したもの、および「今度懸川へ相移、……万一遂㆓討死㆒歟、又者於㆓海上㆒不㆑計以㆓難風㆒令㆓越度㆒共、一跡之事速申付、妻女之儀、聊も無㆓別条㆒可㆑加㆓扶助㆒候」（『神』七六四一）というように目前の戦で万一戦死した場合の相続の安堵を約束したものはそのほとんどが判物である。このように戦にかかわって文書が発給される場合には判物が用いられる、という現象は、さきの④所領宛行や⑤宛行約束のときにもみられ、判物という様式の性格をうかがいうるものとして興味深い。

⑩禁　制

判物と奉書式印判状が主流。この二つを比較すると、判物は二七／三四通が天文十三年以前のもの、天正期のものはわずか三通と初期に著しく偏っているのに対し、奉書式は逆に天正期が五五／七五通と後期に多い。また判物は寺社宛てが圧倒的だが、奉書式には郷村宛てのものが二二通みられる。いっぽう直状式印判状の方を見ると、天文以前それも永正・大永期といったごく初期からこの分野に印判状が使われ始めていることがわかる。今までに見てきた分野よりもはるかに早く、おそらく印判状の登場からさして時を経ないうちに、この分野の文書は判物から印判状に切り替えられていったようである。その切り替えとともに郷村宛てのものが増加しているのも注意される。ただ弘治以後奉書式と直状式がどう使い分けられたのかは今ひとつ定かでない。

なお、初期には「制札」という書き出しをもつものが大部分だったが、永禄期までに姿を消してかわりに「禁制」が中心となり、天正期にはさらにこれに「掟」という書き出しが加わる。判物から印判状への変化に呼応するように書き出しも変化しているのである。

⑪役《やく》　免《めん》

公事《くじ》や棟別銭《むねべつせん》などのさまざまな課役を免除した文書。ここは⑩よりもさらに急速に印判状化が進んだ分野である。大永・享禄期から直状式印判状が進出し、判物は天文二十年までに印判状によってきれいに駆逐されてしまう。その後は奉書式中心で同日に一斉に頒布する時には直状式を用いる、という印判状体制が続いていく。

⑫過所《かしょ》

天文以前には直状式、奉書式と直状式が分化した弘治以後には奉書式、と一貫して印判状が用いられており、判物は一通もない。

⑬伝馬《てんま》

後北条氏が宿駅ごとに整備させた伝馬の使用を有償ないし無償で許可した文書。やはり印判状ひといろ。登場するのは永禄期と、ほかの分野に比べて遅い。原則として奉書式が用いられた。

⑭命　令

受取人に対して、出陣を指令したり年貢の納入を命じたり、というようになんらかの指示や命令を下した文書。ただし人足や物資を徴発するものは、「徴発」として別に項目を立ててみた。

書状のニュアンスが強いために判物が用いられたと見られるごく一部の例外を除けば、この分野の文書はすべて印判状である。天文以前の直状式の宛先をみると、一五／一七通とほとんどが郷村宛てであるから、この分野の文書はまず郷村宛てに使い始められたことがわかる。やがて奉書式と直状式が分化する時期になると、個別的な指示は奉書式、広範囲に一斉に出す指令は直状式という使い分けがなされるようになる。そこで弘治以降の奉書式と直状式を比較してみると、量的には直状式が奉書式をはるかに凌駕し、しかも後期になるほどその格差は開いていく。また、直状式の方が郷村宛ての割合がやや高い。

なお、この分野の文書が士宛てに本格的に出されるようになるのは天正期になってからであることにも注目したい。奉書式の士宛て二四通のうちの一八通、直状式の士宛て六六通のうちの五二通が天正期のものである。はじめは郷村宛て中心に出されていた命令文書が、天正期にいたり士宛てにもどしどし出されるようになっていくのである。

⑮徴　発

⑭命令の一種だが、人足や物資を要求したものだけを別にしてここにまとめてみた。

ここもまた⑭同様に印判状ひといろの世界だが、登場は⑭より遅れ、奉書式と直状式が分化した後になる。奉書式は二三／四八通、直状式は四六／五七通と郷村宛ての文書の率がたいへん高いのが、この分野のひとつの特徴だろう。直状式が奉書式を量的に凌駕して増加の一途を辿る点、郷村宛ての割合は直状式の方がはるかに高い点では、⑭と類似する。

両様式の内容を比べてみると、奉書式は船や竹木などの物資を徴したものが三六／四八通、直状式は人足を徴したものが三九／五七通というように、物資中心か人足中心かでくっきりと分れる。これは物か人かで様式が使い分けられたのではなくて、船のように個別的に徴するか、人足のように各村々から一斉に徴するか、という文書の出されかたの違いによるものであろう。

⑯掟

これも⑭命令の一種と言えなくもないが、一過性の指令ではなく法令としての持続性がうかがえるものをまとめてみた。

初期の一通を除けばみな印判状で、郷村宛ての文書の比率がかなり高く、ことに直状式にそれが著しいこと（二一／三〇通）、後期になるほど直状式が増加すること、など⑭・⑮と共通する特徴を持つ。虎の印判状の初見にあたる永正十五年の木負百姓宛ての文書（『神』六五三六）が掟書であることは、この分野への印判状の進出の早さを象徴しよう。奉書式と直状式の内容を比べてみると、直状式の方に一向宗の制禁・兵士徴発についての定など、より普遍性の強いものがやや多いようだ。おそらく広汎に宣布する場合に直状式が用いられたものだろう。

⑰給付通知

年ごとの扶持等を支給するから、何月何日までに奉行人なにがしのところに受け取りに来い、というように扶持の給付を通知した文書。

すべて印判状であり、それも直状式がほとんどである。奉書式のものは四／六通までが臨時の給与の際のものであるから、毎年の恒常的な給付は直状式、臨時の個別的なものは奉書式という使い分けがなされていたと考えられる。

なお、判物と印判状がどのように使い分けられたのかを文書の内容ごとにみていく、というここでの作業に類似した検討がかつて行なわれたことがある。田辺久子・百瀬今朝雄「小田原北条氏花押考」（『神奈川県史研究』三四、一九七七年、のち『後北条氏の研究』〈戦国大名論集8〉吉川弘文館、所収）のなかで簡単に触れられているものがそれで、当主個人に関わるものか統治に関わるものか、受取人の身分の高下、事柄の軽重によって判物と印判状が使い分けられたという見通しのもとに、寄進状の使い分けなどいくつかの指摘がなされている。文書の網羅的な蒐集・分析を経た本書から見ると誤謬と思われる指摘が多いが、判物と印判状の相違に初めて着目した記述として注目すべきだろう。

以上で内容ごとに一七に細分しての検討はようやく終りを告げる。何ゆえに命令と徴発を分割するのか……というように、分類のしかたの細部については異論の生ずる余地もあろうが、全体の動向を占う際にはさして差し支えはなかろう。では、全体を振り返ってみるとどんなことがわかってくるだろうか。

類似した内容や特徴を持つものはなるべく関連付けながら説明しようとするうちに、一七種の文書群はしだいにいくつかのグループに整理し直されていく。さしあたり次のような六つのグループにまとめられよう。

い。

〈起請文〉

①起請文。

内容が以下のどれとも親近性を持たないので単独のままにしておく。判物しか用いられない。

〈名誉系〉

②感状・③官途状。

戦での軍功を讃える感状、名乗りや官途を授与する官途状、ともに受取手に対してかたちのある物質ではなく抽象的な〝名誉〟を与えた文書と言えよう。そして両者とも判物がもっぱら用いられている。

〈宛行系〉

④所領宛行・⑤宛行約束・⑥寄進。

家臣に土地や扶持を宛行ったり寺社に所領を寄進したりというように、土地を中心とする「もの」を与えた文書と言える。長らく判物が用いられ続けたが、天正期初頭頃を境として、いずれも奉書式印判状に切り替えられていく。ただし、寺社宛ての宛行すなわち⑥寄進においては、その移行がややゆるやかである。

〈安堵系〉

⑦安堵・⑧所領安堵・⑨相続安堵。

あらたに何かを与えるのではなく、既得権益を安堵した文書ということになる。天文以前にはもっぱら判物が用いられていたが、弘治期すなわち印判状が奉書式と直状式の両様式に分化する頃から印判状への切り替えが進行し、奉書式印判状が主流となる。ただ、⑨相続安堵では印判状の進出がもう少し遅い。

さきの宛行系と比べると、印判状へ移行する時期がかなり早まっているわけである。そのせいかどうか、天正期初頭を境に判物がほぼきれいに姿を消してしまう宛行系に対して、こちらは奉書式印判状が主流となった後も判物がかなり残る。判物が継続して使われ続けたのは、寺社ごとに大社寺宛てに重要な権益を安堵する場合や戦に関わる相続安堵の場合である。

〈優遇系〉

⑩禁制・⑪役免・⑫過所・⑬伝馬。

軍隊からの保護、租税の免除、交通上の便宜のはからいなど、種々のこまごまとした行政上の優遇措置を講じたものとして括れそうなので、仮に〈優遇系〉と名付けてみた。

このグループにおける印判状の進出ぶりはめざましいものがある。⑩禁制・⑪役免では初期に判物が用いられていたが、天文期すなわち後北条氏の文書に印判状が登場して間もない時期までに印判状によってほぼきれいに駆逐されてしまう。⑫過所・⑬伝馬といった交通関係のものにいたっては一貫して印判状である。そしていずれも、印判状が両様式に分化した後は奉書式印判状の方が主に用いられている。

〈命令系〉

⑭命令・⑮徴発・⑯掟・⑰給付通知。

出陣を命じたり物資を徴発したりというように、いずれも大名からの指示や命令を伝えた文書である。今までのグループがみな受取手に何らかの利益をもたらす文書であったのに対し、受取手に奉仕や遵法を要求する点で、このグループは著しく性格を異にする。やや毛色の変った⑰給付通知にしても、一過性の通知に過ぎず永続的利益を約束したものでない点では、命令や徴発と同類と言える。

この分野はもっぱら印判状が用いられている。そして奉書式と直状式が分化した後は、個別的に発給するときは奉書式、一斉に頒布するときは直状式という使い分けがなされ、直状式の方が量が多く、両者の差は後期になるほど開いていく。このように直状式印判状が主役を演じているのも、今までと異なるこのグループの大きな特徴と言えよう。

また、郷村宛ての文書が大半を占めるのも際立った特色である。

こうしてまとめてみると、一貫して判物が用いられているグループ、初め判物で途中から印判状に切り替えられるグループ、初めから印判状が用いられているグループと、書式の特徴によって三種類あることがわかる。そして第二の、途中から印判状に移行するグループのなかには、宛行系のように移行の時期が遅いものも、優遇系のようにかなり早い時期から印判状化が進行したものもある。これらを図にあらわしてみると図1のようになる。

印判状化の意味したもの

さて、図1というなかなかきれいなデータを手に入れたところで、いよいよ後北条氏における判物から印判状への変化という事態の意味したものについて検討する作業に入ろう。

細かな検討を重ねて、文書の内容によって判物から印判状への移行の時期が異なることがわかってきた。とすると、早くから印判状化が進行した分野の文書は印判状という形式に適合的な性質を持ち、なかなか印判状化しなかったり最後まで判物だったりした分野の文書は印判状という形式に馴染みにくく、むしろ判物の方に適合する性質を持っていることになる。命令系の文書がいちばん印判状に適合的で、優遇系・安堵系・宛行系としだいに適合度が落ち、名誉系の文書はもっとも印判状の使用に馴染みにくいわけだ。

では、どんな性質の文書が印判状に適合的なのか。両極に位置する名誉系と命令系の文書はどんな性格の対比をあらわしているのか。

さきに触れたように、命令系の文書は受取手に利益をもたらさない点で他のグループと大きく異なる。〝文書はその文書によって利益を得るところに伝来する〟というあの有名な古文書学の法則があてはまらない、その意味で中世的な「証文」とは異質の文書である。印判状はまず、こうした非「証文」的な分野のものとして登場した。

次の優遇系・安堵系・宛行系はいずれも「証文」であるが、証文としての重要度の低い順に並んでいると考えることができよう。新たにものを貰う（たとえば所領宛行）よりは既に持っているものを安堵される（たとえば所領安堵）方が、安堵よりは行政上の細かな優遇措置（たとえば禁制）の方が、おおむね重要度は低かろう。

図1　系ごとの印判状化の進行状況

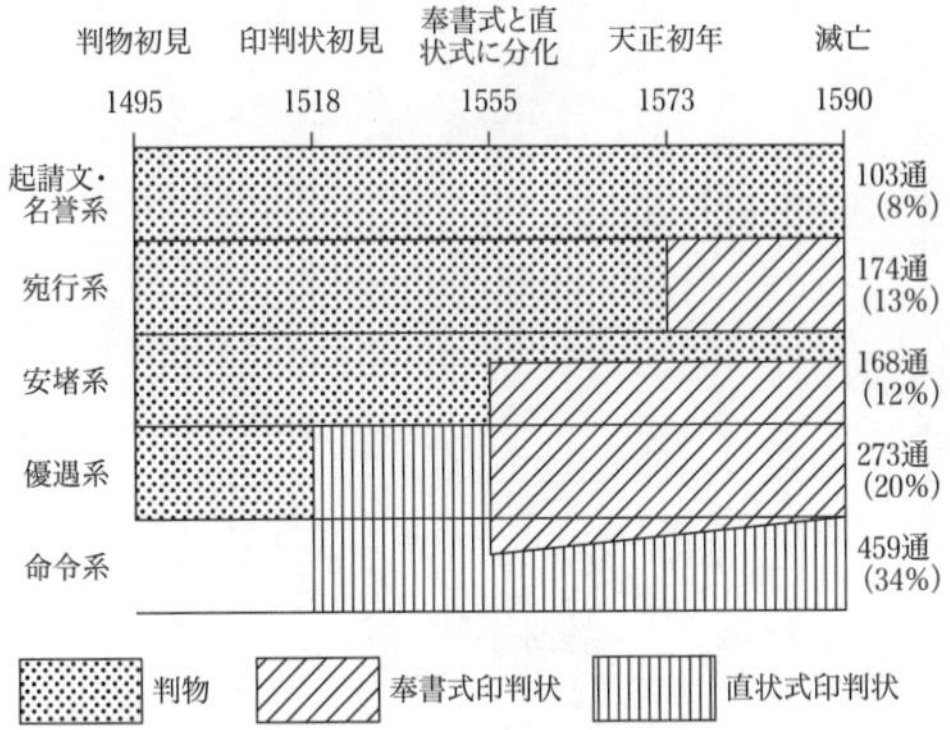

対極にある名誉系の文書は、もっぱら大名と家臣の間の主従関係の絆を固めるために出されたものであり、土地や免税といったかたちのあるものではなく抽象的な〝名誉〟を与える点で、宛行系以下の三者と大きく相違する。家臣たちにとってはこの種の文書によって与えられた〝名誉〟は、ものを媒介としないため、子孫等に相伝することが不可能であり、その意味で家という集団ではなく個人のレベルでとりかわされた文書とも言える。北条家という家を象徴する虎の印判状がこの

分野に馴染まなかったのは、こうした大名と家臣との個人的な主従関係に関わる文書だったためではなかろうか。

以上のように、印判状というスタイルは非「証文」的な文書にいちばん馴染み、「証文」のなかでも重要度の低いものの方が適合しやすく、個人的な主従関係に関わる分野には適合しない、とさしあたりまとめてみることができる。どうやら、印判状に適する分野から判物に適する分野へと、それなりに段階的な性格の変化を読みとってよさそうだ。

とすると、次のような推定が生まれてくる。各分野に順次進行した印判状化という現象は、後北条氏の発給文書全体の性格が判物的なものから印判状的なものへと、しだいに変化していったことを物語っているのではなかろうか、たとえば、所領宛行状が判物から印判状に切り替わるといった事態は、単に文書の形式の変更だけでなく、文書の性格の変化をもともなっていたのではなかろうか、と。そこで、今までの検討を振り返りながら、印判状化によってそれぞれの分野の文書にどんな変化が生じたかを追ってみよう。

まず、各グループの文書が印判状化した時期をあらわしたさきほどの図1をもう一度眺めてみる。そして、図の右側にそのグループの文書の量および全体に占める割合を示す数字を書き並べてみる。起請文と名誉系はあわせて一〇三通で後北条氏の文書一三五三通のうちの八％を占め、命令系は四五九通で三四％を占める、というように。そうすると、初期に印判状化した優遇系や初めから印判状だった命令系の方が、一貫して判物だった名誉系などよりはるかに量が多い。すなわち、印判状化が早くから進行し印判状の占める比率が高い分野ほど量が多い、という結果となる。

では、印判状化と文書の量はどんな因果関係にあるのだろう。印判状化すると文書の発給量が増えるのか、それとも逆に発給量の多い分野から印判状化が進んだのか。

たとえば優遇系のなかの⑩禁制をみる。表3を見ると禁制のうち判物は三四通・奉書式印判状は七五通である。禁制は印判状化の時期が早く、したがって判物の時代よりも印判状の時代の方がはるかに長く続いたことを考えると、印判状化の前後で文書の量がさして変化していないことがわかる。判物一三通・奉書式印判状三〇通の⑪役免についても、同様のことが言えよう。

これに対し、安堵系のなかの⑦安堵は判物二二通・奉書式印判状五一通、⑧所領安堵は判物一七通・奉書式印判状三二通である。この分野は弘治頃から印判状化が進み、したがって判物の時代と印判状の時代の長さがほぼ等しいから、これらの数字は印判状化したことによって文書の量が倍増したことを物語っていることになる。

また、宛行系のなかの④所領宛行は判物四一通・奉書式印判状四六通。印判状化の時期が遅く印判状の時代が短かったことを思えば、この分野も印判状化してから文書の量が急増したことがわかる。⑤宛行約束についても同じことが言えそうである。

という具合にざっと比較してみると、印判状は初期には禁制・役免のようなもともと量の多い分野に進出し、それから安堵・宛行といった、あまり大量に出されない分野に進出して、それを大量発給へと変化させていった、ということが知られる。安堵系や宛行系の分野においては、印判状化することによって文書の発給量が増える、という因果関係が成立しているわけであり、印判状化によって文書の性格がどう変化するか、というさきの問いに対する答えの一つをここに見つけることができる。すなわち、印判状への移行によって大量発給へと文書の性格が変化する、と。したがって、さいごまで判物であり続けた名誉系の分野は、当然のことながら全体のなかでの量的比重をどんどん低下させていくことになる。

文書が大量に出されれば、文書の受取人も増える。では、印判状化によってあらたに大量に出されるようになった文書は、いったいどんな相手に与えられていったのだろうか。文書の宛先を寺社・士・郷村の三つに大別しながら見ていった、さきの内容ごとに一七に細分しての検討を眺めていると、判物と印判状とで宛先の状況が異なる場合がいくつかあるのが目にとまる。

⑦安堵では、判物のほとんどが寺社宛てであるのに対し、奉書式印判状は士宛てと郷村宛てが過半を占める。⑧所領安堵も同じように、判物は寺社宛てがほとんどであるが、奉書式印判状は寺社宛てが全体の三分の二に減り、残りの三分の一は士宛てとなる。どうやら安堵系のグループでは、印判状化によって大量に出されるようになった文書は、そのかなりの部

分が士宛てや郷村宛てに流れたようだ。

いっぽう宛行系のグループでも、士宛てがほとんどの④所領宛行・⑤宛行約束ともっぱら寺社宛ての⑥寄進を比べてみると、④・⑤は印判状化してから急増しているが⑥の量は変化しない。つまり量の増加は士宛ての文書にだけおこっているから、当然増加した分の文書は士宛てに出されたことになる。安堵系のように印判状化によってあらたに士宛て・郷村宛ての文書が登場する、というような大きな変化ではないが、士宛ての文書が従来より増加するというかたちでの変化はおこっているわけである。

というように、印判状化を契機として大量発給への道を歩んだ安堵系・宛行系のグループでは、いずれも大量発給化にともなって、宛先も従来の寺社宛てから士宛てや郷村宛てへと重点が移るという変化をきたしている。

また、印判状化の前後であまり発給量の変動がない⑩禁制でも、寺社宛てが圧倒的な判物、郷村宛てが三分の一を占める奉書式印判状という違いがみられ、ここにも印判状化にともなう宛先の変動がおこったことが知られる。

かくして、印判状への移行により文書にどんな変化が生じたか、という問いに対する二つめの答えが得られる。宛先が寺社中心から士・郷村宛てへと変化する、と。

冒頭で後北条氏の文書全体の動向を眺めながら、判物から印判状への移行は後北条氏にとって大量発給の体制および郷村宛てに文書を発給する体制の成立を意味したのではないか、という予測を立ててみた。長い検討を経て、その裏付けも少しずつ取れてきたようである。

ところで、発給量の変化・宛先の変化と二つの答えを得るために、どれが何通、何が何パーセントなどとずいぶん数字を並べてきた。注意しておきたいのは、こうした数字はあくまで現存の文書の状況をもとにはじき出されたものに過ぎない、ということである。後北条氏が出したたくさんの文書は、それが発給されてから現在に至るまでの長い年月の間にあらかた失われてしまっている。そうした失われた部分をも勘定に入れたなら、ここでの数字は全く違ったものになってしまうだろう。

たとえば、「⑦安堵では、判物のほとんどが寺社宛てであるのに対し、奉書式印判状は士宛てと郷村宛てが過半を占める」したがって、「印判状化によって大量に出されるようになった文書は、そのかなりの部分が士宛てや郷村宛てに流れたようだ」とさきに記述した。けれども、寺社宛ての文書に比べれば士宛てや郷村宛ての文書の方がはるかに残りにくい、という一般的な状況を考慮に入れるならば、奉書式印判状に占める士宛てと郷村宛ての文書の割合は実際はもっとずっと高かったに相違なく、士宛てと郷村宛ての割合の高い奉書式印判状の発給量は、寺社宛て中心の判物に比べてもっとずっと多かったに相違ない（ちなみに、寺社宛て文書三六五通のうち、正文《しょうもん》として残っているものは六八％の二四八通であるが、士宛ての場合は三四四／六一一通で五六％、郷村宛ての場合は二一九／三七四通で五九％と少なくなる。これも寺社宛てに比べて士宛てや郷村宛ての文書が残りにくいことの一つのあらわれと言えよう）。

とすると、この種の数量比較によって導かれた二つめの答え、すなわち寺社宛てから士宛て・郷村宛ての文書に重点が移っていった、という宛先の変化は、ここで見たよりももっとずっと激しい変化であったに違いないし、一つめの答えの発給量の増加という変化ももっとずっと著しいものであったに違いない。印判状化の前後で量の変動が認められなかった⑩禁制なども、寺社宛てから郷村宛てへという宛先の変化を見せているから、おそらく相応の発給量の増加がおこったであろう。

数量比較はこのような陥穽をはらむ。ここで抽出した二つの変化が、こうした事情を考慮に入れるとよりいっそう大きくふくらんでいく方向のものであったことは幸いであった。

今度はこうした危険の少ない部分の検討に進もう。発給量や宛先といった、文書のいわば外側の部分ではなく、内側すなわち文書の内容の検討である。印判状化によって文書の内容に変化は生じたのか、生じたとしたら、それはどんな変化だったのか。

全体を見渡してみてすぐ気づくのは、後北条氏の文書が印判状主流の時代を迎えた後にあらたに登場してきたジャンルの文書が少なからずあるということである。⑫過所しかり、⑬伝馬しかり、⑭以下の命令系の文書四種もみなしかりである。いずれも判物時代には全く見られず、印判状の使用が始まってから姿を現わしてくる。印判状というスタイルの採用によって発給が可能となった分野とみてよかろう。

これらの文書の登場によって、後北条氏の発給文書の様相は大きく変化する。わけても命令系の文書の参入の持つ意味は大きい。量的に高い比重を占めるようになるだけではなく、受取手に利益をもたらさない非「証文」という、従来見られなかった性格の文書の登場を意味するからである。「証文」から非「証文」へ、それは受取手の希望を体して出される文書から、発給者である大名の意志を打ち出した、いわば上意下達型の文書への変化と言えよう。なお、士宛て・郷村宛ての文書が大きな位置を占めるという、宛行・安堵・優遇系の印判状より析出した特徴が、これら新登場の文書にはより顕著に見られることにも注意しておきたい。いずれも士宛て・郷村宛てが大部分を占め、なかんずく命令系では郷村宛てのものが過半を制している。

さらに細かく観察していくと、新しい内容の文書の登場という見やすい変化だけでなく、判物時代からある内容の文書のいくつかにも、印判状化を境に微妙な変化が生じていることが知られる。

たとえば④所領宛行では、判物から奉書式印判状への移行とともに、戦闘での働きに応じて所領を与えるという理由づけがしだいに姿を消していく。⑤宛行約束でも印判状化にともなって、戦功を理由に所領を宛行う約束をするというケースが急減する。いずれも戦功との引き換えに所領を宛行うという意識が薄れていくことのあらわれと捉えられよう。戦功との引き換えでしか発給され得ない②感状が終始判物であり続けたことを考えあわせると、判物という形式と戦功という理由づけとの密接な連関に思い至る。

いっぽう⑨相続安堵でも、既に戦死した者の跡目相続や将来戦死した際の相続安堵の予約のように、戦にかかわって文書が発給される場合にはほとんど判物となる。戦功の最たるものである戦死と判物という形式とはここでも密接な関連を保っているのである。

こうして、判物から印判状へというスタイルの変更は、戦に関わるものからそうでないものへと、文書の内容面での性格の変化をもともなっていることがわかってくる。ひとしく所領宛行の旨を伝えた文書であっても、判物か印判状かによってそのニュアンスが少なからず異なるわけである。このような戦功との引き換えに所領を保証するという意識の薄れは、おそらくは、戦場での忠節を媒介として結ばれたものからそうでないものへという主従関係の性質の変化のあらわれではなかろうか。文書発給の理由として戦功が文面にあらわれるか否か、というささやかな変化をあまり過大に解釈するわけにはいかないが、興味深い変化ではある。

印判状化によって後北条氏の文書にどんな変化が生じたか、を見てきた。得られた答えを書き並べてみると、

・発給量が増える。
・宛先が寺社中心から士・郷村宛てへと変化する。
・命令系など新しい内容の文書が登場する。
・文書発給の理由として戦功が文面にあらわれなくなる。

となる。判物から印判状へという形式の変更にともなって、発給量・宛先・内容の各側面で大きな変動が生じたわけである。

こうして、花押から印章へという文書のスタイルの変化の背後に、より本質的な変化である文書自体の性格の大きな変動が伏在したことがわかってくる。ということは当然、それらの文書を発給した後北条政権の支配のありかたも印判状化にともなって大きく変化していった、ということになる。少量発給から大量発給へ、寺社宛てから士や郷村宛てへ、「証文」から命令系の非「証文」へ、戦功と引き換えの発給という意識の薄れ……というプロセスを辿りながら後北条政権は推移していったわけだ。

より大量の文書を出すようになる、発給対象が郷村レベルにまで広がる、というように並べてくると、後北条政権がその支配の密度や対象を増加させてしだいに強力になっていくという、いわば量的拡大が印象づけられる。しかし、受取手の希望に沿うべく出される「証文」だけでなく、大名自身の積極的意志を伝えた命令・指示の文書をさかんに出すようになる、戦場での忠節を媒介としたものからそうでないものへと主従関係が変質していく、と重ねていくと、その量的拡大の裏に質的転換が存在したことが明らかに見てとれる。印判状化という現象に焦点をあてることで、後北条氏の支配における、このような質量両面での大きな変化の様相がしだいに浮かび上がってきたのである。

しかもこの変化は、いくつかの画期を経ながらきわめて順調に進行したものであった。ある時点で長い間停滞したり、逆にある時点で一挙に変革が強行されるといったようなことは全くなく、優遇系から安堵系に波及し、安堵系から宛行系に伝播するといった具合に、各分野ごとにじわりじわりと着実に進行していって、ついにはほとんどの分野で印判状化が完了するにいたる。

したがって、五代の当主にわたり一〇〇年近くの歳月をかけて進行したこの変化は、ある当主の個性だとか、隣国の大名の影響といったような、何らかの偶然的要素が主因となって惹き起こされたものではありえない。後北条政権の発展・成熟にともなって自然に生じた変化であり、すぐれて内在的な要因に根ざすものと言えよう。ということは、この印判状化という現象には、後北条政権の特質がよく反映されていることになる。

では、それはどんな特質なのか。印判状化によって生じた質量両面での後北条氏の文書の変化について、今少しの抽象化を試みてみたい。

判物が印判状に変化するという事象は何を意味しているのか。まずはもっともプリミティブな次元に立ち戻って考えてみるならば、判物には当主の署名と花押が据えられているのに対し、印判状はただ印が捺されているだけ、という相違に行き着く。当主の署名、そして当主自らが筆を執って認めたサイン、それは当主個人の人格を濃厚に感じさせる。他方、印判状には当主の名はどこにも登場しない。支城主も含めれば数十種にも及ぶ後北条氏の多様な印を見渡してみても、「禄寿応穏」だの「武栄」だの「真実」だのという美句が麗々しく刻んであるばかりで、「北条」だとか「氏政」というような個人名はどこにも登場しない。こうした印章の捺された印判状からは、発給者個人の人格といったものは少しも感じとれない。

この人格的か非人格的か、という対比を手がかりに考えを進めてみる。花押が用いられたのはどんな分野の文書だったのか。まず書状である。後北条氏は、証文には印判を多用するようになったあとでさえ、書状を出す際には頑として花押を用い続けた。これはどの戦国大名でもほとんど同じである。ごくごく稀に書状に印を捺すときには、「手を怪我したので」「目の病気に罹ったので」等々と、やむをえざる事情を明記して非礼を深謝するのがつねであった。個人的な交際を取り結ぶための書状に、差出人の人格を感じさせない印判を捺すことなど、あってはならなかったのである。

起請文もそうである。ときには血判という方法まで用いて互いの盟約を固めるその文面に据えられるのは、どうしても本人の人格を象徴する花押でなければならなかった。そこにみられるのもまた、個人と個人との間に結ばれる関係である。官途状が判物だったのも、同じ理由からだろう。自分の名の一字を与える、ある官途名を与える、といった行為によって取り結ばれる関係も、書状や起請文と同様に個人的・個別的なつながりであったわけだ。とすると、起請文や官途状と同じく一貫して判物が用いられ続けた感状にも、同様な性格付けをしてよさそうだ。戦場での忠節を媒介として結ばれる主従関係は個人的・人格的な性格の強いものであった、だから、戦功を認知するための感状には判物が用いられた、というように。

ここで思い出されるのは、印判状化にともなって、所領宛行状や相続安堵状の文面から文書発給の理由として「戦功」が消えた、という事実である。戦功への報奨として所領を宛行う、あるいは戦死した父の忠功を褒して息子の跡目相続を認める、という行為は、感状発給という行為がそうであったように、人格的・個人的な支配関係を取り結ぶ行為であり、それゆえ判物が用いられていたのだろう。それが印判状化とともに姿を消す。そのことは、所領宛行や相続安堵という行為、その行為によって結ばれる支配関係の性格が、印判状化によって、人格的なものからそうでないものへと変質したことを意味しているのではなかろうか。

では、それはどんな変化だったのか。今度は印判状の持つ特質の方を考えてみよう。印判状はまず、非「証文」的な命令系の文書として登場した。命令系の文書の中心をなすのは、領国内の郷村に宛てて納税の催促をしたり人足の徴発をしたり掟書を掲げたり、といった類のものである。そして、直状式の比率が高いことが示すように、この種の文書はしばしば同文のものを大量に一斉に頒布するということが行なわれた（拙稿「文書と真実・その懸隔への挑戦――戦国大名後北条氏を素材として――」『史学雑誌』九〇―一〇、一九八一年、のち『後北条氏の研究』〈戦国大名論集8〉吉川弘文館、所収）。人格的・個別的関係を取り結ぶために出された書状や起請文や官途状とは、内容も出されかたも大きく相違しているのである。そこにうかがわれるのは、人格的・個別的な関係に対して、非人格的・機構的な関係とでも形容したらよかろうか。掟を定め税を徴収し職人を召集するといった、領国内の施政に関わる行為は、組織的・機構的な行為である。行政をになう吏僚層の成長、官僚制の発達という背景なしには、なしえない行為である。そこに、当主の人格を濃厚に感じさせる判物というスタイルは馴染まなかったのであろう。そのために非人格的な印判状というスタイルが創出されたのであろう。

たとえば、北条氏政は隠居した父氏康が伝馬手形に伝馬の印を用いずに「武栄」印を用いたことをとがめる際に、氏康に対して申し送らずに、「其方奉ニ候間申遣候」として、問題となった印判状の奉者の遠山康英をただしている（『神』八一二四、康英宛て氏政書状、この文書は内容と氏政の花押の形から永禄十二年頃のものと推定される）。父に対する遠慮からでもあろうが、奉者―奉行人たちが印判状発給の責任の少なからぬ部分を負っていると認識したせいでもあろう。印判状は、奉行人《ぶぎようにん》という官僚機構を強く意識させるものであったことがうかがえる。

そして、いったん創出されたこの印判状というスタイルは、命令系の分野にとどまることをしなかった。まず優遇系へ、つぎに安堵系へ、さいごに宛行系へというように、しだいに各分野の文書に進出し、後北条氏の文書のほとんどを印判状に塗りかえてしまったのである。所領宛行や相続安堵といった行為の性格が、印判状化によって人格的なものからそうでないものへと変質したらしい、というさきほどの推察を念頭に置けば、後北条氏の文書の大部分を覆ったこの印判状化という現象によって、文書によって取り結ばれる後北条氏とその家臣や領民たちとの関係もまた、人格的なものから非人格的な色彩の強いものへと大きく変質したと考えてよかろう。

なお、非人格的・官僚制的な支配の進行には、おそらくかなりの心理的抵抗が文書の発給者の側にも受給者の側にも生じたであろう。この変化が、禁制や課役の免除のような比較的小さな特権を与える分野の文書に始まり、つぎに不動産を中心とする既得権益の安堵、さいごに新たな不動産の授与に関わる分野に及ぶ、というように、授与される権益の小さな順に波及したのは、そうした心理的抵抗のなせるわざだろうと考えられる。権益が小さく、したがって心理的抵抗の軽微な分野からしだいに印判状化が進行したのであろう。

こうした過程を経て実現された印判状体制によって、後北条政権は大量にしかも郷村レベルにまで文書を発給することのできる体制を獲得する。命令系の文書を積極的に出して、さまざまな政策を施行することができるようになる。伝馬制度一つを取ってみても、印判状でなければ機能し得まい。非人格的・官僚制的な強力な支配、これが印判状化によって後北条政権が達成したものであった。すなわち、名誉系の文書を中心に人格的性格を残しながらも、非人格的・官僚制的な部分をどんどん拡大してふくれあがっていく、というのが、後北条政権のたどった発展のみちであったのである。

厖大な後北条氏の文書のデータを操作して、私にわかってきたことは二つしかない。一つは、どんな分野の文書が印判状というスタイルに馴染みやすく、どんな分野の文書がそうでなかったのか、ということ——これは図1に示されている。今一つは、印判状化することで後北条氏の文書に表面上どんな変化があらわれるか、ということ——これは量の増加・宛先の変化・内容の変化など四点にまとめられる。この二つのささやかな観察結果をなるべく整合的に説明するためには、どのような解釈を与えればよいのか、ということについて、さしあたり、人格的・個人的、そして非人格的・官僚制的という対概念を用いて読解を試みてみたわけである。

補足三題

1　年記と書止文言

後北条氏をめぐる分析を今しばらく続けよう。

今まで主に判物か印判状かという点をめぐって話を進めてきたが、後北条氏の文書の書式にはその他にもさまざまな要素が含まれる。そのうち年記《ねんき》の記しかたと書止文言《かきとめもんごん》の二点について検討したことを報告しておきたい。

〈年記の記しかた〉

後北条氏の文書の年記の記しかたを観察すると、「天文十六年丁未十月十二日」というように年・干支・月・日を丹念に記したものから「十月十二日」と月日だけのごく簡略なものに至るまで、さまざまな形態がある。それらを次の六段階に分けてみる。

①「天文十六年丁未十月十二日」　(年＋干支＋月日)
②「天文十六年十月十二日」　(年＋月日)
③「天文十六丁未十月十二日」　(年〈ただし「年」字を欠く〉＋干支＋月日)
④「丁未十月十二日」　(干支＋月日)
⑤「未十月十二日」　(支＋月日)
⑥「十月十二日」　(月日)

さらにそれぞれを書下《かきくだし》年号か付《つけ》年号かによってA・B二通りに分類する。「天文十六年丁未十月十二日」とあれば①—A、「天文十六年丁未十月十二日」なら①—B、「丁未十月十二日」は④—A、「未十月十二日」は⑤—Bというように。むろん⑥にはA・Bの別はないから、全部で一一種類に分かたれることになる。

まず、判物・奉書式印判状・直状式印判状の三者を表4によって比較してみよう。一見して三者が大きく相違することがわかる。①—Bと⑥が多い判物、①—B・④—B・⑤—Bが大部分を占める奉書式、④—Bが圧倒的な直状式というように。一一種類では目がちらちらするので、全体を①〜③と④〜⑥つまり年が明記してあるか否か、および AとBつまり書下年号か付年号か、の二つの基準によってそれぞれ二大別して表の下段に整理してみた。これをみると三者の相違はより鮮明である。判物・奉書式・直状式としだいに年が明記してあるものが減って干支と月日のみ、あるいは月日のみの記載が多くなる。同様に書下年号も減って付年号が多くなる。すなわちどちらの基準で分けてみても、判物・奉書式・直状式としだいに年記の記しかたが簡略になっていくのである。

なお、三者それぞれに時期によって分布に多少変動があるが、判物の場合ことにそれが顕著で、①—A、②—A、③—A・Bは初期に偏り、①—B及び⑥が後期に多いというように時期が下るにしたがって、しだいに薄礼化していくようすがうかがえる。この判物の薄礼化という現象は、表5にまとめたような、判物全体を「氏政（花押）」というように名を署したのちに花押を据えているものと、ただ花押のみを据えているものに分けてみると、永禄期頃から前者がしだいに減って後者が増加していく、という現象とも重なり興味深い。

また、三者それぞれを寺社宛て・士宛て・村宛てと宛先ごとに分類してみると、いずれの場合も①―A・①―Bのような鄭重なものは寺社宛てに多く、④―B・⑤―B・⑥のような簡略なものは士宛て・村宛てに多い。年記の記しかたは宛先によっても使い分けられているのである。

さらに細かく、内容ごとの分類を行なってみる。すると、判物の場合は感状が⑥に偏るということの他にはさしたる特徴は見られないが、奉書式・直状式両様の印判状の場合には、

表4　年記の記しかたごとに分類

（単位：通）

	判　物	奉書式印判状	直状式印判状
①　―　A	39	70	18
①　―　B	81	119	31
②　―　A	27	12	5
②　―　B	33	6	7
③　―　A	16	2	1
③　―　B	27	6	2
④　―　A	0	8	6
④　―　B	14	168	181
⑤　―　A	0	4	5
⑤　―　B	4	100	49
⑥	80	9	42
①～③（年を明記）	223	215	64
④～⑥（年を明記せず）	98	289	283
A（書下記号）	82	96	35
B（付年号）	159	399	270

奉書式印判状・直状式印判状はともに弘治以後のそれをさす。以下の表6・7でも同じ。

表5　判物を署名の有無で分類

（単位：通）

年代＼署名の有無	署名のあるもの	花押だけのもの
明応4（1495）～大永7（1527）	18	18
享禄1（1528）～天文11（1542）	20	19
天文12（1543）～弘治3（1557）	34	2
永禄1（1558）～元亀3（1572）	83	18
天正1（1573）～天正18（1590）	54	37

なかなか興味深い結果が得られる。表6によってまず奉書式の状況をみると、宛行系は①—B中心、安堵系は①—A・①—B・④—B、優遇系は④—B、命令系は④—B・⑤—B、というように、宛行系から命令系へとしだいに簡略な書きかたになっていく。いっぽう直状式の方も、宛行系は①—B中心、安堵系は④—B、優遇系は④—B・⑤—B、命令系は④—B・⑤—B・⑥と、奉書式よりやや薄礼ながらも、宛行系から命令系へとしだいに簡略になっていく点は同様である。いずれの場合も、宛行系のように印判状化の進行が遅かったグループのものほど年記の記しかたが鄭重で、逆に初期から印判状化した分野のものほど簡略なわけである。

こうして、年記の記しかたを観察すると以下の三様の使い分けが読みとれる。

・判物・奉書式印判状・直状式印判状の順に記しかたが簡略になる。
・宛先が寺社宛てのものより士・村宛てのものの方が記しかたが簡略になる。
・内容は宛行系・安堵系・優遇系・命令系の順に記しかたが簡略になる。

後北条氏はなかなか芸が細かい、と言えようか。判物か印判状かという文書の種別はもとより、宛先・内容などに応じて、こまごまと年記の記しかたを使い分けている。そしてその使い分けの際、宛先でいえば士・村宛て、内容では命令系のような、印判状という形式に馴染みやすい分野のものほど、簡略な記しかたがされている点にとりわけ注目しておきたい。

〈書止文言〉

表6　内容ごとにみた年記の記しかた　（単位：通）

年記＼内容	奉書式印判状 宛行系	奉書式印判状 安堵系	奉書式印判状 優遇系	奉書式印判状 命令系	直状式印判状 宛行系	直状式印判状 安堵系	直状式印判状 優遇系	直状式印判状 命令系
①—A	10	21	12	4	1	1	3	11
①—B	28	29	36	9	10	1	4	13
②—A		6	1	4		3	1	
②—B	1	2	2		3		2	2
③—A			2					1
③—B		4	1				1	1
④—A		2		1	1			5
④—B	14	23	55	47	2	6	11	158
⑤—A	1			2			1	3
⑤—B	4	5	35	47	1	1	8	38
⑥			3	4		2	2	30
計	58	92	147	118	18	14	33	262

それでは書止文言の検討の方からはどんなことがわかってくるだろうか。

こちらは厳密に分類していくと年記の記しかた以上に種類が多くなってしまうので、全体をまず大きく三つに分けてみる。一つは「恐々謹言《きょうきょうきんげん》」「謹言」などのような書状によく使われるもので、仮に書状系と名付けておく。二つめは「仍《よって》如件」「仍状《じょう》如件」「状如件」「仍所定如件」「仍後日状如件」などなどもっともポピュラーなもので、仮に如件《くだんのごとし》系と呼んでおく。三つめは「以上」「者也《なり》」など、書状系にも如件系にも入らないものである。如件系は量が多いので、なかでも際立って多い「仍如件」と「仍状如件」についても数えてみる。

まず、判物・奉書式印判状・直状式印判状の三者に分けて集計してみよう。表7をみると、判物は印判状に比べて如件系の比率がやや低く、書状系及び也などが多めである。ことに書状系の書止文言は印

表7　書止文言ごとに分類

（単位：通）

	判　物	奉書式印判状	直状式印判状
書　状　系	33	0	0
如　件　系	258	499	328
うち			
仍如件	144	371	281
仍状如件	65	51	13
「者也」など	33	5	17
計	325	504	347

判状にはほとんど見られず判物に特有のものであるが、その年代をみると過半が天文期までに出されたものであり、天正期以降のものはわずか四／三三通と、前期に著しく偏っている。

次に目にとまるのは「仍如件」と「仍状如件」の分布である。両者を比べると判物・奉書式・直状式の順に「仍如件」の比率が増えていくが、この両者はどう違うのか、ちょっと深入りしてみよう。

年代による推移を追っていくと、判物の場合は初期からずっと「仍如件」が圧倒的に優勢だったが、永禄三年（一五六〇）ににわかに「仍状如件」が急増し、以後両者がほぼ拮抗する状態が続いていく。奉書式印判状では永禄四年頃に「仍状如件」がやや進出するが以後減少の一途を辿っていく。直状式印判状では同じく永禄年間に「仍状如件」がわずかに顔を出すが、全く伸びずに姿を消していってしまう。

こうした三者の状況と、さきに年記の記しかたのところで得た判物・奉書式・直状式の順に薄礼となるというデータをあわせ考えると、「仍如件」より「仍状如件」の方がより鄭重な言いかたなのではないか、という推測が立つ。

この推測を検証しておこう。判物の場合は「氏政（花押）」というように署名しているか

花押のみを据えているかによって厚礼か薄礼かを識別することができるので、それを使ってみると、

「仍状如件」六五通のうち署名のあるもの五四通
「仍如件」一四四通のうち署名のあるもの八四通

となる。また、奉書式印判状での宛先をみると、「仍状如件」は五一通のうち二五通までが寺社宛てであるのに対し、「仍如件」は寺社宛てがわずかに九一／三七一通で士・村宛てが多い。これらのことから、「仍状如件」の方が「仍如件」よりも厚礼だと考えてよさそうである。

そこで、この「仍状如件」か「仍如件」かというめやすを使って内容ごとの検討を試みてみよう。

はじめに判物の状況をみる。判物のうち宛行系のものは初期から中期にかけては「仍如件」がほとんどだったが、永禄三年すなわち判物の分野に「仍状如件」が急増した時期を境に、ほぼきれいに「仍状如件」に移行してしまう。これに対し安堵系のものは、永禄三年以降「仍如件」と「仍状如件」が並行して用いられるようになる。このように厚礼と思われる「仍状如件」の進出は安堵系より宛行系の方が著しい。よって安堵系より宛行系の方が鄭重な書止文言が選ばれることが多かった、と言えよう。あわせて、後北条氏の文書全体が印判状化の道をひた走りつつあった永禄期という時期に、印判状がなかなか浸透しなかった宛行

系と安堵系の分野で、あたかも印判状化の流れに抗するかのように、「仍状如件」の進出という一種の厚礼化現象が判物の一部に進行したことも知られる。

なお、判物のうち名誉系の大部分を占める感状について検討してみると、初期にはもっぱら書状系の書止文言が用いられていたのが、永禄頃から「仍如件」になり天正期に至ると「也」も進出しはじめる。「恐々謹言」より「也」の方が尊大なことは明らかだから、感状の書止文言はしだいに薄礼化していったと言えよう。さきに年記の記しかたによって検出した判物全体の薄礼化現象の一環と考えられる。

次に奉書式印判状での「仍状如件」の進出状況をみると、安堵系が一六／九二通といちばん顕著で宛行系の七／五八がこれに続き、以下優遇系一三／一四七、命令系五／一一八となる。予想した順序とやや違うが、安堵系や宛行系に比べて命令系で少ないことが確認できる。

また直状式印判状では「仍状如件」の量がさらに減るので状況はより不鮮明になるが、それでも優遇系では「仍状如件」が三／三三通だったのが命令系では八／二六二に減少、と差が生じていることが何とか読みとれる。

このように検討してくると、書止文言は先にみた年記の記しかたの場合とほとんど同じように使い分けられていたことがわかってくる。すなわち、種別で言えば判物・奉書式印判状・直状式印判状の順に薄礼の書止文言となり、宛先では寺社宛てより士・村宛ての方が薄礼となり、内容では宛行系・安堵系・優遇系・命令系としだいに薄礼となる、というわけだ。

年記・書止文言とずいぶん細かなことにこだわって話を進めてきた。そこでわかってきたことのうち、判物なかんずくその中核をなす感状が、印判状化の進行という周囲の流れのなかでその影響を受けたのか、しだいに薄礼化していく、という事実はなかなかに興味深い。

しかしそれ以上に興味を惹くのは、宛先別にみると士・村宛て、内容ごとにみると命令系のような、印判状という形式に適合的で早くから印判状化が進行した分野ほど、年記にしても書止文言にしても略式で薄礼のものが用いられている、ということである。

この、一見何気ない事象が与えてくれる手がかりは貴重である。それは判物に適合的か印判状に適合的かという文書の性格の違いと、厚礼か薄礼かという書式の違いが、かなりの程度まで一致することを物語っている。ということは、厚礼か薄礼かという判断をすることによって、その分野の文書が判物的な属性と印判状的な属性のどちらをより強く帯びているのかを識別することが可能になる、ということである。もし不幸にして後北条氏の文書が後期のものしか十分に残っておらず、どの分野から印判状が浸透しはじめたのか判然としなかったとしても、その分野の文書が厚礼か薄礼かを調査することで、ある程度の推測をつけることができる。あるいは、後北条氏のように大量の文書を残しておらず、分野別の集計をとるために十分な材料が得られない大名の場合でも、厚礼か薄礼かという手軽なものさしで、印判状的な性格の度合いを測ってみることができる。前途を切り拓くためのささやかな道具が一つ手に入ったわけだ。

それだけではない。判物に適合的か印判状に適合的かという性格の違いと、厚礼か薄礼かという書式の違いがパラレルな関係にある、ということは、印判状化という現象の持つ意味についても少なからぬ手がかりを提供してくれる。

全体的にみると、判物より印判状の方が薄礼であるのだから、印判状化という変動は、書式の面では薄礼化という事象として現われることになる。そして個別的にみると、印判状に適合的な宛先・内容のものほど薄礼なのだから、印判状化と薄礼化はたまたま表面上一致するのではなく、相互に深く関連していることになる。ここで、薄礼というのはその文書の差出人と受取人の立場の落差が大きいことを示すと考えるならば、薄礼な印判状によって結ばれる上下関係は、厚礼な判物によるそれよりもより落差が大きく、したがって印判状化とは文書によって結ばれる上下関係の落差がより大きくなることを意味する、という結論に到達する。

たとえば、所領宛行というような同一の内容の文書であっても、判物から印判状に変わることで薄礼化するのを確認することができる。このように、印判状化とともに、差出人と受取人の立場の落差が大きくなり、それが薄礼となってあらわれる、別の言い方をすれば、薄礼の書式を用いることで双方の落差を広げていく、といったことがしばしばあったと推定される。

とすると、前節の最後でまとめた非人格的・官僚制的という印判状の特徴に、薄礼で隔絶した上下関係を反映する、という点を付け加えることが許されよう。印判状化とは、そうした隔絶した上下関係を構築していく過程でもあったわけだ。ちなみに、さきに触れた感状の薄礼化という事象は、判物もまたそうした動向からなにがしかの影響を受けていたことを暗示しよう。印判状化にともなって、後北条氏の文書全体が薄礼化のみちを歩み、上下関係がしだいに隔絶したものとなって、強固な政権がかたちづくられていったのだと考えられる。

2 当主の代替り

後北条政権は早雲から氏直まで五代にわたって嫡々相承される。その家督相続はさきの当主の死没にともなう場合もあれば、父が存生のまま隠居して子が当主の座に就くという場合もある。そして、隠居による相続の場合、当主の地位を退いた後も判物や印判状が旧当主から出し続けられる。新たな当主の発給文書と並行して出されたこうした隠居の発給文書は、どのような役割を果たしていたのか。一見マイナーな課題であるが、これについて簡単に触れておきたい。なお、各当主の代替りの時期については、佐脇栄智「小田原北条氏代替り考」(『日本歴史』九三、一九五六年、のち『後北条氏の基礎研究』吉川弘文館、所収)などに拠った。

〈氏康の場合〉

始祖早雲からその子氏綱へ、氏綱からさらにその子氏康へ、この二度の家督相続はいずれも前当主の死没ないしはその直前に行なわれたようで、新旧二人の当主から並行して文書が出されるという事態はほとんどみられない。問題となるのは氏康からその子氏政へ、氏政からその子氏直への二度の場合であるが、まず氏康→氏政の場合について検討しよう。

永禄二年（一五五九）十二月頃隠居したと思われる氏康は、元亀二年（一五七一）十月に没するまでの一〇年余にわたって、若干（二六通）の判物とかなりの量（四九通）の印判状を出している。このうち判物の状況を見ると、隠居直後の永禄三年から同六年までの間にほぼ集中しており、ほとんどが士宛てである。さらにその受取人を子細に分析してみると、用土新左衛門尉のように以前にも氏康から何度か文書を給されたことのある者が数名見られるから、主に縁故の深い家臣宛てに出されたものであろうと考えられる。すなわち、氏康は隠居後数年間縁故の深い家臣宛てに若干の判物を出し続けた、と言えよう。

いっぽう印判状の方は、「武栄」という印を用いて永禄九年から元亀二年までの六年間にわたって出されている。内容をみると七割かたは年貢を催促したり職人を召集したりするなど命令系のものであり、受取人も六割がた郷村宛てである。また、大半が奉書式なので奉者について検討してみると、八名のうち同時期に虎の印判状の奉者としても顔を見せているものはひとりもおらず、いずれも「武栄」専任だったことが知られる。これらの徴証から、「武栄」印判状は氏康が隠居付きの奉者を通すなどして、自己の個人的な所用を弁ずるために出されたものが中心、と推察される。したがって、氏政の出陣中に仮に出す場合を除いては、「武栄」印は当主の虎印と競合する性質を持たない。

〈氏政の場合〉

天正八年（一五八〇）八月頃隠居したと思われる氏政は、天正十八年の北条氏滅亡に至るまでの一〇年ほどにわたり、わずか（九通）の判物と、かなりの量（四四通）の印判状を出している。このうち判物は、士宛てのものが大部分で井田因幡守のように何度も氏政から文書を給されている例が見えることから、ごく一部の縁故の深い家臣宛てにわずかな量が出されたにとどまると見られる。

いっぽう印判状の方は、印文未詳の印と「有效」印の二種があり、印文未詳印は天正八年から同十年まで、「有效」印は天正十一年以降というように使い分けられている。七割以上と大部分が命令系の内容のものであることは氏康の「武栄」印と同じであるが、宛先の方は過半が士宛てであり、また大部分が直状式である。そこで宛先について検討してみると、印文未詳印はいずれも武蔵の岩付太田領の士ないし郷村宛てに出されている。岩付城に入った氏政の次子太田氏房の支配が開始されるのが天正十一年だから、氏政はその下準備のために隠居直後の天正八年から同十年までの三年にわたってこの印を用いたと考えられる。内容に軍役の改定や陣夫の調査などが多いのも、この推定と照応する。

さらに「有效」印の宛先を見ると、印文未詳印ほど局地的ではないが、やはり岩付を含む武蔵の士や郷村に出されたものが大部分である。氏房に岩付領の支配を委ねた後も、武蔵支配を部分的に補うために若干の印判状を出したものであろう。もちろん、同時期に武蔵を含む広範囲にさかんに頒布された虎印判状よりはるかに少量でしかない。

以上のように通覧してくると、氏康にせよ氏政にせよ、一〇年ほどにわたる隠居期間の間に若干の判物と印判状を出しているが、いずれもごく限定的な用途にしか用いられていない。氏康の判物は縁故の深い家臣宛てに数年間出されたに過ぎないし、印判状も個人的なこまごまとした所用を弁ずるために用いられただけである。また、氏政の判物はほんのわずか、印判状も岩付太田領ないし武蔵という局地的支配のために少々出されたにとどまる。少なくとも文書発給の状況から見る限りでは、隠居した当主は政務らしきものをほとんど分掌せず、家督相続とともに新しい当主がすみやかに前当主の諸権限を継承したようである。このことは後北条政権の性格を考える際のひとつの手がかりとなろう。

3　支城主の文書

さいごに支城主が出した文書について手短に報告し、後北条氏についてのこの長々しい検討を終えることとしよう。

広大となった領国を統治するため、要所要所に一族を配して支配にあたらせるのは、後北条氏の領国支配の一つの特徴である。ここではそうした支城主たちのなかから、氏政の弟で武蔵鉢形城主である北条氏邦と、氏政の二男で武蔵岩付城に入った太田氏房の二名を選んで、その発給文書を整理してみた。

蒐集できたのは、北条氏邦の文書が一六一通（判物四三通・印判状一一八通）、太田氏房が六八通（判物九通・印判状五九通）ほどである。それを整理した結果を当主の発給文書の状況と比較しながらまとめると、次のようになる。

まず、当主との共通点として、宛先や内容によって書式をさまざまに使い分けているという点が挙げられる。名誉系の文書は判物、宛行・安堵・優遇系は奉書式印判状、命令系は直状式印判状が主に用いられる、という内容による使い分け、郷村宛ての判物及び寺社宛ての直状式印判状が見られない、という宛先による使い分け、さらに年記の記しかたも宛先や内容によって当主同様に使い分けられていることが確認できる。書式では直状式印判状、内容では命令系に属する文書が数の上でいちばん多くさかんに「印判状的支配」が行なわれているのも当主の場合と同じである。してみると、支城主のレベルにおいても当主とほぼ同じ傾向の支配が展開されたと考えてよさそうである。

むろん、当主と異なる点もある。ひとつは印判状化現象が検出できないことである。はじめに優遇系、つぎに安堵系、さいごに宛行系と内容ごとにつぎつぎに判物から印判状への移行が進行していく、というような現象はここでは見出せない。それは彼らの支配開始の時期が、氏邦は永禄七年（一五六四）、氏房に至っては天正十一年（一五八三）とかなり遅く、当主においては既に印判状化があらかた終了していたことが原因だろう。当主が徐々につくりあげた体制がそのまま支城領に持ち込まれたわけだ。氏邦の場合、はじめの九年間（永禄七年～元亀三年（一五七二））に出された奉書式印判状は二五通、直状式印判状は七通だったのが、次の九年間（天正元～九年）にはそれぞれ一四通と二六通、おわりの九年間（天正十～十八年）になると八通と三一通と、奉書式優位から直状式優位への変化が認められるが、これも天正十年前後に直状式が増加する（二四ページ）という当主の状況と符節があう。

当主と異なる点としてもう一つ目につくのは、年記・書止文言といった書式の面で、当主より薄礼ぎみなことである。当主の場合は全体の半分近くは占めていた年を明記してあるものが、氏邦ではわずか三二／一六一通、氏房も二三／六八通しかない。書止文言を見ると、両者とも「仍如件」がほとんどで、それより厚礼の「仍状如件」は氏邦は皆無、氏房も二通しかない。なぜ彼ら支城主の文書はこのように薄礼なのだろうか。

書式の使い分けかた、内容の分布ともに当主のそれとほぼ同様であることが判明している。とすると、支城主の文書が当主より薄礼であることの原因は、宛先の階層に求めるのが自然だろう。ひとしく士に宛てたものであっても、当主より支城主の方がより下層の士に出されることが多かった、というように、文書の受取人層の差異が厚薄の差異をうみだしたのではなかろうか。

そうだとすると、それは当主と支城主の立場の間にさほど大きな格差がなかったことをも示唆することになる。このことを実証するには、当主と支城主の双方から文書をもらっている受取人の例を集めて比較するのが望ましかろう。当主と氏邦ないし氏房の双方から文書を出されているケースは二〇例ほど見出せる。これだけの例では、確たる結論は導きがたいが、その大部分は当主と支城主とで同等の書式が用いられており、当主の方が支城主より尊大であるケースはごく一部に過ぎず、逆に支城主の方が当主より尊大なケースもままある。してみると証文の世界においては、当主と支城主がほぼ同等であったと考えてよさそうだ。

以上のように、宛先や内容による書式の使い分けかた、内容の分布、時期的な変化、さらには厚礼—薄礼の基準と、いずれの局面を見ても、支城主と当主は一致することが多い。どうやら彼らは、あたかも当主の分身のごとく君臨し統治したようである。

年記・書止文言、当主の代替り期、支城主たち……とさまざまな側面からの分析を試みようと欲張ったのが祟って、後北条氏をめぐる検討が思いのほか長くなってしまった。このあたりで打ち止めとして、次の段階へ進もう。

次なる課題は、後北条氏を素材としてここで抽出してきたモデル——印判状化によって非人格的・官僚制的で強力な支配を達成していく政権というモデルが、どこまで通用するものなのか、を検証することにある。武田氏・今川氏・上杉氏といった後北条氏に領国を接する東国の諸大名たちは、後北条氏と競いあうかのように個性的な印判状をさかんに出している。とすると、彼ら東国の印判状大名たちの政権の特質も、多かれ少なかれ後北条氏のそれと似通っていたのか。それともひとしく印判状を発給してはいても、後北条氏とは大きく性質の異なる独自の支配を展開していたのか。

このことを検証するために、各大名を順次訪れて後北条氏において行なったのと同様の分析方法を試していこう。最初の訪問先は、風林火山の旗印の翻る甲斐の国である。

【武田氏】

概況

信虎―信玄―勝頼と三代にわたって発給された武田氏当主の文書を蒐集して、判物と印判状の年ごとの残存状況を一覧してみると、表8のようになる。

これをみると、武田氏の場合も後北条氏と同様に当初は判物だけしか発給されておらず、

表8　五年ごとの残存量の推移

（単位：通）

年　代	判物	印判状	奉書式	直状式	計
1496 1522 明応 5～大永 2	8	0	0	0	9
1523 1527 大永 3～大永 7	2	2	0	2	5
1528 1532 享禄 1～天文 1	1	0	0	0	1
1533 1537 天文 2～天文 6	1	3	0	3	4
1538 1542 天文 7～天文11	11	12	0	12	25
1543 1547 天文12～天文16	9	37	3	35	48
1548 1552 天文17～天文21	17	33	0	33	52
1553 1557 天文22～弘治 3	32	68	2	66	105
1558 1562 永禄 1～永禄 5	31	57	5	52	95
1563 1567 永禄 6～永禄10	33	89	48	41	128
1568 1572 永禄11～元亀 3	73	313	273	40	390
1573 1577 天正 1～天正 5	99	298	250	48	405
1578 1582 天正 6～天正10	29	202	168	34	239

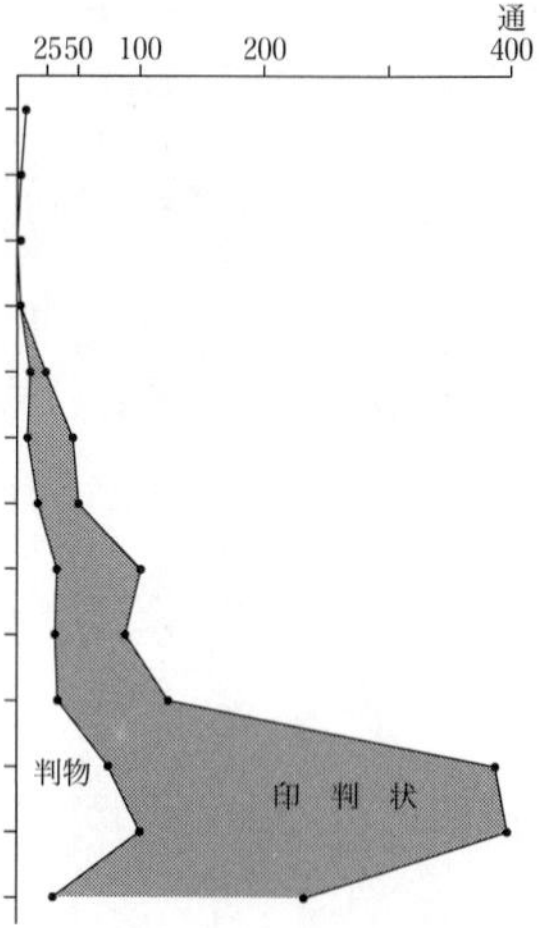

	判　物	印判状
寺社宛て	219 (59%)	383 (33%)
士 宛 て	154 (41%)	618 (53%)
郷村宛て	0	157 (14%)
計	373	1162

印判状の使用が開始されるのは中途からであることが知られる。印判状の普及にともなって、文書の発給量が急激に増加するのも後北条氏と同じである。ただ、二〇年以上をかけて徐々に印判状が進出していった後北条氏に比べて、武田氏におけるその普及ぶりの速やかさはめざましい。大永五年（一五二五）に初めて顔を見せた印判状の使用が本格化するのは、信虎施政の末期にあたる天文九年（一五四〇）頃だが、翌年信玄の執政が開始されるとみるみる普及して、数年後には印判状の方が発給文書の主流となるに至るのである。この勢いの強さは、前当主の追放というドラスティックな政権交替劇の影響であろうか。

こうしてたちまち普及した印判状であるが、これをさらに奉書式か直状式か、及び印の捺されている位置が文書の日付の下かそれとも文書の右上か、という二つの基準によって分類してみると、永禄八年から九年にかけて書式上の大きな変動が生じたことが判明する。

図2に示したように、永禄八年以前は奉書式が用いられることはごくまれで、通常は直状式で文書の右肩に印を据えるスタイルがとられた。一部に直状式で日下に印を据えるスタイルがみられるが、これは感状及び寺社宛てに鄭重な書式の文書を出すときに用いられたようだ。

永禄九年（一五六六）以降になると、状況は一転して奉書式が大部分を占めるようになる。奉書式のうち日下印《にっかいん》のものは単独で出される場合、右肩印《みぎかたいん》のものは同日に一斉に大量頒布される場合、という使い分けがなされたことは、以前指摘した（「武田氏龍印判状を素材として」『戦国史研究』三、一九八二年）。また、一部に残る直状式は、日下印が覚書、右肩印が官途宛行と禁制というように特定の内容のものに集中しており、内容によるスタイルの使い分けが部分的になされていたことがうかがえる。

こうした動向のうち、初期には直状式で途中から奉書式が登場するという点については、後北条氏と共通する。それ以後、単独発給か一斉頒布かによって書式の使い分けが行なわれた、という点も同じである。ただ、後北条氏は奉書式か直状式かによってそれを使い分けたのに対し、武田氏は印を捺す位置によって使い分けたこと、武田氏の一斉頒布スタイルである右肩印奉書式は、後北条氏の一斉頒布スタイルの直状式ほど大量には進出しないこと、などが相違点としてあげられる。

図2　永禄8-9年を境とする書式の変化

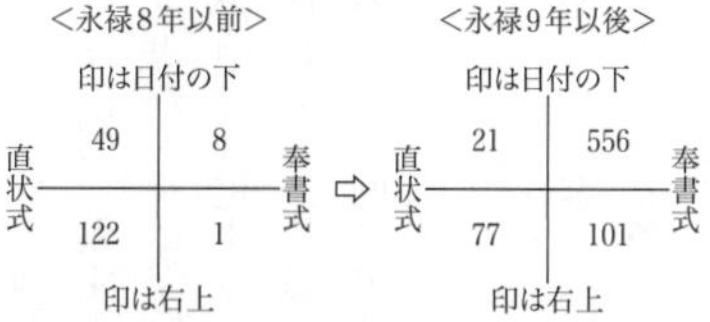

ついでに、宛先ごとに分類した結果を見ておこう。後北条氏の場合に行なったのと同じように、寺社宛てのもの・士宛てのもの・郷村宛てのものの三者に分類してみると、表8の下に記したような数値となる。後北条氏（二五ページ表2参照）に比して郷村宛ての文書の割合がぐっと少ないという相違はあるが、判物と印判状の最大の違いは郷村宛ての文書の有無であるという結果は、後北条氏の場合ときれいに一致する。

このように概観してくると、細部に違いは認められるものの、後北条氏と武田氏の文書の概況はほぼ一致すると言ってよさそうである。判物から印判状中心へと移行し、それとともに文書が大量に発給されるようになること、単独発給用と一斉頒布用とに印判状のスタイルが途中で分化すること、印判状の使用によって郷村宛てに文書が出せるようになること、いずれも両者に共通して見られる現象である。とすると、後北条氏において抽出したモデルはかなりの程度まで武田氏にも適合するのではないか。意を強くして内容ごとの検討へと進もう。

内　容

まず、後北条氏における経験を援用して武田氏の文書を内容ごとに分類し、表9を作成してみる。これをざっと眺めてみると、命令系は印判状が圧倒的であり、優遇系も大部分が印判状であるのに対し、安堵系や宛行系にはかなり判物ががんばっている、という後北条氏とよく似た光景が展開されている。しかし、さらにこれを後北条氏の表3や図1と比べてみると、命令系の文書が格段に少なく、かわりに役免や所領宛行などが多い、名誉系の文書への印判状の進出が著しい、といった少なからぬ相違にも気づかされる。全体としてどう評価したらよいのか。ひとつずつ検討していこう。

〈願《がん》　文《もん》〉

後北条氏における起請文と同様、つねに判物が用いられている。

〈感　状〉

判物と印判状の両様式が並行して使用されている。たとえば次のごとくである。

今六日、申刻、於二信州佐久郡小田井原一合戦、頸壱被二討捕一候条、神妙之至候、弥可レ被レ抽二忠信一候、謹言、

天文十六年丁未

八月六日　　　　晴信（花押）

依田右京進殿

（「依田文書」『信濃史料』第一一巻三五〇ページ）

今六日、申刻、於二信州佐久郡小田井原一合戦、頸壱、討捕之条、神妙之至候、弥可レ抽二忠信一者也、仍如レ件、

天文十六年丁未

八月六日　　　　晴信朱印

水上菅七とのへ

（「感状写」『信濃史料』第一一巻三五一ページ）

では、両者はどう使い分けられたのか。

たとえば、宛先に「殿」ではなく「とのへ」という薄礼の敬称を付したケースが、判物で

表9　内容ごとに分類
（単位：通）

	判　物	印判状
願　文	17	0
名誉系	35	98
感　状	33	62
官途状	2	36
宛行系	105	248
所領宛行	66	181
宛行約束	14	37
寄　進	25	30
安堵系	113	159
所領安堵	69	73
安　堵	25	66
相続安堵	19	20
優遇系	47	339
禁　制	32	91
役　免	13	218
過　所	2	21
伝　馬	0	9
命令系	4	118
命　令	3	70
掟	1	48
計	373	1162

は全体の三分の一に過ぎないのに、印判状では大部分を占めるというように、全般に判物より印判状の感状の方が薄礼である。また、印判状のほとんどが同日に一斉に頒布されたものであるのに対し、判物のうち同日一斉のものと確認できるのは六／三三通しかない、というように一斉発給も印判状の特徴である。してみると、判物は個別的に特に礼を厚くする場合に用いられ、通常の一斉発給は印判状が用いられたと考えられる。

そこでその印判状であるが、子細にみるとこの感状印判状は通例の印判状とずいぶん趣を異にする。

まず、印判状にはふつう当主の署名などなされないのに、この感状印判状のほとんどは、あたかも判物のごとく「晴信」というように当主の名を記し、その下に印を据えるという異例のスタイルをとる。しかもその印の大半は、よく知られている龍丸印ではなく、「晴信」という実名を刻んだ独特の印である。他の分野では既にさかんに見られる龍丸印が、この感状の分野で用いられ始めるのは、ようやく天文二十一年になってからで、その後弘治三年

（一五五七）には何とか感状のなかでの主流の座を得るものの、天正元年（一五七三）の信玄の死とともにまた「晴信」印に逆戻りしてしまう。龍丸印はなかなか感状の印として根付かないのである。

署名の存在といい、「晴信」という独特な印といい、どうやら感状印判状は通常の印判状とはかなり性格を異にし、敢えて言えば、判物と印判状の中間的形態を示しているとでも評価した方がよさそうである。

〈官途状〉

この分野の文書は信玄の代にはほとんど見られず、発給が本格化するのは勝頼期になってからであるが、わずかな例外を除き、通常は印判状が用いられている。直状式右肩印という、通例とは異なるスタイルが用いられるのがつねであった。

〈所領宛行〉

判物と印判状が併用されているので、いったい何を基準として使い分けたのかとためつすがめつしてみると、何と宛行う知行高の多寡が基準だったらしいことがわかってくる。判物の文面にあらわれた知行高はおおむね一〇〇貫以上と高額で、試みに一件あたりの平均宛行高を算出してみると二八五貫となる。かたや、印判状によって宛行われた知行高は、一〇〇貫未満と少額である場合が大部分で、平均七四貫となる。

しかも、天文十九年に奥山左二郎に七五貫を与えたときは印判状、元亀二年（一五七一）

に奥山宮内に四〇〇貫を与えたときは判物（「奥山文書」『甲州古文書』第一巻三二七・三二八ページ）、というように、同族や同一人物に対して判物と印判状の両様式が給されている例が少なからず見られる。このことから、広い所領がもらえる大物家臣には判物、狭い知行地しかもらえない中小家臣には印判状、というような宛先の階層による使い分けではなく、あくまでそのとき宛行う知行高の多少が使い分けの基準だったことがわかる。

大きな知行高を与える場合には印判状が使えない、という点で、この分野での印判状化はいまだ不徹底なものだったわけである。

〈宛行約束〉

永禄六～七年頃を境として、判物から印判状へとほぼ切り替えられていく。

〈寄　進〉

これも同様に、永禄六～七年頃に判物から印判状への切り替えが行なわれている。ただ、切り替え後もしばらくは、甲斐の寺社宛てのものを中心に判物が残っている。

〈所領安堵〉

判物の割合が印判状と量的にほぼ拮抗するほどに高い。しかも、所領宛行にしろ寄進にしろ、時期が下ればしだいに判物の割合は減っていくのに、ここでは信玄期から勝頼期になるとかえって判物が増加ぎみになるという、大勢に逆行する現象がおきている。

なぜそうなったのか。勝頼期に出された所領安堵の判物四二通のうちの大半にあたる二五通が、「先判《せんぱん》」にまかせて安堵すると述べていることが、その間の事情を物語ろう。同時期の印判状の方にはこの「先判」文言がほとんど見られないことから考えて、先代の信玄がいったん判物で宛行うなり安堵するなりしたものを勝頼が再び安堵する際には判物を用いる、という慣行が成立していたことがわかる。これが、勝頼期に至ってもこの分野では根強く判物が残り続けるという結果を招いたわけだ。後北条氏が「先判」を有しているものにも容赦なく印判状をどしどし給していったのに比べると、先代の判物を有しているものには判物でという方策をとった勝頼政権は、いささか保守的だったのでは、という印象を受ける。

なお、信玄期の状況を眺めてみると、判物は大社寺宛てに、印判状は中小社寺及び士宛てにという、後北条氏と同様な宛先による使い分けがしだいに定着してきていたようだ。

〈安　堵〉

判物のかなりの部分が文面に「先判」をうたっているから、ここにも前述の〝先判システム〟が成立していて、それが判物の残存を助けたと推測される。もっとも、さきの所領安堵に比べれば印判状の進出は著しい。

〈相続安堵〉

判物と印判状が併用されているが、両様式がどうやって使い分けられたのか、残念ながら検出できなかった。

〈禁　制〉

判物は初期及び勝頼が家督を継いだ直後の数年間に集中しており、しかもほとんどが甲斐国内に出されたものと、時期的にも地域的にも偏った特殊な場合にのみ出されている。通常は印判状が用いられたとみてよいわけだ。

〈役　免〉

原則として印判状である。判物は六／一三通が天文十八年以前に出されたものと初期に偏り、ごく一部に用いられたに過ぎない。

〈過所・伝馬〉

過所に見える二通の判物は、いずれも文亀元年（一五〇一）の武田信縄の発給というごく初期のものである。したがって、この分野では印判状のみが用いられたと言ってよい。

〈命令・掟〉

これまた原則として印判状のみが用いられた。

以上、各分野における判物と印判状の使い分けの状況を通覧してきた。これを後北条氏のときと同じように名誉系（感状・官途状）・宛行系（所領宛行・宛行約束・寄進）・安堵系（所領安堵・安堵・相続安堵）・優遇系（禁制・役免・過所・伝馬）・命令系（命令・掟）とグルーピングしながら、武田氏と後北条氏との共通点や相違点について整理してみよう。

まず、命令系及び優遇系の状況は後北条氏ときれいに一致する。原則として印判状の命令系、ごく初期に判物から印判状への切り替えがほぼ終了した優遇系、いずれも後北条氏で見た光景と同じである。

そして、宛行系・安堵系の両者はこれらに比べて印判状化の時期が遅いのも同じである。ただ、武田氏の場合、大きな所領を宛行うとき、あるいは「先判」を有しているものへの安堵の際、といった各種の事情によって、依然として判物が用い続けられることが少なからずあった。その点、すみやかな移行が進んだ後北条氏よりも、印判状化がいささか不徹底だったと言えよう。

このように、宛行系から命令系までの各グループが後北条氏とおおむね同傾向であるのに対し、名誉系の文書は大きく異なった様相を呈する。原則として判物だった後北条氏とは違って、印判状が中心だからである。もっとも感状印判状が署名を有し独特の印を用いるという、判物と印判状との中間的形態を示すことを重くみれば、両者の相違はさほど大きくはなかったのかもしれない。

ともあれ、こうしてまとめてみると、武田氏における印判状化の状況は、名誉系に属する一部の文書を除いては、後北条氏とおおむね同様であるが、それよりもいささか不徹底であった、と評してよさそうである。その不徹底さはさしあたり宛行系・安堵系の分野にあらわれている。

ここで想起されるのが、全体の内容分布において命令系の占める割合が後北条氏よりはるかに少ない、という先に指摘した特徴である。全体の三四％が命令系である後北条氏に対し、武田氏での命令系はわずか八%と、彼我の間には大きな格差がある。この事象も宛行系・安堵系での印判状化の不徹底さと同根のものと考えてよいのではないだろうか。

後北条氏の検討の際に縷説したように、命令系の文書は「証文」と総称することのできる他の分野の文書とは著しく性格を異にし、印判状化によって初めて本格的な発給が可能になったもので、その政権の性格を人格的なものから非人格的・官僚制的なものへと変容させてゆく大きな役割を担っていた。こうしたすぐれて印判状的で画期的な意義を持つ命令系の文書の進出が、武田氏においてはいまだ十分でなかったということと、同氏において宛行系・安堵系での印判状化がいまだ不徹底であったという、この二つの事象は、整合的に理解することが容易である。すなわち、武田氏は印判状化による政権の性格の変容の達成度が後北条氏よりもいささか低く、そのことが一面では命令系の文書の少なさとして、他面では宛行系・安堵系の印判状化の不徹底としてあらわれたわけである。

なお、さきに概況のところで、武田氏の場合、二様式の印判状のうち後北条氏の直状式に該当する右肩印奉書式がそれほどの進出をみせないこと、郷村宛ての文書が後北条氏に比してぐっと少ないこと、などの諸点を指摘した。大量頒布に用いられるスタイルのものが少ない、そして郷村宛てに出されたものが少ない。これらも印判状化による政権の変容が後北条氏より不徹底だったことのあらわれと考えてよかろう。

武田氏と後北条氏それぞれにおける判物と印判状の全体の比率にはさしたる差はない（彼

は三二五対一〇二四、此は三七三対一一六二）。けれども、このようにもろもろの事象を少しずつ読み解いていくと、後北条氏よりも武田氏の方がひとあし遅れていたことがわかってくる。細かな分析抜きには即断できないゆえんである。

そこで、つぎに年記や書止文言のような書式面へも簡単に目配りしておこう。

年記と書止文言

年記の記しかたを、後北条氏で行なったのと同じ方法で分類して集計したのが表10である。

これによって判物と印判状を比べると、表の下段にまとめたように、有年記か干支のみか、書下年号か付年号か、のどちらの基準で見ても印判状より判物の方が厚礼であることがわかる。このことは後北条氏と共通する。また、表にはあらわせなかったが、印判状を内容ごとに分類してみると、厚礼の①―Aには所領宛行状が多く、薄礼の④―Bには役免や命令系が多い、というように、これまた後北条氏で見られたのと同じような内容による書式の使い分けがなされていることがわかる。

ひとつだけ後北条氏と大きく異なるのは、干支のみという書きかたがたいへん少ないことである。後北条氏にあっては印判状の六割かたが干支のみの表記であったのに、ここ武田氏では一四％ほどに過ぎない。

表10　年記の記しかたごとに分類

（単位：通）

	判　物	印判状	計
①　—　A	69	65	138
①　—　B	170	562	748
②　—　A	21	26	52
②　—　B	32	159	198
③　—　A	8	13	23
③　—　B	27	103	131
④　—　A	0	15	15
④　—　B	9	135	153
⑤　—　A	0	3	3
⑤　—　B	0	15	15
⑥	33	62	97
①〜③（有年記）	327	928	1290
④⑤（干支のみ）	9	168	186
A（書下年号）	98	122	231
B（付年号）	238	974	1245

表11　書止文言ごとに分類

（単位：通）

	判　物	印判状	計
書状系	67	20	98
如件系	247	976	1248
「者也」など	59	161	230
計	373	1162	1581

いっぽう、書止文言の状況はどうか。表11をみると、判物の方が印判状より書状系の率が高く、ここでも後北条氏と同様な判物と印判状の書式の使い分けが検出できる。如件系が大部分を占めるのも同じである。ただ、「仍状如件」といういいかたが全く見られないこと、そして、九割以上と大多数が如件系だった後北条氏に比べて、武田氏のそれは判物で六六%、印判状でも八四%と占有率がやや落ちること、などが相違点としてあげられる。

干支のみという年記の記しかた、如件系の書止文言、いずれも後北条氏において、印判状の方により適合的なスタイルであったことが判明している。とするならば、この両者の占有率が後北条氏より少ないということは、武田氏は後北条氏よりひとあし遅れていたという、さきほどの推定を裏書きする事象と言えよう。有年記が多く、書状系の書止文言が多い。すなわち後北条氏よりもやや厚礼な書式の文書によってとり結ばれる武田氏と家臣や領民たちとの関係は、後北条氏ほどには隔絶したものでなかった、というわけである。

穴山氏

話のついでに、武田氏の一族として甲斐南部の河内領を統治した穴山氏の文書の状況を略述しておこう。

信友から信君へと続く穴山氏の発給文書を蒐集してみると、判物は一三八通、印判状は六九通ほどとなる。これらを整理してみると、印判状は命令系や優遇系に多く、判物は宛行系や安堵系に多い、といった内容ごとの使い分け、判物の方が有年記や書状系の書止文言が多い、といった書式ごとの使い分けなど、全体の傾向はいずれも当主と共通する。後北条氏に比べて命令系・干支のみの年記・如件系の書止文言が少ない、といった諸点も同様である。

当主との大きな相違点は、印判状がなかなか普及しないことである。永禄末年頃からぼつぼつ見え始めた印判状が、ようやく過半を制するに至ったのは天正七年頃と、その普及ははなはだ遅く不徹底である。

このように、後北条氏の支城主たちが当主なみの印判状政治を顕現しているのに対し、穴山氏は武田当主より立ち遅れている。当主の弟や子を新征服地に分出することで生まれた後北条氏の支城主と、代々河内領に蟠踞した穴山氏という事情の違いが、それぞれの当主の影響力の及びかたの違いを生んだのであろう。

なお、穴山氏と並び称されることの多い郡内の小山田氏の場合は、文書の内容が優遇系ことに役免に著しく偏っていることから、下級の支配権しか保持していなかったと見られる。検討の俎上に載せるには不適当なので、ここでは省略する。

これで武田氏をめぐる検討を終る。文書の発給量・宛先・内容・書式などの諸点を吟味した結果、後北条氏と武田氏の文書の諸特徴はおおむね一致すること、ただし武田氏の一部に後北条氏より印判状化が不徹底で印判状的性格が希薄な部分が見られること、の二点が判明した。ここに、後北条氏よりもひとあし遅れぎみではあるが、やはり同様に印判状化を通じて非人格的・官僚制的で強力な支配勢力への変容を遂げつつあった武田政権の姿が立ちあらわれてきたのである。

かくして、後北条氏において抽出したモデルは普遍化が可能なのかという問いかけは、ひとまず力強い肯定の返事を得た。次に陽光きらめく駿遠の太守たちを訪問して、もう一度同じことを問うてみよう。

【今川氏】

概況

氏親―氏輝―義元―氏真と四代にわたって発給された今川氏当主の文書を蒐集して、判物と印判状の年ごとの残存状況を一覧するという、おなじみの作業を行なってみると、表12のようになる。

一見して、印判状の占める割合が後北条氏や武田氏よりぐっと少ないことに気づく。氏親初期に姿を見せたそれは、戦国大名の印判状の初見として令名は高いものの、つづく氏輝期には全く影を潜めてしまう。そして義元期に復活して全体の一八%ほどを占め、氏真期になるともう少し増えて全体の二八%を占めるようになる、と上昇カーブは描いているが、主流の座につくには至らない。そうしたマイナーな位置に置かれたせいもあってか、単独発給か一斉頒布かによってスタイルを使い分ける、というような様式の分化もおこらなかったようだ。

さらに宛先ごとに分類してみると、表12の下段に記したように、判物より印判状の方が郷村宛ての割合が大幅に増える、という違いが検出できる。この現象は後北条・武田両氏と一致する。ただ、郷村宛て・士宛てが少なく寺社宛てのものが全体の過半を占めるという点

表 12　十年ごとの残存量の推移

（単位：通）

年　　代	判物	印判状	計
1487　1492 長享 1〜明応 1	1	2	3
1493　1502 明応 2〜文亀 2	12	1	13
1503　1512 文亀 3〜永正 9	9	3	13
1513　1522 永正10〜大永 2	16	3	20
1523　1532 大永 3〜天文 1	20	4	26
1533　1542 天文 2〜天文11	79	15	95
1543　1552 天文12〜天文21	140	32	183
1553　1562 天文22〜永禄 5	252	71	339
1563　1573 永禄 6〜天正 1	116	68	189

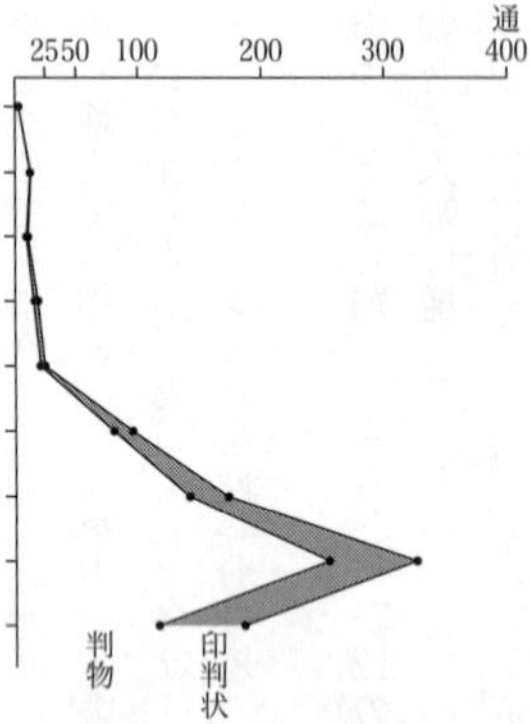

当主ごとの集計

氏親	1487　1526 長享 1〜大永 6	46	13	62
氏輝	1528　1535 享禄 1〜天文 4	38	0	39
義元	1536　1560 天文 5〜永禄 3	305	73	397
氏真	1558　1573 永禄 1〜天正 1	276	111	402

	判　物	印判状
寺社宛て	377(56%)	114(57%)
士 宛 て	276(42%)	63(32%)
郷村宛て	12(2%)	22(11%)
計	665	199

が、彼らと大きく異なる。印判状化によって変化したことのひとつに、土宛てや郷村宛ての文書の増加という現象があったことを想起するならば、寺社宛てが多いというこの事態は、今川氏においていまだ印判状化が十分に展開していないことの一つのあらわれとして理解してよいように思う。

以上が概況である。どうやら今川氏における印判状化は、後北条氏や武田氏に大きく立ち遅れているようだ。その様相をもう少し詳しくみていこう。

内容

内容ごとに分類すると、表13のような結果が得られる。判物と印判状の使い分けの状況は、名誉系が判物のみ、宛行系・安堵系・優遇系としだいに印判状の割合が増え、命令系になるとほとんどを印判状が占めるに至る、という例の法則通りである。進出度はいずれも低いながらも、どの分野の文書に適合的かという印判状の特性は、後北条や武田と同様にここでも明瞭に発揮されているわけだ。

表13　内容ごとに分類
（単位：通）

	判物		印判状	
起請文・願文	0		0	
名誉系	60		0	
感状		56		0
官途状		4		0
宛行系	85		13	
所領宛行		59		12
宛行約束		6		0
寄進		20		1
安堵系	376		60	
所領安堵		264		22
安堵		91		37
相続安堵		21		1
優遇系	77		66	
禁制		20		29
役免		56		34
過所		1		2
伝馬		0		1
命令系	4		19	
命令		2		13
掟		2		6
計	665		199	

いっぽう、今川氏に特徴的なこととしては、命令系の文書の少なさがきわだっている。安堵系が全体の半分を占め、命令系はわずかに三%と、後北条はむろん武田よりもはるかに小さな割合しか占めていない。これまた、印判状化の立ち遅れと密接に関連する事象として読みとることができよう。

各分野の文書について、今少しコメントしておく。

〈宛行系〉

所領宛行のみに若干の印判状の進出がみられる。これは、永禄十二年（一五六九）に所領宛行状が判物から印判状に切り替えられたためである。前年に武田勢に攻め込まれて、既にその領国を失ってしまっていた氏真が、この時期にこうした書式の変更を行なったのは、敗残の身を寄せた先の庇護者北条家の影響によるのかもしれない。

なお、判物の特徴として、「去五月十二日、於二三州御油口片坂一不慮之一戦刻、……甚以粉骨無二比類一、因レ茲知行於二三州境目一参万疋……永扶助訖」（「旧案主富士家所蔵及関係文書」『静岡県史料』第二輯二八四ページ）というように、その大部分が軍忠を理由に発給されていることが注目される。この特徴は、永禄十二年の印判状化とともに姿を消してしまう。判物の時期には戦における功労に対して所領を宛行う、ないしは所領宛行の約束をする、という意識が支配的であったが、印判状化によってそれが薄れていったようだ。これは、後北条氏の宛行系において見られた特徴と同じである。

〈安堵系〉

ここも宛行系と同様に、印判状の進出がきわめて低調である。ことに、後北条や武田でも印判状化が遅れぎみで、安堵系のなかではいちばん印判状になじみにくいことが知られている相続安堵にあっては、原則として判物しか用いられていない。そのなかで、「安堵」の項目のみにやや印判状の進出が著しい。それを子細にみると、印判状の進出は氏真の時期になってから本格化していることがわかる。竹木や職の安堵のように所領安堵よりは比較的小さな権益の安堵の分野の方が印判状化への抵抗が少なく、氏真期にいたって少しずつ印判状化が進行することとなったのであろう。

ちなみに、この分野の大部分を占める所領安堵の判物のうち、氏真期のもの九三通の大半にあたる五二通が「先判」にまかせて安堵する、と述べていることを指摘しておきたい。あたかも武田勝頼がそうであったように、氏真も先代の当主が判物で宛行ったり安堵したりしたものに対して再び安堵を与える際には、判物を用いているのである。してみると、武田氏の場合と同様、ここ今川氏でも「先判」を有するものへの安堵は判物でという慣行が成立しており、それが安堵系における印判状の進出をはばむ一つの大きな要因となったと推測することが許されよう。

〈優遇系〉

いずれの項目においても、印判状の進出は比較的順調である。時期を区切ってみると、その進出ぶりがより具体的にうかがえる。すなわち、役免の場合、義元期に判物対印判状の割合が二三通対一〇通だったのが、氏真期には二〇通対二〇通となる、というように時期が下るにつれてしだいに印判状が進出していくようすがわかる。禁制の場合には、氏親期九対一、義元期九対一三、氏真期一対一五とさらに鮮やかな上昇カーブを描き、氏真期には原則として印判状が用いられるようになるまでに至る。

なお、この禁制の判物をみると、二〇通のうち一六通までが袖判《そではん》という他の分野には見られない特徴が目につく。袖判という薄礼な書式で出されるのがつねだったために、印判状への移行に対する抵抗が少なかったのではないか。後北条や武田と違って今川氏の印は文書の右上ないし袖に捺されるのがふつうだが、そんな両者の形態の類似も印判状化の進行を助けたのかもしれない。

〈命令系〉

判物は義元期以前に偏っており、前期にごく一部に用いられたものとみてよく、通常は印判状で発給されている。郷村宛ての文書の割合が七／一九通と他の分野より格段に高いのが、ここでの印判状の特徴である。

このように通覧してくると、命令系・優遇系・安堵系……と順々に印判状化が浸透していきつつあった様子がわかる。全体としてはいまだ低い水準にとどまっているものの、上昇カーブを描いて進行中というのが、今川氏における印判状化の状況であった。

その際に、各分野の文書の特徴が後北条や武田のそれと一致する場合がしばしばみられる、という事実は興味深い。宛行系の判物の大部分が軍忠を理由に発給されており、印判状化とともにそれが消滅することは、後北条氏と共通し、命令系の印判状に郷村宛てのものが多いことは後北条・武田両氏と共通する。また、安堵系において「先判」を有するものへは判物でという慣行がうかがえることは、武田氏での事態がある程度普遍的であったことを示唆しよう。全体での印判状化の進行ぶりに加えて、こうした細部での変化や特徴まで一致するということは、今川氏でおこりつつあった印判状化という変動が、後北条や武田でのそれとほぼ同質のものであったことを保証しよう。

印判状化がきわめて不十分なまま滅びてしまっただけに、今川氏において印判状化とともにどんな変動が生じたのかを、具体的に検証することはなかなかむずかしい。比較的めざましい進行ぶりをみせた優遇系にあってさえ、印判状化の前後で文書の発給量や宛先に変動がおこったという事実は、ほとんど検出できない。

しかし、全体での動向に加えてこれら細部での特徴も一致することから、今川氏でも後北条や武田でみたのとほぼ同様の変化がおころうとしていたと考えてよいことが判明する。文書の発給量が激増し、士宛てや郷村宛てにさかんに出されるようになり、命令系の文書が進出して、人格的な支配から非人格的・官僚制的な支配へと変容していくという、後北条において開花したものと同質のものの萌芽は、今川氏のなかにも既に含まれていたのである。

こうして、今川氏ひとりを睨んでいてもなかなか出そうにない結論を、後北条・武田両氏の助けを借りて抽き出したところで、書式面での検討結果を報告しておこう。

年記と書止文言

既におなじみの手続きである。説明は省略して、まず表14と表15を掲げてしまおう。

表14によって知られる年記の記しかたの状況は、後北条や武田のそれに比べてずいぶんと厚礼である。後北条では半数近くを席巻していた、年記がなく干支のみを記すという書きかたが、ここにはほとんどみられない上に、付年号に対する書下年号の割合も後北条や武田に比べてはるかに高い。ただ、判物の方が印判状より書下年号が多く厚礼であるという事態は、後北条や武田と変わらない。また、時期による推移をみてみると、判物・印判状ともに時期が下るにつれてしだいに付年号が増え薄礼化していくことが明瞭に読みとれる。

このような、後北条や武田より全般に厚礼だけれども、時期が下るとしだいに薄礼化していくという事態は、印判状化が不徹底ながらも、時期とともに少しずつ進行していくという事態と表裏をなすものとして理解することができよう。

いっぽう、表15によって書止文言の状況をみると、如件系が圧倒的で、判物の一部に書状系などがみられるのみである。こちらの方は、後北条氏とほぼ同様の状況なわけだ。

なお、今川氏の文書の書式で、後北条や武田と大きく異なる特徴の一つとして、判物における署名の記しかたが挙げられる。後北条や武田は「氏政」「晴信」などと実名《じつみょう》を記すのがふつうであったのに対し、今川氏の場合は「治部大輔」「上総介」のように官途《かんと》書《が》きをするのがつねであった。署名を記さず花押のみという簡略な書きかたが一五／六六五通とたいへん少ない、という事態とあわせて考えると、これも今川氏の書式が比較的厚礼であったことの一つの徴証と言えよう。

ついでに、印判状に用いられた印章の種類についても一言しておく。義元期の印の使用の推移を追ってみると、初期には印文「義元」の印が用いられているが、途中の天文十四年（一五四五）より「如律令」印が登場し、二種類の印の併用となる。そこで両種の印がどう使い分けられたのか検討してみると、「如律令」印は安堵・禁制・掟に主に用いられ、「義元」印は所領安堵・役免などに用いられている。禁制など比較的印判状化の進行しやすかった

表14　年記の記しかたごとに分類

（単位：通）

	判　物	印判状	計
①　―　A	190	11	208
①　―　B	149	27	180
②　―　A	90	13	110
②　―　B	95	77	176
③　―　A	15	4	24
③　―　B	88	62	160
④　―　B	1	0	1
⑤　―　B	1	0	1
⑥	35	5	40
A（書下年号）	295	28	342
B（付 年 号）	334	166	518

表15　書止文言ごとに分類

（単位：通）

	判　物	印判状	計
書　状　系	13	1	15
如　件　系	640	197	871
「者也」など	11	1	15
計	665	199	902

分野には「如律令」印、所領安堵のように印判状化への抵抗感が強かった分野には「義元」印、という使い分けがおおむねなされていたようだ。この事態を、実名を印文とし個人印的な性格が濃かった「義元」印の方が、花押に替わるものとして受け入れられやすかったため、印判状化への抵抗感の強い分野にはまずこれが用いられた、と解釈してみることはできないだろうか。ここでのデータの量は必ずしも十分ではないが、武田氏で、感状の分野には長い間「晴信」印が用いられ、龍丸印がなかなか進出しないという事態を見たことを想起するならば、あながち的外れな理解でもないような気がする。

ちなみに、つぎの氏真の時期には、ごく初期に「氏真」印が数通見えるのみで、永禄四年以降はずっと「如律令」印のみの使用となる。

以上のように、書式面での検討により、年記や署名の記しかたが厚礼であること、時期が下るにつれて年記の記しかたが薄礼化する、「如律令」印が主流となる、というような変動が生じていること、などがわかってくる。印判状的なものと薄礼のものとは大きな親近性を有する、という後北条氏での検討結果を踏まえるならば、これらの事態は、今川氏では印判状化が不十分ではあったが、時とともに少しずつ進行しつつあった、というさきほどの内容面の検討から抽き出した結論にきれいに整合することになる。満足すべき結果だ。

余談ながら、今川氏にとって新領土であった三河では、駿河・遠江と比べて印判状化の進行ぶりはどうか、とみてみると、いささか遅れぎみであることが目につく。印判状は二〇／

一七七通しか進出していないし、郷村宛ての文書も見あたらないからである。いっぽう武田氏の場合の地域ごとの印判状の割合を概算してみると、本国の甲斐が七〇％であるのに対し、新征服地の方は信濃が七一％、駿河が七七％、上野が六九％とみなほぼ同じであることがわかる。新征服地でも本国とほぼ同様の印判状化が実現されているようだ。後北条氏の場合も、新征服地へ派遣された支城主の北条氏邦や太田氏房が当主なみの支配を行なっていた。してみると、新征服地においては本国なみの支配が行なえないということも、今川氏の政権としての未成熟さの一つのあらわれと言えるのではないだろうか。

これで今川氏をめぐる検討を終る。各方面からの検討によって、後北条氏や武田氏に大きく遅れながらも、同じ道を懸命に歩みつつあった、すなわち非人格的・官僚制的で強力な政権へと少しずつ変貌しつつあった今川氏の姿が立ちあらわれてきた。

かくして、後北条氏において抽出したモデルの普遍化は可能か、という問いかけに、駿遠の太守たちもまた、力強い肯定の返事を与えてくれたのである。

【上杉氏】

今しばらく東国行脚を続けよう。次に訪れるのはましろき風花の舞う越後の国である。

概　況

為景―晴景―謙信―景勝と四代にわたって発給された上杉氏の当主たちの文書を蒐集して、判物と印判状の年ごとの残存状況を一覧してみると、表16のようになる。為景期にごく一部に見られるに過ぎなかった印判状が、謙信中期（永禄四年（一五六一）頃）より本格的に使用されだし、景勝期には判物を圧倒するにいたるようすがみてとれよう。

わけても印象的なのは、謙信と景勝との間にはなはだ大きな落差がみられることである。謙信期にはコンスタントに発給されながらもいまだ主流の座につくには至らなかった印判状が、景勝期になった途端にぐんと急上昇して、発給文書の大部分を占めるようになる。それとともに文書の発給量自体も大幅に増加する。また、同日に同文で一斉に発給された文書群を数えてみると、謙信期には八組しか検出できなかったものが、景勝期には五三組にものぼり、大量一斉発給の体制が景勝期に成立したことがわかる。

この落差の激しさは、謙信没後の御館の乱に勝利して、力で政権の座をもぎとった景勝政権の勢いを体現していると考えてよかろう。武田氏において、信虎を追放して当主となった信玄の施政が開始されるや、みるみる印判状が普及したことが想起される。

なお、宛先ごとに分類した結果を見ておくと、表16の下方に記したように、印判状は判物に比べて寺社宛てが少なく郷村宛てが多い、という今まで見てきた大名たちと全く同じ特徴

表16　十年ごとの残存量の推移

（単位：通）

年　　代	判物	印判状	計
1505　1522 永正 2〜大永 2	13	2	17
1523　1532 大永 3〜天文 1	3	0	3
1533　1542 天文 2〜天文11	6	2	15
1543　1552 天文12〜天文21	9	0	16
1553　1562 天文22〜永禄 5	18	5	34
1563　1572 永禄 6〜元亀 3	30	25	66
1573　1582 天正 1〜天正10	83	238	448
1583　1592 天正11〜文禄 1	15	135	171
1593　1614 文禄 2〜慶長19	2	8	14

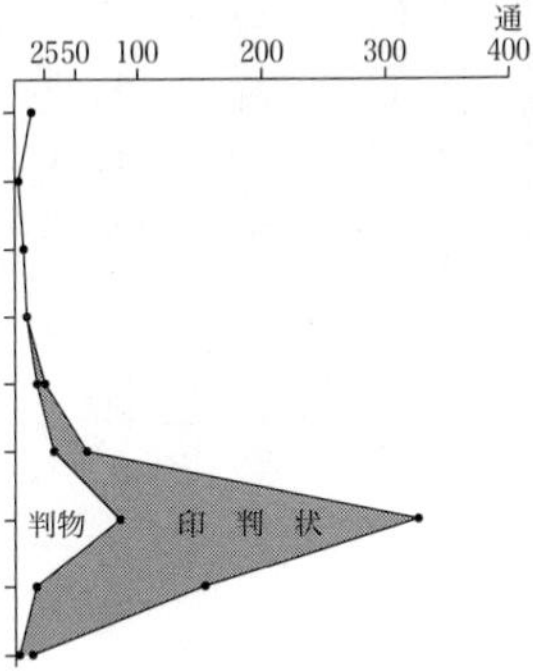

当主ごとの集計

為景	1505　1536 永正 2〜天文 5	25	4	43
晴景	1548　1550 天文17〜天文19	2	0	4
謙信	1543　1577 天文12〜天正 5	69	44	150
景勝	1566　1614 永禄 9〜慶長19	97	369	620

	判　物	印判状
寺社宛て	35(18%)	26(6%)
士 宛 て	157(81%)	344(82%)
郷村宛て	1(1%)	42(10%)
計	193	418

を呈することが知られる。

このような概況を見てくると、上杉氏における印判状化の進行は、おおむね後北条・武田なみの達成をみるものの、景勝期に一挙に上昇したことがその特徴と言えるのではないか、という見通しを得る。その様相をもう少し立ち入って見ていこう。

内　容

例によって内容ごとに分類して表17を作成してみる。この表から次のようなことが読みとれる。

まず、全体の状況をみると、宛行系が主軸で大きな部分を占め、逆に安堵系が少ない。命令系も後北条氏に比べると少なく、ほぼ武田氏なみの比率を占める。

つぎに、判物と印判状の関係をみると、印判状の比率の少ない順に起請文＜名誉系＜安堵系＜宛行系＜命令系＜優遇系となる。名誉系から命令系へとしだいに印判状の浸透度があがる、という例の法則にほぼ合致しているが、細部に異同も認められる。

さらに、謙信と景勝の両者を比較してみると、謙信の方が起請文・名誉系の比重が高く、宛行・優遇系が少ないという大きな違いがある。いっぽう内容ごとの印判状の浸透度をみていくと、名誉系・宛行系は謙信期にはほとんど印判状が浸透せず、景勝期にようやく進出するが判物もかなり残るのに対し、優遇系・命令系は謙信期に既に印判状が主流となってお

表17　内容ごとに分類　（単位：通）

	判物	印判状	謙信 判物	謙信 印判状	景勝 判物	景勝 印判状
起請文・願文	19	2	12	2	4	0
名誉系	49	23	21	2	19	19
感状	31	23	11	2	11	19
官途状	18	0	10	0	8	0
宛行系	67	172	10	2	49	168
所領宛行	44	157	3	2	37	154
宛行約束	17	12	4	0	11	11
寄進	6	3	3	0	1	3
安堵系	23	26	6	4	14	22
所領安堵	17	21	5	2	11	19
安堵	4	3	1	1	2	2
相続安堵	2	2	0	1	1	1
優遇系	10	117	5	11	3	106
禁制	2	26	1	7	0	19
役免	7	42	4	3	2	39
過所	1	28	0	1	1	27
伝馬	0	21	0	0	0	21
命令系	7	51	5	15	2	36
命令	3	26	2	8	1	18
掟	4	25	3	7	1	18
計	193	418	69	44	97	369

り、景勝期になると判物はほとんど消滅する、という状況が読みとれる。印判状は優遇系・命令系の分野にまず進出し、安堵系や宛行系などへの進出はそれより遅れる、という後北条氏以下の各大名において見られた事態がここにも鮮やかに現出していることが確認できる。

加えて、謙信期の動向の延長上に景勝期があるということもわかり、一見かなりの断絶・較差があるように思えた謙信と景勝との間の連続性にも気づかされるのである。

以上が表から読みとれることであるが、もう少し個別に深入りしておきたい。

〈起請文・願文〉

判物が圧倒的である。謙信が願文に印判を用いた例が二通あるのが、今までの大名たちには見られない事例として珍しい。

〈感　状〉

感状というのは通例、「今度於二大場一遂二一戦一之刻、験討執候事、神妙之至候」（「長尾平蔵氏所蔵文書」『越佐史料』第五巻五二一ページ）のように、具体的な戦功を掲げているものだが、印判状の感状の過半（一二／一三通）は、「今度錯乱之処、其地遂二籠城一走廻之段、神妙至候」（「上杉年譜」二三『越佐史料』第五巻六一九ページ）のように、漠然とした忠節を褒したものに過ぎない。通例の感状には印判状が用いられにくかったようだ。また、印判状でかつ通例の感状のように具体的な戦功が掲げられたものは一一通にとどまるが、うち六通とこれまた過半は「景勝」と署名してから印を据えている。武田氏の感状印判状とも共通するこのスタイルは、印判状がいまだ十分に判物的性格を払拭しきっていないことの一つのあらわれと解釈できよう。

このように、具体的な戦功を掲げたものが少ない、判物のように署名を記したものが多い、という二つの事象によって、感状印判状の占めるウェイトは見かけの数値よりも低く評価した方が妥当なことがわかる。

〈官途状〉

すべて判物だから、特に説明を要しないだろう。

〈所領宛行〉

同日に一斉に発給されたものの占める割合を比較してみると、判物が一〇／四四通、印判状が一〇四／一五七通であるから、判物は特殊に個別的に出される場合が中心で、通常の一斉頒布には印判状が用いられたと考えられる。

さらに印判状を子細に眺めてみると、初期の天正六年（一五七八）頃は署名を記したものが多かったのにその後しだいに姿を消すこと、同じく初期に頻繁にみられた軍忠を理由として発給されたものも姿を消すこと、の二点に気づく。これまで随所で検討してきたことから見て、ともに判物的な性格がしだいに消滅していった徴証と理解してよかろう。ということは、所領宛行に用いられ始めたばかりの印判状には、判物的な性格がかなり濃厚だったということになり、先に見た感状同様、この所領宛行での印判状の占めるウェイトもいささか割り引いて考えなければならないことになる。

〈宛行約束・寄進〉

ともに天正九〜十年頃を境に、判物から印判状へと切り替えられたようだ。

〈所領安堵・安堵・相続安堵〉

いずれも天正十年頃を境に判物から印判状へと切り替えられている。印判状は初めから署名を記していない通常のスタイルであるから、所領宛行よりここ安堵系の方が、判物から印判状への切り替えがスムースに行なわれたと評価できる。

〈禁　制〉

判物は初期のものに限られ、謙信が印判状を用い始めた永禄四年以後はつねに印判状である。奉書式のスタイルをとることが多いのが特徴である。

〈役　免〉

禁制とほぼ同様に、永禄四年以降はほとんど印判状となる。景勝期に大きく偏っている。

〈過所・伝馬〉

一貫して印判状で、時期は景勝期に集中している。

〈命令・掟〉

ほぼ一貫して印判状であるが、役免や過所・伝馬と違って謙信期から既にかなり見られることが注目される。役免等よりも早くから印判状が普及した分野と言えるわけだ。

以上、個別に深入りすることによって、

・名誉系（感状）・宛行系（所領宛行）での印判状の浸透度はみかけの数値より低く評価した方がよいこと、

・優遇系より命令系の方が印判状の普及の時期が早めなこと、

という知見が得られる。その結果、さきほど表だけをみて素描した印判状の浸透度は、低い順に、

起請文＜名誉系＜宛行系＜安堵系＜優遇系＜命令系

と、より基本モデルに近いかたちに修正されることとなる。

こうして、後北条氏ら各大名たちとの共通性が確認されるわけだが、上杉氏の目立った特徴は、やはりもろもろの変動の大部分が景勝期に集中して生じていることにあろう。名誉・宛行・安堵系の各分野の文書が印判状に切り替えられるのも、優遇系の役免や過所・伝馬といった文書が本格的に発給されるのも、いずれも景勝の治世になってからである。御館の乱の及ぼした影響の大きさをあらためて思わずにはいられない。

年記と書止文言

さいごに書式面からの検討結果について触れておく。

まず、表18によって年記の記しかたを見ると、後北条や武田と違って、干支のみの表記というスタイルがほとんど全く見られないのが目につく。いっぽう、表19によって書止文言の記しかたを見ると、判物のなかで書状系の書止文言を持つものの占める割合がかなり高いことが、これまた後北条や武田との違いとしてあげられる。言うまでもなく、干支のみの年記表記は印判状の方により適合的なスタイルであり、書状系の書止文言は判物により適合的なスタイルである。したがって、後北条や武田に比べて干支のみの年記表記が少なく書状系の書止文言が多いという、上杉氏の呈する様相は、同氏における印判状化が他の諸氏よりもやや遅れぎみだったのではないか、という推測を導く。ほかに、上杉氏の判物のなかで署名を

表18　年記の記しかたごとに分類　（単位：通）

	判物	謙信	景勝	印判状	謙信	景勝	計
①—A	4	3	0	3	3	0	7
①—B	9	6	3	10	4	6	25
②—A	19	11	1	28	8	20	56
②—B	55	6	47	299	15	283	464
③—A	2	1	1	3	1	2	6
③—B	47	17	25	44	7	37	122
④—B	0	0	0	2	0	2	2
⑥	57	25	20	28	6	18	137
A（書下年号）	25	15	2	34	12	22	69
B（付年号）	111	29	75	355	26	328	613

表19　書止文言ごとに分類　（単位：通）

	判物	印判状	計
書状系	51	8	99
如件系	109	339	575
「者也」など	32	71	147
計	193	418	822

せず花押のみを据えるという尊大な書式をとるものはわずか一七／一九三通しか見られず、その点後北条や武田よりも上杉氏の判物の書式はかなり鄭重である、というデータも得られるから、この推測はおおむね妥当と見てよかろう。

もうひとつ気づくのは、時期が下るにしたがって年記・書止文言ともに薄礼化していくということである。判物・印判状ともに為景↓謙信↓景勝としだいに書下年号の割合が減っていく。また、表にはあらわせなかったが、書止文言の方でも判物の書状系の書止文言が、「恐々謹言」中心からより薄礼の「謹言」中心へと切り替えられていく、という変化が生じている。このほか、景勝の印判状では後期になるとしばしば宛先につける敬称が「殿」でなくより薄礼の「とのへ」が用いられるようになる、という事態も検出できる。

このように、書式上のいくつかの点から文書全体がしだいに薄礼化していくことが知られる。これは、時とともに順調に印判状化が進行するというさきに見た事態と、きれいに符合するものと評価できよう。とすると、他の大名たちにおいてそうであったように、ここでも内容面からみた印判状化現象の検討と書式面からの検討の結果が一致することになる。

これで上杉氏をめぐる検討を終る。既におなじみとなったさまざまなアプローチを通じて、後北条氏や武田氏よりやや遅れ、今川氏よりはかなり先行するという程度の違いこそあれ、やはり諸氏と同じ印判状化のみち——非人格的・官僚制的で強力な政権へのみちを歩みつつあった上杉氏の姿が立ちあらわれてきた。

わが後北条氏モデルは、この三たびめの試練にもりっぱに耐えてその普遍性を吐露してくれたのである。

【佐竹氏】

後北条氏に始まり、武田・今川・上杉と東国各地の大名たちを順次訪れてきた。この遍歴の目的は、後北条氏において抽出したモデルの普遍性を検証することにあり、そしてそれはほぼ達成されたと考えられるが、そうした当初の意図を越えて浮かび上がってきたそれぞれの大名たちの個性にも強く心ひかれるものがある。

後北条氏と相似形を描きながらも、勝頼期の保守性などに災いされて、ひとあし遅れぎみの歩みを刻んでいった武田氏。他の大名たちよりも早い時期に興隆したゆえもあってか、同じ道を辿りながらも未成熟なままに終った今川氏。御館の乱後景勝の施政が開始されるや、一大飛躍を遂げた上杉氏。

印判状化の道、すなわち非人格的・官僚制的で強力な政権への道を歩みつつある、という共通性を根底に有しながらも、それぞれの地域、それぞれの政治状況に応じて、個性ゆたかな相貌をあらわす彼らの姿に、いささかなりとも光をあてることができたのは、予期せぬ収穫であったように思う。

ところで、ひとしく東国の戦国大名でありながら、彼らとは著しく異なり、印判状を全く——あるいはほとんど全く——用いなかった大名たちがいる。常陸の佐竹氏・下総の結城氏・下野の小山氏など北関東の中小規模の戦国大名たちがそれである。後北条氏の領国に隣接する地域にあり、その大きな影響を受けやすい立場にあったにもかかわらず、なにゆえ彼らは印判状発給の体制をとらなかったのだろうか。「秋田藩採集文書」を中心に豊富な史料を残している佐竹氏を素材として、このことを考えてみたい。

天正十八年以前

天正十八年（一五九〇）、小田原に参陣して秀吉の安堵を得た佐竹氏は、翌十九年三月には水戸城に本拠地を移した。従来から勢力下にあった常陸北部のみならず、あらたに南常陸をも秀吉から与えられ、一挙に拡大した新領国を経営するためである。この水戸移城を画期として、佐竹氏は統一政権下の大名としての歩みを本格的に始めることになる。

そこで、とりあえずこの時期を境に天正十八年以前と天正十九年以後に分けて、考察を進めていくこととしたい。まずは、天正十八年以前、すなわち統一政権の体制下に入る前の、戦国大名佐竹氏の発給文書の様相からである。

戦国期の佐竹氏の当主は、義舜・義篤・義昭・義重・義宣の五代にわたる。その発給文書を蒐集して、各当主ごとに内容や書式の状況を一覧してみると、表20のようになる。

上から順に見ていこう。一年あたりの発給数は義舜から義宣まで順調に増加の一途を辿り、文書発給という活動が年を追って着実に活発になっていくようすがうかがえる。宛先が士宛てのものに極端に偏っているのは、「秋田藩採集文書」が中心という史料の性格にも因ろうが、郷村宛てのものが全く見えないのは大きな特徴として注目される。内容の欄に目を移すと、ここにも顕著な特徴があらわれている。官途状と所領宛行状の二つの柱で大半が占められ、諸役免除や禁制のような優遇系、及び掟書のような命令系のものはほとんど登場しないのである。

表20　天正18年以前の発給文書の状況　　(単位：通)

		義舜	義篤	義昭	義重	義宣(天正18年以前)
総通数		37	57	56	188	43
1年あたり発給数		1.2	2.5	3.7	3.9	8.6
宛先	寺社宛て	0	6	1	6	5
	士宛て	37	51	55	181	38
	郷村宛て	0	0	0	0	0
内容	起請文	2	2	2	8	4
	官途状	10	17	17	65	16
	所領宛行	16	22	19	55	7
	寄進	0	4	0	1	0
	安堵	3	2	3	9	3
	禁制・役免	0	0	1	1	0
	命令	0	2	1	3	1
年記	年＋干支＋月＋日	15	24	23	27	1
	年＋月＋日	11	12	6	104	34
	干支＋月＋日	0	0	0	0	0
	支＋月＋日	0	0	0	0	0
	月＋日	11	20	27	56	8
書止文言	書状系	10	9	29	112	16
	如件系	7	14	3	33	9
	也など	20	34	24	43	18
署名の有無	署名あり	24	23	34	152	26
	花押のみ	13	34	22	36	17
宛先への敬称	「殿」	29	37	38	144	22
	「とのへ」	4	12	16	26	16

義重の数値のなかには天正19年以後に発給された24通も含まれる。全体に影響を及ぼすほどの量ではないので、一応含めておいた。

つづいて、年記や書止文言の書きかたのような書式の欄を眺めていくと、今まで見てきた印判状大名との大きな違いをさらに発見する。年記の書きかたで、「丁未十月十二日」「未十月十二日」のように年を明記せず干支のみを記すという書式が全く見られないこと、書止文言に如件系が少なく、書状系や也などが主流であること、の二点である。

宛先に郷村宛てがない、内容に優遇系や命令系が見えない、干支のみの年記表記はされない、如件系の書止文言が少ない……このように諸特徴を並べてくると、いずれも今まで検討してきた東国大名における印判状の諸特徴をきれいに裏返しに反映していることに気づく。たとえば後北条氏の印判状の場合を振り返ってみると、郷村宛てがかなりの部分を占め、命令系や優遇系の分野から印判状化が浸透し、年記は干支のみの表記が大部分、書止文言はほとんどすべてが如件系で書状系は全くない、といった具合である。

このことは同時に、佐竹氏の文書の諸特徴が、印判状大名における判物の特徴とかなりの親近性を有することをも意味する。ふたたび後北条氏を例にとれば、判物は郷村宛てにはほとんど出されず、干支のみの年記表記もごくわずかしかない。書止文言は如件系が中心だが、書状系も部分的にみられる。そして、起請文や感状や官途状には一貫して判物が用いられ、所領宛行状ももっとも印判状化が遅かった分野であった。佐竹氏ほどに官途状が多くはないし、書状系の書止文言もそれほど大きな位置を占めない、など数字の上では少なからぬ量的な相違があるが、質的な特徴は佐竹氏のそれとおおむね一致することが見てとれよう。佐竹氏の方がより尖鋭に諸特徴を体現しているのである。

このように、佐竹氏の発給文書は、印判状大名における判物の特徴をより尖鋭に顕現し、かつ印判状の特徴と鮮やかな対照をなす。こうした表面上の諸特徴のきれいな一致は、これまでに抽出してきた判物と印判状の性格づけがここにも適用できることを保証しよう。そこで、官途状のような名誉系の文書を中心に出される判物は人格的・個別的な支配、郷村宛ての命令系の文書などに適合的な印判状は非人格的・官僚制的な支配のあらわれ、という例の理解をここに適用するならば、佐竹政権の支配はすぐれて人格的・個別的なものであった、という結論に至る。士宛てに出された官途状が著しく多いという事実も、一字や受領を与えるという行為、すなわち人格的な色彩の強い行為が君臣関係の絆を結ぶ際に大きな比重を占めたということを物語っているし、文書の発給もおおむね個別的で、同日に一斉に大量の文書が頒布されるという事態は見られない。年記や書止文言の記しかたも鄭重で、文書の差出人と受取人との間にさほど大きな懸隔がなかったことを示唆する。このように見てくると、どうやら人格的・個別的な支配という結論を妥当なものと認めてよさそうである。

なお、佐竹氏の場合、内容や書式面でのさまざまな特徴が、印判状大名における判物よりもより尖鋭にあらわれているのは、印判状化が各分野に進行し、判物がその影響を少なからず受けつつあった印判状大名とそうではない佐竹氏、というそれぞれの状況の違いに因ろう。印判状化―非人格的支配を志向した東国の印判状大名たちと、判物のみの人格的支配を展開した佐竹氏とでは、ひとしく判物というスタイルをとる文書の間にも、大きな差異があったことが知られる。

ちなみに、書式上の諸要素間の関連の度合を調べてみると、無年記―書状系の書止文言―署名あり―敬称「殿」という相関関係が強いことが発見できる。署名がなされ「殿」が用いられているのだから、このスタイルは鄭重な書式であったわけだが、無年記―書状系とくれば書状のスタイルである。そして、佐竹氏の場合、無年記の比率も書状系の割合も印判状大名に比べて格段に多い。すなわち、鄭重な書状スタイルの証文が大きな比重を占めていたことも、佐竹氏の文書の特徴として挙げられる。これまた、大名と家臣の間のつながりが人格的・個別的で上下関係はそれほど強いものではない、という佐竹氏の性格の一徴証と言えよう。

かくして、印判状大名とは著しく相違する佐竹政権の支配のありようが明らかになってきた。こうした支配は統一政権の影響下ではどんな道を辿るのか、そして、なぜここでは南関東とは異質な支配が布かれたのか、といったことに次の関心は移っていくが、その前に二つほど細かな問題に触れておきたい。

一つは、表20でせっかく各当主ごとのデータを掲げたのだから、時間的推移をざっと見ておこう、という話である。

各当主ごとに諸要素の推移を追ってみると、義舜から義重までの四代にわたっては、年記・書止文言・署名・敬称といった書式面での数値の変動が激しく、書式があまり安定していなかったことを物語る。たとえば署名の欄にみる有署名の割合が、義舜から義篤にかけていったん減少し次の義昭でまた増加する、というように、数値の変動はジグザグであることが多い。また、義篤から義昭にかけて有署名が増加し署名の記しかたの面では厚礼化が生じたのに、敬称の面では「とのへ」の方が増加して逆に薄礼化した、というように、同時期に生じた諸変化のさし示す方向もちぐはぐである。

これが義重以降になるとやや安定してくる。義重と義宣の間にもかなりの変化は生じているが、それは書状系の書止文言が減り、無署名と敬称「とのへ」がともに増加するという変化で、いずれも薄礼化として位置づけることができるからである。

このように、佐竹氏の書式は各当主の個性によるところが大きく、全般にあまり安定しないが、義重から義宣にかけて薄礼化という現象が生じていることが読みとれる。この時期は天正十八年の小田原参陣の直前にあたるから、統一政権の影響下に入る以前に、佐竹氏の内部で薄礼化、すなわち当主と家臣の間の上下関係の強化という事態が自生的に進行していたことになる。文書の発給量が順調に増加し続けたこととともに、佐竹政権の発展を物語る現象である。

二つめは、家督相続に際して旧当主と新当主の文書発給の状況はどう推移するか、という話である。さきに検討した後北条氏の場合は、隠居した途端に旧当主の文書が激減し、判物も印判状もごく限定的な用途にしか用いられなくなって、文書発給の主導権が新当主にすみやかに委譲されたことがわかったが、佐竹氏の場合はどうか。

検討してみると、これまた後北条氏と全く対照的で、旧当主の文書が隠居後も大きな比重を占め続けることがわかる。義篤・義昭はともにそれぞれの父の死没に伴い幼少で家督を継いだため、検討の対象とならない。そこで、義昭から子の義重へ、義重からさらにその子義宣へ、の二つの場合を見てみると、前者は永禄二年（一五五九）から七年までの六年間、後者は天正十四年から慶長十一年（一六〇六）までの二一年間の長きにわたって、父子双方から文書が出されるという状態が続き、しかも父の勢力がなかなか衰えない。

このうち、材料が豊富な義重→義宣期について文書の受取人ごとに分類してみると、同じ時期に義重と義宣の双方から証文を貰っているのは黒沢早助ただ一名で、大部分は義重からのみ、または義宣からのみというように、発給者がどちらかに偏っている。義重から文書を貰う家臣たちと義宣から文書を貰う家臣たちの二つのグループがそれぞれ別個に存在していたわけだ。このような文書発給の状況からみて、義重は隠居した後もつながりの深い家臣たちへの影響力をかなり広範に持ち続けていたことが知られる。この状態は文禄三年（一五九四）頃までの一〇年近くにわたって続いた。

以上、各当主ごとの推移及び家督相続時の状況の二点について補足した。先へ進もう。印判状大名と鮮やかな対照をみせる佐竹氏の人格的・個別的な支配のありようは、統一政権の影響下に入ることで、どう変容していくのだろうか。

天正十九年以後

天正十九年に水戸城に移った後も、三年ほどは当主からわずかしか文書が発給されない状態が続く。朝鮮派兵のため当主義宣が名護屋に出陣する、という事情などによろう。

そして文禄四年、前年の太閤検地の結果に基づき、領国内に一斉に新しい知行割が施行された際の証文から、佐竹氏の文書の様相が一変する。判物から印判状へと鮮やかに切り替えられるのである。文禄四年以降に佐竹義宣が発給した文書一四七通のうち、判物はわずかに一一通しかない。それほどこの切り替えは徹底していた。そこで、義宣の印判状について検討し、この切り替えの意味するものについてさぐっていきたい。

義宣の印判状の宛先・内容・書式についての各データは表21の通りである。判物を対象とした表20と比べてみると、その違いの甚だしさに一驚する。まず、初めて郷村宛てのものが登場する。内容のなかからは官途状がきれいに消滅してしまい、所領宛行状がほとんどとなる。掟や伝馬の進出もこれまでになかったことである。書式は著しく薄礼化する。書状系の書止文言が壊滅してしまい、体言止め、つまり「五十石」というように知行高のみがそっけなく記されたスタイルばかりとなる。署名もむろんなされない。宛先にも敬称が付されなくなり、やがては宛所《あてどころ》を記すことさえやめてしまう。

もう一つの大きな変化は、文書の出されかたである。同日に一斉に出された文書を調べてみると、一四二通のうち何と一二組一〇〇通にものぼる。文禄四年七月十六日に所領宛行状が四三通、慶長十九年九月二十五日には二四通が一斉に出される、という顕著な例が示すように、印判状の場合は同時に大量に頒布されるのが通例であった。判物には見られない特徴である。

郷村宛て文書の登場・官途状の消滅・書式の著しい薄礼化・同時に大量に発給されるシステム……印判状への切り替えと同時に佐竹氏の発給文書に生じたこれらの変化は、郷村宛てに頻繁に出され、名誉系の文書にはあまり用いられず、全般に薄礼であり、一斉に頒布されることが多いという、印判状大名における印判状の特徴とぴたり一致する。すなわち、従来人格的・個別的な支配を布いてきた佐竹政権の性格はこのとき大きく変動し、印判状的な支配―非人格的・官僚制的な支配へと移行していったのである。

この変動は、たとえば後北条氏の場合のように段階的に少しずつ進行するのではなく、統一政権の勢力下に入った途端に一挙に敢行された。ほとんどが所領宛行、そしてほとんどが体言止めの書止・無署名・敬称なし、というように、佐竹氏の印判状が内容・書式ともに著しく画一的なのは、そのためだろう。

表21　義宣の印判状の状況

（単位：通）

宛先	寺社宛て	5
	士宛て	130
	郷村宛て	5
内容	官途状	0
	所領宛行	107
	寄進	4
	伝馬	7
	命令・掟	12
年記	年＋干支＋月＋日	83
	年＋月＋日	50
	月＋日	9
書止文言	書状系	1
	如件系	1
	也など	140
	うち体言止め	112
署名の有無	署名あり	1
	印のみ	141
宛先への敬称	「殿」	23
	「とのへ」	29
	なし	90

なお、さらに細かく時間的経過を追ってみると、慶長三年頃に一つの小さな画期があったことが見出せる。この時を境に年記の記しかたが書下年号から付年号へと薄

礼化する。宛所を文末にいちいち明記しないのが原則となるのも慶長四年からである。文禄四年に印判状に切り替えられることで一挙に薄礼化した書式が、慶長三年頃にまた少し薄礼の度合を強めたことがわかる。

いま一つ時期によって変化するのは、印の種類である。義宣は次ページの図に示したような七種ほどの印を使用している。文書のほとんどを占める所領宛行状や所領寄進状にはⒶ〜Ⓓの四種の印が順次用いられた。すなわち、天正十八年から慶長五年八月まではⒶが専ら用いられ、同年九月から慶長八年まではⒷ、その後一〇年ほどは不明で、慶長十九年から最末期の寛永六年（一六二九）まではⒸである。Ⓓは寛永二年に一例だけ顔を見せる。残る三つのうち、Ⓔは年貢の納法を定める掟書に用いたもの、Ⓕ・Ⓖはともに伝馬用の印で、慶長期にはⒻが用いられ、元和二〜三年頃にⒼに切り替えられたようだ。ただ、慶長九年と十年の伝馬印にはⒶが用いられている。

こうした動向のうち、秋田へ転封になった後の慶長十年頃からⒺ・Ⓕ・Ⓖのような掟書や伝馬専用の印がみえはじめるのは、所領宛行一辺倒だった文書の内容に伝馬や掟書などが加わりはじめ、多様化していくきざしと考えてもよいかもしれない。それはほどなく、「御留主中之為二御用一、町送御印判五百枚渡被レ下候」（『梅津政景日記』寛永八年八月一日条）……当主義宣が出府している間の分として五〇〇枚の町送印判状を留守居役に預けていく、という状況が見られるほどに、組織化・日常化するにいたる。

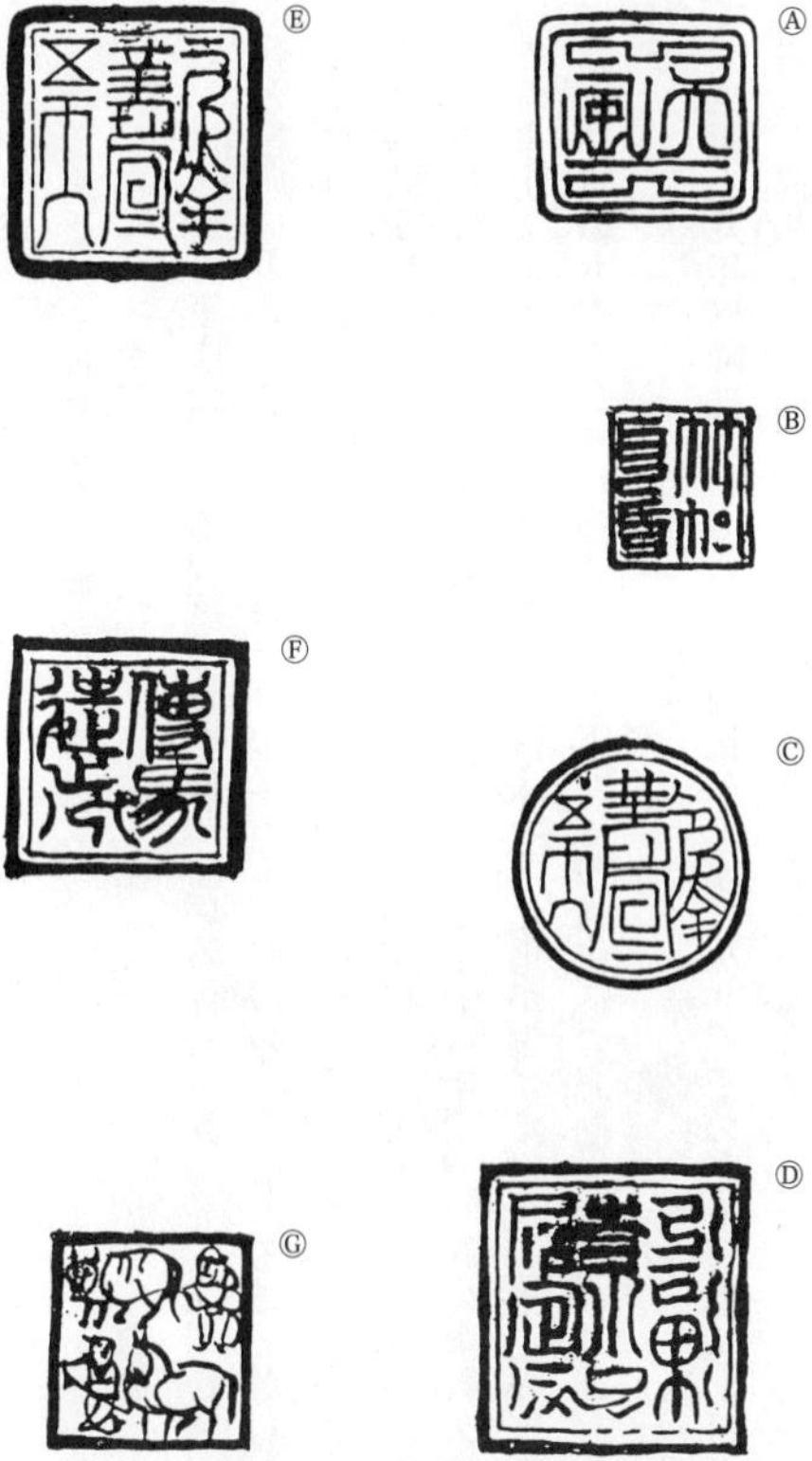

佐竹氏印章一覧（ⒶⒷⒹは黒印、ⒸⒺⒻⒼは青印）

以上、天正十八年以前と天正十九年以後の二つの時期に分けて、人格的・個別的支配から非人格的・官僚制的支配へと様変わりしていく佐竹政権の姿を見つめてきた。さいごに、東氏・北氏・南氏のような佐竹氏の一族たちがどんな文書の出しかたをしていたのかについて、ごく簡単に触れておきたい。

東義久の一六八通を筆頭に、ある程度の量を残している佐竹一族の発給文書を検討してみると、内容と言い、書式と言い、当主のそれとほとんど同様の状況にあることがわかる。天正十八年以前には、当主と同じように官途状と所領宛行状が中心で、書状系の書止文言を多用した鄭重な書式が用いられている。また、ちょうど当主において義重から義宣への代替りが行なわれ、ある程度の薄礼化が進行していた天正十七〜十八年頃、一族の東義久の発給文書においても書止文言・署名・敬称を中心に書式の薄礼化が生じている。当主の支配と一族の支配はほぼ同質のものであり、薄礼化—上下関係の強化への志向も両者に共通していたと推察される。

そして、天正十九年以降においても、印判状が主流になり、そのため官途状がほとんど姿を消し、書式が薄礼化し、同日に一斉に出されることが多くなる、とこれまた当主と同様の道を歩む。ただ、判物が全体の三分の一くらいは残るなど、変化の度合は当主よりややゆるやかである。

このように、佐竹政権の特徴、そしてその変容は当主のみならずその一族をもおおうものであった。

小括

後北条・武田・今川・上杉・佐竹と東国の各大名たちを順次訪問してきて、興味をひくことの一つは佐竹氏の異質性である。他の大名たちが程度の多少はあれ、印判状化というみちをひとしく歩みつつあったのに対し、ひとり佐竹氏のみは判物による人格的・個別的支配の域を一歩も出ることがなかった。佐竹氏における印判状化は、豊臣政権の勢力下に入るという外からの強い影響を受けてはじめて動き出すのである。

なにゆえに、佐竹氏のみが他の東国大名とは異質な支配を維持し続けたのか。領国を接する後北条氏との比較を通じてこのことを考えてみようとするとき、さしあたり気づくのは北関東と南関東というそれぞれの大名が直面した地域の状況の違いである。

既に先学によって、北関東では鎌倉期以来の由緒を持つ伝統的豪族層が各地に蟠踞し割拠状態を呈していたのに対し、南関東にはそうした豪族層はほとんど見られず、もっと規模の小さな中小国人層が中心をなす、という相違が指摘されている（峰岸純夫「上州一揆と上杉氏守護領国体制」『歴史学研究』二八四、一九六四年、のち『中世の東国 地域と権力』東京大学出版会、所収)。そこで伝統的豪族層と呼ばれているものは、佐竹氏・結城氏・小山氏といった、のちに小規模ながらも戦国大名的な領域支配を実現したクラスの領主たちを指しているわけだが、もう一段視野を下げて佐竹氏の領国の内部について見ても、やはりそこに江戸氏・大掾氏・真壁氏・小田氏などなど豪族の割拠状態を認めることができる。いっぽう後北条氏の領国内にはそうした豪族層の割拠はみられないようだ。

関東の南北でなぜこうした違いが生じたのか、は今の私にはよくわからない。が、きわめて乱暴な推定を敢えてするならば、その原因の一つに、南関東が鎌倉幕府―鎌倉府と続く政権の所在地であったことが挙げられるのではなかろうか。政権所在地の近くは、その政権の影響力が強く、また諸勢力の争奪・競合のまととなりやすいこともあって、大きな勢力は育ちにくいし、近在の有力勢力も政権の脅威として除去されてしまうだろう。こうした鎌倉幕府以来の地ならしが継続して進行したこともあって、南関東には中小の国人層しか育たなかったのではないか、という気がする。

この推定の是非は措こう。ともあれ、豪族の割拠状態か中小国人層の分布かという地盤の違いが関東の南北にあったとすると、この相違が佐竹氏と後北条氏との支配の相違の要因ではないか、と考えてみたくなる。すなわち、佐竹氏は豪族層の割拠に阻まれて、印判状化による政権の官僚制化・強化を進行させることができず、豪族たちと個別に人格的関係を取りむすぶにとどまったが、後北条氏はそうした豪族による障害を受けなかったために、順調に印判状化を進展させ得たのではないか、と推定してみたくなるのである。

そう思って見ると、佐竹氏の場合、家臣に宛てて当主自らが起請文を認め、異心なきを約するということがしばしば行なわれているのに、後北条氏ではそうした例は見られない、というような、大名と家臣の力関係が双方でかなり異なることをうかがわせる徴証も見出すことができる。

また、北関東の諸大名の権力編成を分析された市村高男氏は、そこに史料上「洞」と呼ばれる擬制的な族縁集団を見出し、この同族的集団は惣領と個々の構成員との間に個別的に従属関係が結ばれることで成立しており、後北条氏や武田氏には見られない権力編成原理であると位置づけておられる（「東国における戦国期在地領主の結合形態――「洞」の検討を通して――」『歴史学研究』四九九、一九八一年）。氏の報告もここでの推定を支持してくれるもののように見える。

このように、麾下の家臣たちとの力関係のありようが、判物的支配となるか印判状的支配となるかを決定する一因となる、というこの説明は、私にはなかなか魅力的に見える。むろん、それはあくまで「一因」に過ぎず、個々の大名が与えられた条件・状況のなかでどのような努力・営為を積むか、また、どのような運命の偶然が彼らを見舞うか、などといったこととの影響を抜きにして、単純な因果関係だけで説明しようと意図しているのではない。しかしながら、後北条氏をはじめとする印判状大名たちが、いずれも、それほど力を備えていなかった政権の初期には判物的支配にとどまり、その後版図を拡大させ隆盛に向かうにしたがって印判状化を推し進めていったことも、佐竹氏が豊臣政権という強大なうしろだてを得てはじめて印判状化を挙行し得たことも、この家臣との力関係というファクターを念頭におくと、うまく説明できそうである。

そこで、今しばらく勝手な空想に耽ってみよう。

今度は、後北条氏とほぼ同じ相貌を示しながらも、それぞれなりに少なからぬ独自性を発揮していた武田・今川・上杉の三者三様の「個性」を、話の手がかりとしてとりあげる。

まず上杉氏である。上杉氏の「個性」は謙信から景勝へと代替りした途端に印判状化が飛躍的に進行したことにあった。既に謙信期にある程度の印判状化が見られるとは言え、名誉・宛行・安堵の各分野の文書が判物から印判状に切り替えられるなど、印判状化の進行にとって大きな前進が遂げられたのはいずれも景勝期、それも景勝の施政の初期に集中している。

そして、景勝はすんなりと当主の座にすわったのではなく、御館の乱という熾烈な内乱をライバル景虎と争って勝利をおさめ、力で政権を手中にしたという政治的背景を持っていた。

してみると、御館の乱の結果、当主景勝の家臣に対する優越が従来より格段に強まり、そのことが印判状化にはずみをつけることとなったのではないか、ないしは勝利の余勢を駆って、景勝が家臣への優越を確保しようとしたことのあらわれが印判状化だったのではないか、という推定を成立させることができる。この推定は、武田氏において父信虎の追放劇を演じて当主となった直後の信玄が、堰を切ったように印判状を普及させている事態ともうまく照応する。

いっぽう、他の東国大名たちよりも印判状化が大きく遅れた状態にとどまった今川氏の場合、その政治基盤は後北条氏や武田氏ほどに安定したものではなかった。氏親は北条早雲のあとおしを頼むことで小鹿範満との内訌にようやく勝利して政権の座に就いているし、義元も当初は僧籍にあって家督後継者と目されておらず、花倉の乱で兄を倒して還俗し、当主となっている。嫡々相承が滞りなく進行した後北条氏に比べ、膝下に有力国人を抱えた今川氏は、その政治基盤がいささか脆弱で、それが印判状化の不徹底となって表出したのではないだろうか。さきに、新征服地において本国なみの支配が布けた後北条氏と本国よりゆるやかな支配しか布けなかった今川氏という対比のしかたをしてみたことも思い出される（一〇三ページ）。

また、武田氏においては勝頼期に入ってから印判状化がいささか停滞気味となったこともあり、後北条氏よりひとあし遅れぎみの歩みを刻むこととなっている。これも巨星信玄が墜ちたあとの勝頼の立場が、今一つ磐石さを欠いていたことの表象と言ってよさそうである。

このように、印判状化の道程の上でのそれぞれの大名たちの「個性」を、麾下の家臣たちとの力関係のありようとかかわらせて読み解いていこうという試みは、まずまずの成功をおさめたかに見える。むろん、ひとしく家督継承期の内訌であるのに、上杉の御館の乱は政権強化の契機と見、今川の花倉の乱は政権の脆弱性の徴表とするなど、恣意性が排除できていないことは承知している。それでも、印判状化の進行ぐあいと各大名の置かれた政治状況との密接な連動ぶりは認めてよいように思える。

判物的支配と印判状的支配とに分岐する要因となったのは何か、というこの大きな問題については、今しばらく旅を続けて経験を積んだ後にもう一度問うこととして、ともあれ先へ進もう。東国の旅を終え、既にはやる心は西のくにぐにへと飛んでいる。まずは、波光溢れる山陽路をたどって、東の後北条氏と双璧をなす戦国大名の代表格である毛利氏の大帝国を訪れてみることとしたい。

二　西国の大名たち

【毛利氏】

二頭政治期

毛利氏発展の祖となった元就、その子隆元、さらにその子の輝元、の三代の当主が出した文書を蒐集して年代順に並べてみると、代替りのようなある特定の時期を境に前の当主の文書がぱったりと姿を消し、新たな当主の文書ばかりが出されるようになる、ということがなく、新旧の当主の文書が並行して出される、という状態が続くことに気づく。そして、その状態が終るのは、自然が終止符を打った時、つまりどちらかの当主が没した時に限られる。すなわち、各当主が文書を出した時期は、

元就　永正十年（一五一三）から、彼の没年である元亀二年（一五七一）まで
隆元　天文七年（一五三八）から、彼の没年である永禄六年（一五六三）まで
輝元　永禄七年（一五六四）から、彼の没年である寛永二年（一六二五）まで（ただし、弘治三年（一五五七）のものが一通だけある）

である。天文七年から永禄六年までは、元就と隆元つまり父と子の双方から文書が出されており、それに続く永禄七年から元亀二年までは、元就と急逝した父の跡を継いだ輝元つまり祖父と孫の双方から文書が出されているわけだ。この三〇年余の時期を仮に二頭政治期と名

表22　各当主の発給した文書総数とその内訳　（単位：通）

	元就	隆元	輝元
総計	499	449	2936
官途状類	90	95	1249
それ以外	409	354	1687
感状	171	50	62
それ以外	238	304	1625

付けてみよう。

このように二頭政治期には二人の当主から文書が出されたわけだが、では、それはどのように使い分けられていたのだろうか。ある場合には元就から出され、ある場合には隆元から出される、というようなことがおこるのはなぜか。春には父が出し夏には子が出すというように、出される時期によるのか、それとも文書の内容によるのか、受取人によるのか……そんなことが知りたくなってくる。

作業の手順として、毛利氏の文書を内容ごとにいくつかに分類して、各グループごとに検討していくことにする。まず、全体を大きく官途状《かんとじょう》類とそれ以外に分けてみると、表22のようになる。

ここで仮に官途状類と名付けたのは、家臣に加冠《かかん》したり、自分の名の一字を与えたり、官途に任じたりする際に出される、次のような文書のことである。

加冠

就

永禄五卯月十一日　元就　御判

三戸源十郎(就安)殿

任官　西市助
元亀弐
正月九日　　元就　御判
三戸源十郎殿

（ともに『萩藩閥閲録』第二巻八五三ページ）

ここで示したケースがそうであるように、官途状類は、初めに加冠状《かかんじょう》や一字状《いちじじょう》あるいは両者がセットになったものが出されて、そのあと何年かたってある官途に任じたものが出されるというように、ひとりの人に対して二通ないしは、もっと出世した人には三通というように出されるのが通例であった。

とすると気になるのは、ここで三戸就安に出された文書が二通とも元就によるものであったように、いったん元就から文書を貰うと二度めも元就から貰うものなのか、そうでないのか、ということである。すべての人について両度の官途状類が揃っているというほど恵まれた史料状況にあるわけではないが、たとえばこの場合のように、元就から一字を貰ったことが明らかな「就安」という名の人に出されていれば、たとえ二度めの官途状しか残っていなくても一度めの加冠状も元就から貰ったであろうと推定することができる。そうした方法も部分的に用いながら、全体の動向を集計してみると図３のようになる。

図3　誰から文書を貰うのか――官途状類の場合

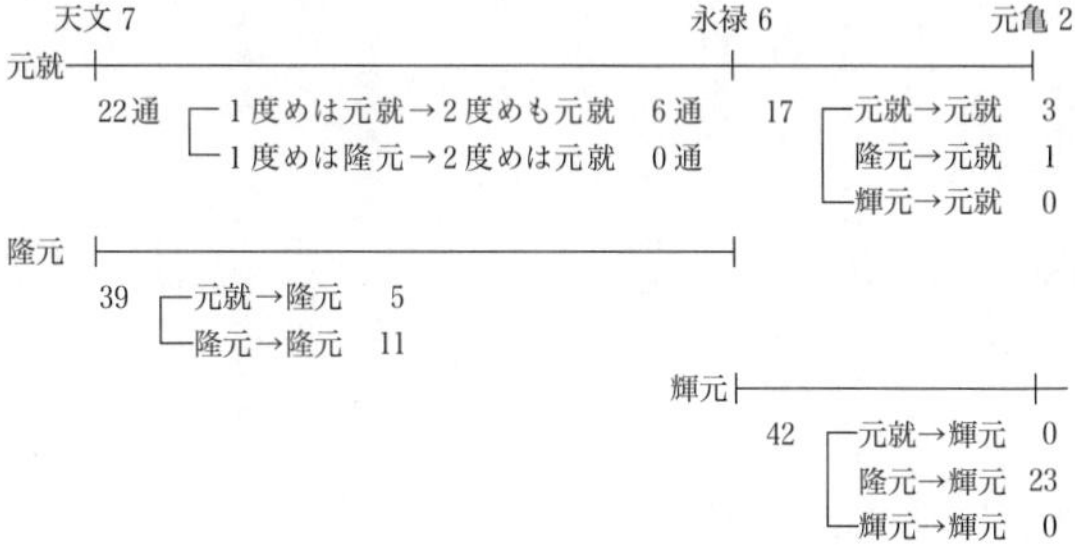

この図は次のように読む。天文7年から永禄6年までの間に元就が出した2度め以降に出すタイプの官途状類は22通、そのうち1度めの官途状類も元就から貰っているケースは6通、1度めは隆元から貰っているケースはゼロ、さらに隆元が没したあとの永禄6年から元亀2年までに元就が出した2度め以降タイプの官途状類は17通、うち1度めも元就から、というケースは3通、1度めは今は亡き隆元から、というケースが1通……、というように。

図を見ていくと、

・元就が、子の隆元あるいは孫の輝元がいったん出した人を横取りしたケースは一例もない。

・輝元が、祖父の元就がいったん出した人を横取りしたケースも一例もない。

・隆元が、親の元就がいったん出した人を横取りしたケースは五例あるが、元就がそのまま確保した例が六例であるから、全体の五／一一を取ったに過ぎない。元就の二二通に比べて格段に多い三九通もの文書を出している隆元にしては、少ないといえる。

・隆元が没したあと、彼の遺産のほとんど(二三／二四)は輝元に引き継がれていく。

というようなことが読みとれる。総じて、いったん元就から貰うと二度めも元就から、というように、受取人ごとに誰から貰うかがほぼ定まっていたことがわかる。

すなわち、官途状類のやりとりはきわめて個人的な関係によって成り立っていた、ということになる。家臣にとってこうした官途状類は、毛利氏から貰ったもの、と意識されていたのではなく、毛利元就なり隆元なり、というある特定の個人から貰ったもの、と意識されていたであろう。だから、いったん元就から貰うと、次には毛利氏なら誰でもよいというわけにはいかず、また元就から貰う、というシステムになっていたのだろうと考えられる。

そしてこれは、家にも規定されない、純粋に個人的な関係であった。親が元就から貰っているからといって、子も元就からということにはならない。我が家は隆元に切り替えたから、以後新人は隆元の所にいく、というような統一行動を家としてとることもない。ある家臣が最初の文書を誰のところに貰いに行くか、をどうやって決めたのかは定かでないが、ともあれ、大名の側にとっても、家臣の側にとっても、官途状類のやりとりは、家と家との関係ではなく、個人と個人との関係だったわけである。

それでは、官途状類以外の、所領宛行《しょりょうあてがい》や安堵《あんど》といった普通の証文は、どのような関係に基づいて出されていたのだろうか。元服や名の一字を与える、といった儀礼的な色彩の強い官途状類の場合に個人的なきずなが強いというのは比較的納得しやすいことだが、一般の証文についてはどうだろうか。そのことを、官途状類以外の証文をさらに感状《かんじょう》とそれ以外の証文に二分して考えていこう（表22参照）。

まず感状を検討してみると、その発給者を規定している要素は時期である、つまり平たくいえば、ある時期までは元就が出し、その後は隆元が出すようになる、というように、時期によって発給者がかわる、ということがわかる。

その結果を整理したのが表23である。少しばかりの解説を加えておこう。

表23　誰から文書を貰うのか――感状の場合

年	発給者	通数
享禄 2～天文11	元就	102
天文12～天文13	元就・隆元連署	23
天文16～天文18	隆元	18
天文20～弘治 1	隆元・元就連署	117
弘治 2～永禄 2年12月	元就・隆元 別々に同人へ	31
永禄4年12月～5年3月	隆元	12
永禄5年4月～永禄7	元就	25
永禄8～元亀2年5月	輝元・元就連署ほか	31

・元就単独から、元就・隆元連署《れんしょ》へと切り替わったのは、元就父子にとって初めての本格的な国外での戦闘であった天文十一～十二年の出雲遠征からである。

・隆元単独に切り替わったのは、天文十五年の元就隠居・隆元家督相続以後である。

・隆元・元就連署（先のと異なり、隆元が先に署判する）に切り替わったのは、天文二十年の大内氏滅亡という、毛利氏にとっての苦難と激動の時代の発端となった事件以来である。

・弘治元年厳島合戦で陶晴賢を屠って難局を乗り切って以来は、同じ人の同じ戦功に対して、父子双方から同時に、あるいは少しずれて、別々に感状が与えられる、という体制となる。

・そのあと永禄四年暮れに一時隆元が出した時期があるが、すぐに元就になり、永禄六年八月の隆元の死を挟んで、輝元が元服し初陣する永禄八年まで、元就単独の体制が続いていく。

感状の発給者はざっとこのような変遷を辿る。大きな事件、あるいは家督相続などを契機に変化しているわけであるが、印象深いのは元就の動きであろう。もし大内氏滅亡という突発事態が無かったら、隆元の体制がずっと続いていったのかもしれないが、ともかくいったん事あるとすぐに元就が登場しており、そのまま没するまで表面から退かないのである。これを、元就の個性の強さによるものとみるか、毛利氏の支配の性格を反映しているとみるか、評価は分かれようが、ここでは後者の見解に与したい。さきほどの官途状類の分析によってわかってきた当主と家臣との個人的きずなの強さということを考慮するならば、そうした個人的つながりに頼るところの大きい政権だったがゆえに、危機に瀕すると永年家臣とのきずなを培ってきた旧当主が登場してくる、と理解できるように思うからである。

このように、官途状類は受取人によって、感状は時期によって誰が発給するかが決まっていたわけである。では、さいごに残った、感状以外の所領宛行や安堵などの証文の場合はどうだったのだろうか。

検討してみると、さきの官途状類でみた時と同様の原則によって発給者が決まっていることとがわかる。同じ人に宛てられた宛行・安堵状類が複数（殆どが二通を超えない）残っているケースを抽出して、初めの差出人と二度めの差出人とが同じかどうかをチェックしていく、という官途状類の時と同様の作業を行なってみると、図4のような結果を得ることができるからである（ただし、同じ人に宛てたものが複数残っているケースであっても、どちらかが、同じ人から同じ日に同じ文面で一斉に何人もの人に宛てて出されたもののうちの一通であるような場合には、集計から除外した。こうした一斉頒布の場合は、受取人が一度めには誰から貰ったか、などということを考慮する余地なく、機械的に頒布されてしまうのではないか、だから一度めと二度めの差出人が一致しても偶然なのではないか、と推測されるからである）。

図4の数値は図3とほぼ同様の傾向を示しているので、くだくだしい説明は要るまいが、一度めの宛行・安堵状を元就から貰った人は二度めも元就から貰う、というように、受取人ごとに差出人が決まっていたことが読みとれよう。隆元の遺産が輝元に引き継がれていくのも、官途状類の場合と同じである。個人的つながりによって文書が発給されていくという状況は、元服・一字宛行のような儀礼的世界にとどまらず、所領の安堵や宛行のような家臣たちにとっての死活問題の領域にも見られるのである。

さいごに、官途状類と宛行・安堵状類のデータを総合してみる。図3と図4の数値を合計し、さらに元就から加冠状を貰った人がその何年か後に貰った所領宛行状の差出人は誰か、

図4　誰から文書を貰うのか――宛行状や安堵状の場合

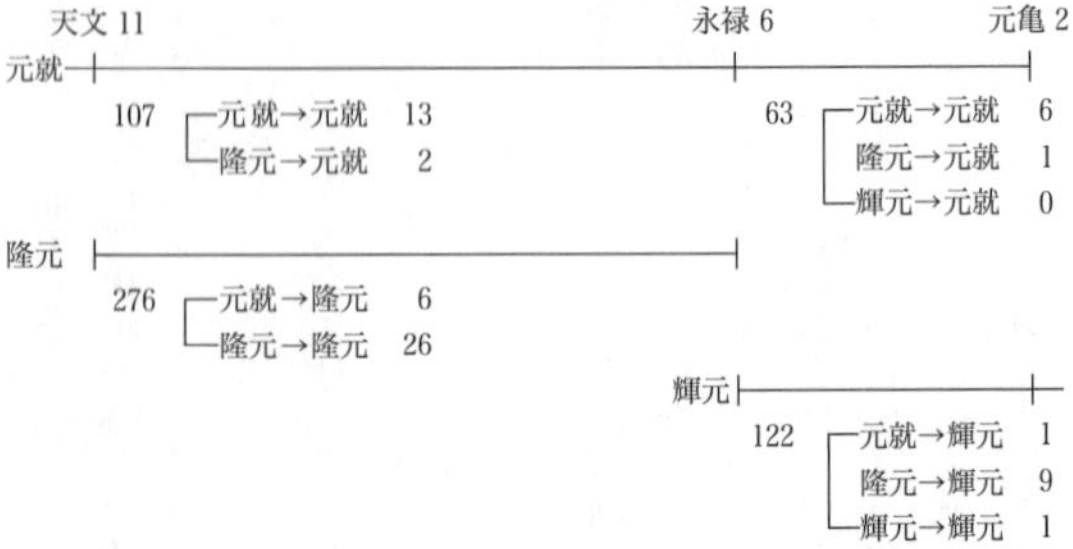

各時期の全体をあらわす数字（たとえば元就の107）は、図3の場合と違ってその時期に出された元就の宛行・安堵状類の総数をあらわす。

図5　誰から文書を貰うのか――感状を除く文書全体の場合

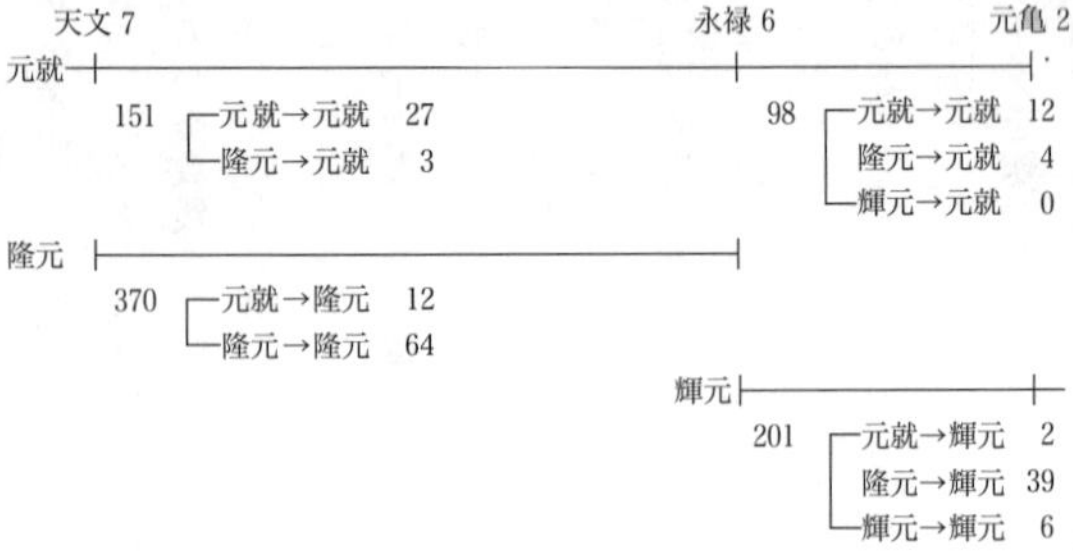

各時期の全体をあらわす数字（たとえば元就の151）は、図3と図4の数値の和ではない。図3は官途状類の一部である2度め以降に出すタイプの通数だったが、ここで合計する時に用いたのは官途状類全体の通数だからである。

というように、官途状類と安堵・宛行状類の両方にまたがって貰っているケースも視野に入れてみるのである。結果が図5である。個人的つながりによって証文の発給者が決まっているという状況が、よりいっそう鮮明に浮かび上がっているのが見てとれよう。

こうして、この時期における証文の出され方、ひいては大名と家臣のつながりかたが、非常に個人的なものであったことがわかってくる。いったん元就から文書を貰った者は次も元就から貰う。毛利氏の家臣というより、毛利元就の家臣、元就と強いつながりを持つ家臣なのである。家臣にとって、自分の上に立っているもの、自分を支配しているもの、自分を保護してくれるものは、毛利氏ではなく、毛利元就や毛利隆元という個人であると認識されていたのであり、毛利政権は、そうした個人的・個別的つながりの総体としての政権だったのである。

ただここで、感状のみがやや異なる傾向を示していることに注意しておきたい。これは、戦いの後に同日に同文で大量に一斉にばらまかなければならない、という事務的要請の反映であろう。と同時に、軍忠《ぐんちゅう》を賞するという行為のみは毛利家として行なうものと認識されていた、と考えてもよいかもしれない。とすれば、感状のみは家として出し、その他の一切の証文は個人として出す、という二重の体制だった、ということになろう。

いずれにせよ、表22にみえるように、時期を経るに従って文書全体の中での感状の比重はどんどん低下していく。さしあたり、この時期の毛利政権を個人的・個別的つながりの総体という性格を色濃くもった政権とみておいてよいだろう。

ここで、東国の印判状大名たちの状況をちょっと振り返っておくと、彼らの場合にはここ毛利でみたような二頭政治という状態がほとんど現出しないことに気づく。桶狭間で横死した義元の跡を継いだ今川氏真、三河に斃れた信玄の跡を急遽襲った武田勝頼のような、前の当主の急死により家督相続が行なわれた場合は当然としても、後北条氏のように前当主の隠居により新しい当主が誕生した場合にも文書の上での二頭政治という事態はほとんどあらわれない。六九ページで触れたように、氏康からその子氏政へ、氏政からその子氏直へ、いずれの折にも隠居した前当主は、家督を譲り渡した直後から発給文書の量が激減し、その管轄範囲もごく限られたものになってしまう。隠居後の氏康は判物《はんもつ》を数年ほど縁故の深い家臣宛てに出し、印判状《いんばんじょう》を自己の個人的所用を満たすために用いたに過ぎないし、同じく氏政も判物はほんのわずか、印判状も局地的支配のため部分的に用いたにとどまる。隠居後の前当主の文書は、新しい当主の支配と競合するような影響力を全く持ちえていないのである。

このように、家督相続の際の権限の委譲が、少なくとも文書発給の面に関しては、いとも鮮やかに一挙に行なわれてしまうという現象は、後北条政権が毛利氏のような個人的・個別的つながりに依拠した政権ではなかったことを物語っていよう。個人的つながりに依拠した人格的色彩の強い支配は、隠居してもその影響力がなかなか消えないが、非人格的・官僚制的支配ならば新しい当主への委譲が一挙に行なわれうる、と考えられるからである。

こんなふうな比較を試みてみると、二頭政治期の内実の分析のみならず、二頭政治期が現出するという事実自体も、個人的つながりの総体という毛利政権の性格を反映していることが知られる。

さて、二頭政治という、個人的つながりを立証するにはたいへんに都合のよい素材を得た、という幸運に助けられて、抽出することができたこうした毛利政権の性格は、そのあと戦国から近世への時代の流れのなかでどのように変化していくのだろうか。

天正十六年の変化

1　形　式

たいへんに豊富な量を誇る輝元の文書の動向を追っていくと、天正十六年（一五八八）に大きな様式上の変化を遂げていることがわかる。その変化は差出人の署判の書き方と宛先に付ける敬称の書き方の二点にあらわれる。具体的な例を示そう。

周防国山代之庄於㆓本郷内㆒田弐町八段半、為㆓給地㆒遣置候、全可㆓知行㆒之状如㆑件、

天正十三年三月六日　輝元(花押)

松原平三《（盛氏）》殿

(東京大学史料編纂所架蔵影写本「長門松原文書」)

芸州友田之内拾石地之事、為㆓上之鼓役㆒令㆓寄附㆒之間、全領知者也、仍一行如㆑件、

文禄四年十一月廿四日　《（毛利輝元）》(花押)

熊野又次郎とのへ

(「厳島文書」『広島県史』古代中世資料編Ⅲ、一五三ページ)

前者が天正十六年以前における、後者が以後における、典型的な書式である。署判の書き方が、名を書いてから花押《かおう》を据える方式から、花押だけを据える方式へと変化し、宛先に付ける敬称が「殿」から「とのへ」へと変化している。変化の起った時期は天正十六年八月と九月の間である。どの程度激しい変化だったかは、表24及び図6によってご納得いただけよう。その急激さは、これが徐々に進行した自然の変化ではなく、文書の発給者である毛利氏により意図的に行なわれた変革であることを物語っている。

ただ、僅かとはいえ、この典型からはずれる例があるのはどうしてだろうか。各グループごとに見てみよう。

〈天正十六年以前〉

・図6の第二象限（敬称は「殿」だが無署名）

四〇通のうち二三通が天正九年以降に出されたもの、と天正十六年に近い時期の方にやや多めであることから、十六年に大きな変化が起こる前の〃はしり〃現象と見ることができる。

表24　天正16年における署名と敬称の変化

（単位：通）

〈署　　名〉	有るもの	無いもの	計
天正16年8月以前	972（94%）	57（ 6%）	1029
天正16年9月以後	127（ 9%）	1288（91%）	1415

〈敬　　称〉	殿	とのへ	なし	計
天正16年8月以前	791（77%）	44（ 4%）	194（19%）	1029
天正16年9月以後	157（11%）	1057（75%）	201（14%）	1415

図6　表24を相関図にしてみると

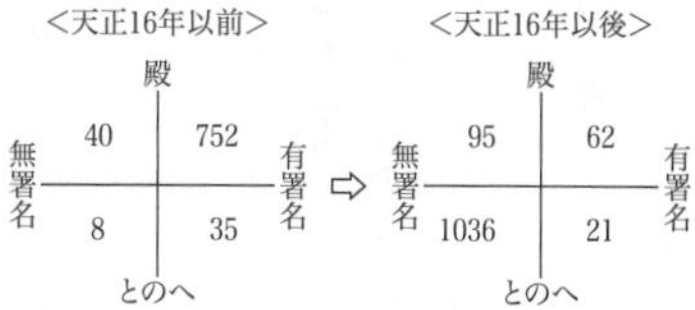

・第三象限（無署名で敬称も「とのへ」）

八通のうち六通までが天正七年以降に出されたものだから、第二象限同様に〃はしり〃現象。

・第四象限（有署名だが敬称が「とのへ」）

受取人を家ごとに分類してみると、一通だけでなく何通もこの象限の文書を持っている家が多い。増原氏三通、賀屋氏三通、長屋氏二通……というように。そして各家ごとに見てみると、たとえば、賀屋氏は天正十六年以前に輝元から貰った文書を三通残しているが、その三通ともこの第四象限の書き方である、というように、その家の中で第四象限の文書が大きな比重を占める場合が多い。このことから、家格によって敬称の書き方がある程度決まっており、低い家格の家に対して、このスタイルの文書が出されたと推定される。

〈天正十六年以後〉

・第一象限（有署名で敬称も「殿」）

六二通のうち三五通までが文禄三年以前に出されたものだから、天正十六年の変革の後もしばらく前の遺制が残ったいわば〝なごり〟現象といえよう。さらに受取人を見ていくと、毛利氏の一族を初めとして益田氏・山内氏といった家格の高い家が大部分を占める。

・第二象限（無署名だが敬称が「殿」）

九五通のうち四三通までが文禄二年以前に出されたものだから、〝なごり〟現象である。受取人が特に有力家臣に偏るということはない。

・第四象限（敬称は「とのへ」だが有署名）

二一通のうち八通までが文禄四年以前に出されたものと、やや初期に多めで、一応〝なごり〟現象とみることができる。

このように各グループごとに見てくると、典型からはずれる例外を生み出した要因は年と家の二つであることがわかる。天正十六年の大きな変化の前後の時期に見られる〝はしり〟及び〝なごり〟現象は、年が要因であるし、家格の低い家に出された天正十六年以前の第四象限、逆に家格の高い家に出された十六年以後の第一象限は、家が要因である。

では、こうした例外を周縁に含み込みつつ展開された天正十六年の変革は、何を意味するのだろうか。

文書というものは、主君と家臣、人と人とを結ぶ一つのきずなであり、その書式、つまりどんな風に署判するか、どんな風に敬称をつけるか、ということには、差出人と受取人の関係が反映されている、と考えるならば、ここで書式が変化したということは、主君と家臣のつながりかたに一つの変化が生じた、あるいは主君の側で変化したということは、主君と家臣のつながりかたに一つの変化が生じた、あるいは主君の側で変化を生ぜしめようとしたことを物語ることになるだろう。そしてその変化は、有署名から無署名へ、「殿」から「とのへ」と、どちらも明らかに鄭重な書き方から尊大な書き方への変化である。天正十六年以後も第一象限に残ったものが、毛利一族や大物家臣宛てのものであったことは、この変化が、後世の我々から見るだけでなく、当時の人々にとっても書式の尊大化として受け取られていたことのあらわれといえよう。尊大化と意識されていたからこそ、この変化を大物家臣に及ぼしにくかったわけである。

このように、天正十六年に書式の尊大化という現象が生じていることがわかる。ではこれは、毛利氏にとってどんな年だったのか。この年の七月、輝元は上洛して秀吉に謁見する。

書式が変化した八月と九月の間とは、まさに彼がこの上洛の途から帰国した時にあたる。毛利氏の領国が豊臣政権の勢力下に本格的に組み込まれたことを象徴するこの上洛を機に、書式の変革が行なわれているのである。そしてこの年は同時に、領国内に一斉に検地を実施した画期的な年にあたっていた。惣国検地が行なわれた年なのである。戦国大名から近世大名に生まれ変わるため、かつてない大事業に着手したちょうどその時、書式の尊大化という現象が生じている。あたかも家臣にとっての主君が今までよりぐっと偉い存在、遠い存在になったことを象徴するかのように。

先へ進む前に、この天正十六年の書式の変化について二つほど補足をしておきたい。

一つは、文書全体を寺社宛てのものと士宛てのものに分けてみた場合、この時の変化のあらわれかたがいささか違ってくる、という話である。

寺社宛てには官途状類は出されない。また、寺社宛ての宛所《あてどころ》の殆どは「〇〇寺」のようになっていて「〇〇寺殿」などと敬称が付いたりしないから、敬称の変化は追いにくい。よって、輝元の文書のなかから官途状類を除き、それを寺社宛てと士宛てに分けて署名の変化だけを比較してみると、表25のようになる。天正十六年以前の状態は双方あまり変らないが、十六年以後の変化が寺社の方がやや緩慢であることが読みとれよう。

では、どうして寺社の方が変化が緩やかなのか。まず考えられるのは現存する寺社宛ての

表25　署名の変化を寺社宛てと士宛てに分類　（単位：通）

	寺社宛て		士宛て	
署名の有無	有	無	有	無
天正16年以前	131（97%）	4（3%）	466（96%）	18（4%）
天正16年以後	27（29%）	65（71%）	62（13%）	428（87%）

表26　表25の有署名のなかをさらに分類

		天正16年以前		以後	後/前
寺社	「右馬頭」等	44	→	9	20%
	「輝元」	87	→	18	21%
士	「右馬頭」等	15	→	10	67%
	「輝元」	451	→	52	12%

文書と士宛ての文書では性格が違うのではないか、ということである。今知りうる毛利氏の発給文書のうち、寺社宛てのものはざっと四八九通、うち二九六通（約六〇％）とかなりの部分が正文《しょうもん》として残っている。一方、士宛てのものは二一七二通だが、大部分が『萩藩閥閲録』のような編纂物に残されたもので、正文は三七四通（一七％）に過ぎない。大社寺に代々保存されてきた寺社宛ての文書と、『萩藩閥閲録』が無かったら散逸して残らなかったであろう中小規模の家臣たちに宛てた文書。両者を比べれば、寺社宛ての方が変化が緩慢なのは当然だろう、士の方だって大物家臣の場合は天正十六年の変化が及びにくかったのだから、という推理である。

だが、精査してみると、こうした現存文書の性格の違いだけでは説明できないことが出てくる。有署名のなかをさらに、ただ「輝元」と署しているだけのものと「右馬頭」あるいは「大江朝臣輝元」などのようにもっと儀式張った署名をしているものの二種類に分けてみると、表26のような結果になるからである。天正十六年以前、大社寺宛てのものが多い寺社の方に儀式張った署名が多

図7　輝元以前の相関図

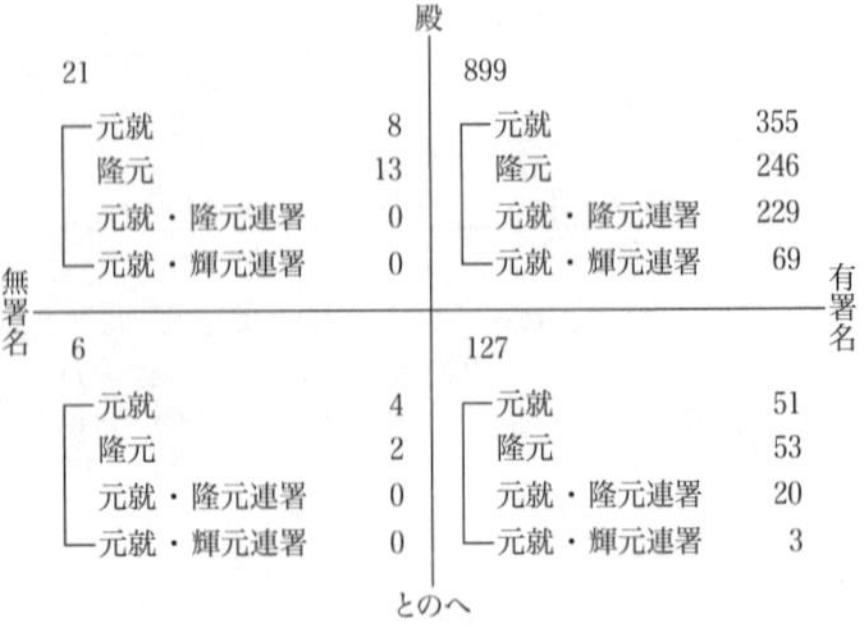

図8　輝元以後の相関図

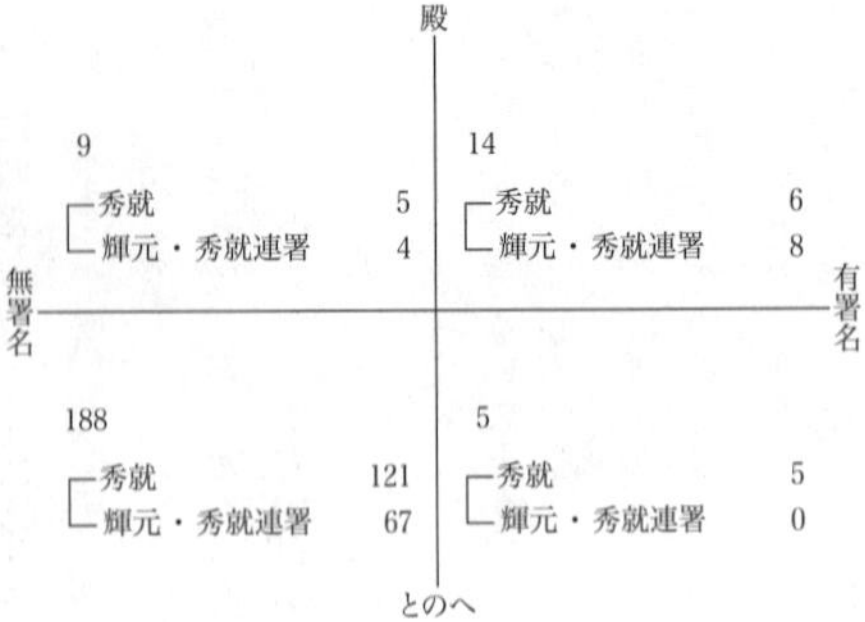

秀就の文書は慶長期のものに限って蒐集してある。実際はこれより遙かに量が多かろう。

く見られるが、天正十六年以後の減少ぶりを見ると、「右馬頭」等も「輝元」もともに約五分の一と全く同じ割合で減少しているのである。もし、先の推理のように寺社が大物であるがゆえに変化を受けにくいとしたら、儀式張った署名の減りかたの方が緩やかでなければならないだろう。ところがそうはならず、同じく「輝元」とあっさり署名しているだけのものでも寺社の場合は五分の一にしか減っていないのに、士の方は十分の一に激減している。このことからみて、大社寺であるがゆえに、ではなく、寺社であるがゆえに十六年の変化の影響を受けにくかった、と解釈する方がよさそうに思う。

補足の第二は、輝元以外の、元就や隆元たちが出した文書の書式はどうなっていたか、という話である。

結果は、輝元以前の場合が図7、以後の場合が図8。まず図7を見ると、第一象限に偏るという輝元の天正十六年以前と同様の傾向を示している。〝はしり〟現象が見られるわけはないから、第二・第三象限はごく僅かしかない。第四象限がやや多めだが、この受取人を検討してみると、輝元同様、家格の低い家に出されていることが判明する。このように、元就や隆元の文書の書式は輝元の天正十六年以前のそれときれいに一致しているのである。いっぽう図8を見ると、これまた、第三象限に偏り、第二・第四象限は僅か、第一象限の受取人をみると家格の高い家ばかり、と輝元の天正十六年以後と同様の傾向を示す。

天正十六年の変化は、輝元ひとりにとどまらず、毛利氏の文書の流れのなかでも画期的な位置を占めているのである。

2 内容

形式の上にあらわれた天正十六年の変化＝書式の尊大化を見てきたわけだが、ではこの変化に伴って、文書の内容の方も変化したのか、しなかったのか。次にそれを問うてみよう。まずは、官途状類を除く輝元の文書を十六年以前のものと以後のものに二分し、それぞれを内容ごとに分類してみると、表27のようになる。これを見ると、天正十六年を境にいくつかの点で大きな変化が生じてきている。

表の一番下段で、一年あたりにすると平均何通くらい出しているかを見ると、十六年以後にはかなり文書の発給数が減っていることがわかる。ではどんな内容の文書が減ったのか。

・感　状……もともと大した比重を占めないがさらに低下。

・所領宛行・所領等安堵……十六年以前には全体の大半を占めていたこの両者が、激減してしまう。十六年以降発給数が減った犯人はこの両者だったのである。しかもその内訳をさらに詳しく見ると、十六年以後の所領宛行状七〇通のうち三四通までが天正十六〜十九年の惣国検地実施期に出されたものであり、所領等安堵の方も、四九通のうちの二四通を占める所領安堵状のうち一一通がやはり惣国検地期のもの。つまり文禄期以降は、所領宛行状・所領安堵状ともにごく稀にしか出されなくなってしまうのである。また、所領安堵だけではなく、十六年以前にさかんに出されていた各種の職《しき》などのこまごまとした安堵も姿を消していってしまう。

・相続安堵……これは家臣が代替りするに際し、父の代と同様の知行等を認める、という内容のものである。全体に対するパーセンテージで見ると、一六％から二九％へとかなり増加しているように見えるが、これは全体が減ったためにみかけのパーセンテージが増えたに過ぎない。一年あたりの通数になおしてみると、十六年以前も以後も四・七通となり全く変化がない。

表27　天正16年を境とする輝元の文書内容の変化　(単位：通)

内容	天正16年以前	天正16年以後
感状	45 (6%)	10 (2%)
所領宛行	177 (24%)	70 (12%)
所領等安堵	194 (27%)	49 (8%)
相続安堵	117 (16%)	170 (29%)
命令	18 (3%)	122 (20%)
掟	7 (1%)	73 (12%)
全体	726/25年	596/36年
1年あたり通数	29.0	16.6

こうしてみると、惣国検地を機に、家臣の代替りに際しての安堵のみは従来通り続けるが、それ以外の宛行・安堵は原則として出さない、惣国検地で確定したものを基本とする、という体制がつくられたことがわかる。以後、宛行・安堵状が必要な時は奉行《ぶぎょう》がそれを発給するようになる。惣国検地以上に大幅な所領の改変が行なわれた慶長五年の関ケ原役後の知行再編成に際し、すべての宛行状は奉行の連署状として出され、当主からは全く出されていないのである。

とすると、さきに二頭政治期の分析から抽出してきた、個人的つながりによる政権という性格は、ここに全く姿を消してしまったことになる。家臣にとって主君とのつながりは、相続安堵という僅かな場合を除いては、奉行即ち官僚機構を通してのつながりでしかなくなる。当主個人とのつながりではなく、毛利政権という機構とのつながりということになるのである。

さて、激減した所領宛行状や安堵状に替って、天正十六年以後の輝元の文書の大きな部分を占めるようになってきたのは、命令及び掟というジャンルである。家臣に戦や支配に関するさまざまな指示・命令を伝達した文書、そして家臣に対する掟書や村や町に対する定など各種の掟類が、十六年以前の殆ど無の状態から、一挙に増加している。この両者はいずれも中世的な意味での証文、即ち受取手に利益をもたらすものとしての証文とは全く意味あいの異なる、大名側からの一方的な意志表示の文書であることが印象的である。

こうして、書式の変化から導かれた天正十六年という時期を画期として、その前後の輝元の文書の内容を分類してみると、まことに鮮やかな変化を探りあてることができる。宛行・安堵状類が姿を消し、替って命令や掟が台頭してくるという変化である。

それは、毛利氏の支配の性格が大きく変容したことを示していよう。二頭政治期に見られたような個人的・個別的なつながりの総体としての政権という性格は払拭され、家臣と主君を結ぶものは奉行という官僚機構になる。家臣が主君から受け取るのは、かつてのような相互の意志疎通の産物である宛行・安堵状ではなく、主君の側から一方的に与えられる命令・

掟に過ぎなくなる。まさにこの変容の時にあたり、鄭重な書式から尊大な書式へ、という形式上の変革が断行されたのは、なるほどもっともなことであった。

そしてこの内容の変化は、形式の変化を追った時がそうであったように、寺社宛てのものと士宛てのものを比べてみると、寺社宛てのものの方が変化が緩慢である。表28に見えるように、天正十六年以後に至っても、寺社宛ての場合には命令や掟は殆どない。また、宛行・寄進・安堵の三者の合計を比べてみると、士宛てが二七六通から八四通へと三〇％にダウンしているのに対し、寺社宛ては一〇九通から四六通へと四〇％にダウンするにとどまっている。

表28　内容の変化を寺社宛てと士宛てに分類

（単位：通）

	士宛て		寺社宛て	
内容	天正16年以前	天正16年以後	天正16年以前	天正16年以後
感状	45	10	0	0
所領宛行	166	59	11	11
寄進	0	0	18	12
所領等安堵	110	25	84	24
相続安堵	90	150	27	20
命令	10	118	2	1
掟	3	56	1	0

もう一つ、形式の変化と一致することがある。輝元ひとりではなく、毛利氏全体の文書の流れのなかに置いてみても、この変化が画期的なものだということである。輝元以外の毛利氏の当主たちの文書を内容ごとに分類した表29を見てみよう。

輝元以前の元就や隆元たちの場合には、感状と宛行状・安堵状が証文全体の大半を占める。このうち、その時の政治状況によってばらつきの大きい感状を除き、残りの部分に対する宛行・安堵状のパーセンテージを出してみると、宛行状が

表29　各当主の文書を内容ごとに分類　　(単位：通)

内容＼当主	元就	隆元	元就・隆元連署	元就・輝元連署	秀就(慶長期のみ)	輝元・秀就連署
感状	171	50	145	19	0	0
所領宛行	119(50%)	161(53%)	79(56%)	37(47%)	0	4(4%)
所領等安堵	32(13%)	50(16%)	19(13%)	12(15%)	0	5(5%)
相続安堵	20(8%)	18(6%)	6(4%)	10(13%)	0	66(72%)
命令	3	1	0	1	5	0
掟	1	1	2	0	10	8(9%)
全体	409	354	287	98	16	92

(　)内は感状を除いた部分に対するパーセンテージである。

五〇%前後、安堵状が一五%前後、と四グループともほぼ同様の分布を示す。天正十六年以前の輝元に比べて、宛行が多く安堵が少ないが、それは、領国の拡大期にあった元就・隆元の時代と、中国地方一円に広がった領国を維持する時期にあった輝元の時代との状況の差によるものであろう。とすると、感状が激減することを除けば、元就や隆元たちと、天正十六年以前の輝元の文書の内容は、宛行・安堵が多く、命令・掟が極端に少ない、という点でほぼ一致することになる。また、輝元以降については十分なデータを揃えることができなかったが、宛行・安堵が姿を消し、命令・掟が中心になっていく傾向を読みとることができよう。

このように輝元前後の時期に視野を広げてみた場合も、この天正十六年を画期とする内容上の変化の大きさが確認されることになる。大名の出す文書の性格がこの時期を境として大きく変質していくわけだ。

ちなみに、文書のなかに「先判《せんぱん》に任せて安堵する」「忠節に報いるために宛行う」というように、その文書を出す理由が書いてあるものがよくあるが、これも天正十六年を画期として姿を消していく現象である。理由の書いてある文書を数えてみると、元就二四／四〇九、隆元四一／三五四、輝元天正十六年以前一一二／七二六、輝元天正十六年以後二六／五九六、となる。理由のなかでも最も頻繁に見られるのは「先判に任せて」というものであるが、これが消えていくのは、惣国検地によって「先判」の効力が無くなったこと、及び、家臣から申告のあった「先判」を追認するかたちで証文を出すという事態が無くなったことを意味しよう。

ところが、こうした大きな変動の影響を受けなかった分野が一つだけあった。官途状類の世界である。輝元が天正十六年以前に出した官途状類は四一〇通、一年あたり一六・四通であるが、十六年以後は八三三通、一年あたり二一・四通と、表27の各種の文書の場合とは逆に官途状類を出す量は増加しているのである。さらに、輝元の一代後の秀就の場合を見てみると、官途状類以外の文書は慶長十七年以後、それも命令や掟を中心に少しずつ見え始めるに過ぎないのに、官途状類だけは早々と慶長六年（一六〇一）から出し始め、量も慶長期だけで一二六通に及ぶなど、全く様相が違う。つまりこの官途状類だけは、父の輝元と子の秀就の両者が競合して盛んに出し続けたのであり、これに限り「二頭政治」が現出したのである。

そこで、さきほど用いた手法をもう一度採用し、いったん輝元から官途状類を貰ったら次も輝元から貰うものなのか否か、を集計してみたのが図9である。これを見ると、輝元から

図9　誰から文書を貰うのか
——輝元・秀就期の官途状類の場合

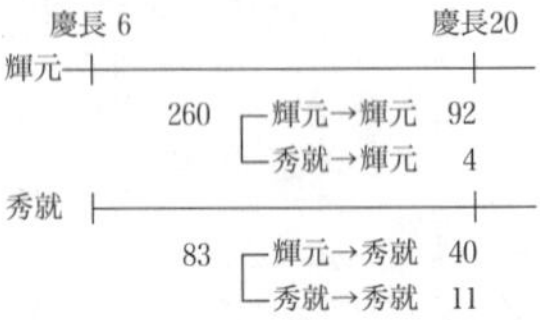

図3と同様、全体をあらわす数字（輝元の260など）は2度め以降に出すタイプの官途状類の通数である。

いったん貰った人一三二人のうち、二度めも輝元から貰ったのは九二人、二度めは秀就から貰ったのが四〇人である。一見、輝元の方に偏っているように見えるが、全体の量を見ると輝元の方が秀就の三倍以上も出しているから、これだけでは何とも言えない。しかし、秀就からいったん貰った人一五人のうち、二度めも秀就から貰ったのは一一人、二度めは輝元から貰ったのが四人であり、こちらは明らかに秀就に偏っている。よって、天正十六年以前の場合と同様に、一度めに誰から貰うかによって次に誰から貰うかが決まる、という傾向があったとみてよかろう。官途状類の分野では、形式上の大きな変化を受けたにもかかわらず、家臣と輝元・秀就各個人との個人的つながりは保たれ続けていたのである。

なぜに、ここだけに個人的つながりが生き続けたのか。それは、天正十六年以降の大変動期に個人的なつながりが急速に失われていくなかにあって、家臣との個人的きずなをつなぎとめ、家臣の動揺を押さえるという役割を負わされたからではないか。官僚による機構的支配への変革という大きな流れのなかで、その進行を補完するものとして機能したのだろうと想像される。

と同時に大名である毛利氏にとっても、家臣と直接のつながりを保ちうる世界はもはや官途状類という儀礼的な世界のみに限られてしまったわけである。そこに大名の支配のあり方の大きな変質を見てとることは容易だろう。

3　ふたたび形式

天正十六年を境とする毛利氏の文書の変化について、形式と内容の両方向からのアプローチを行なってきた。その結果、個人的つながりによる支配から、官僚制的・超越的支配へと、その支配の性格を変化させてゆく毛利政権の姿が、次第に鮮明になってきたように思う。そのなかでもう一つ印象深かったのは、二つの方向からのアプローチの結果が、いくつもの点で符節を合せたように一致したことである。天正十六年を機に大きな変貌を遂げる、という点はもちろんのこと、寺社宛てと士宛てに分けてみた場合に寺社宛ての方が変化が緩慢であること、輝元以外の当主に視野を広げてみた場合にも、このときの変化の画期性が確認できること、いずれも形式と内容の双方に共通して見られたことであった。

とすると、文書の形式と内容というこの二つのものは連動していることになる。では、形式が変化すれば内容も変化する、内容が変化すれば形式も変化する、どちらの言い方が正確なのだろう。かたちよりこころ、などというお題目を散々聞かされたおかげで、後者の方が良さそうに思えるけれど、ほんとうにそうだろうか。少なくともここで見たケースは、形式の変化の方が僅かに先んじており、変容ぶりもより鮮やかなように感じられる。

　そこで、毛利氏の文書形式の検討をもう少し続けておきたい。今度は書止文言《かきとめもんごん》に目を向けてみよう。

　毛利氏の文書に見られるさまざまな書止文言を「恐惶謹言《きょうこうきんげん》」「恐々謹言《きょうきょうきんげん》」などの書状系、「仍一行《よっていちぎょう》如件」「状如件」などの如件《くだんのごとし》系、「也《なり》」、「以上」の四群に分類して集計し、表30を作成してみる。これを見るとまず、天正十六年を境として目覚ましい変化がおこっていることに気付く。書状系が激減し、如件系もかなり減って、その替りに「也」と「以上」が皆無の状態から大躍進を遂げているのである。先に表27で見たように、輝元の証文の内容は天正十六年を画期として大きく変化していくが、それに伴い書止文言の変化も著しいわけである。

　さらに、内容と書止文言の関係を見ていくと、「以上」はみな掟であり、「也」も命令・掟が中心である。命令・掟のような新しいジャンルの文書が天正十六年以後に躍進したから、それに合せた新しいタイプの書止文言が急増したことがわか

（単位：通）

輝　元 天正16年以後	輝元・秀就 連署
45（ 8%）	6（ 7%）
3	0
16	2
5	1
21	3
235（39%）	66（72%）
128	56
63	5
13	3
6	1
1	0
24	1
234（39%）	11（12%）
167	5
54	5
13	1
51（ 9%）	5（ 5%）
596	92

表30　各当主の文書を書止文言ごとに分類

書止文言＼当主	元就	隆元	元就・隆元連署	元就・輝元連署	輝元 天正16年以前
書状系	82（20%）	58（16%）	59（21%）	20（20%）	225（31%）
恐惶謹言	2	9	3	0	2
恐々謹言	44	30	38	13	88
謹　言	30	18	18	7	132
かしく	6	1	0	0	3
如件系	300（73%）	270（76%）	222（77%）	68（69%）	433（60%）
仍一行如件	78	112	51	38	110
状如件	66	104	50	15	240
仍状如件	41	3	7	1	10
仍如件	5	12	6	1	12
仍感状如件	91	13	84	8	11
その他	19	26	24	5	50
也	3	3	3	0	10
候也	0	1	1		5
者也	3	0	2		3
也	0	2	0		2
以　上	0	0	1	2	7
全　体	409	354	287	98	726

書止文言のない官途状類は集計からはずす。

る。だが、この時の書止文言の変化の原因は内容の変化だけではない。内容における新しいジャンルの増加ぶり（三二％）を書止文言における新しいタイプの増加ぶり（三九＋九＝四八％）が上回ることからも明らかなように、宛行や安堵といった旧来のジャンルにも新しいタイプの書止文言が進出しているのである。所領宛行七〇通のうち八通、所領等安堵四九通のうち六通、相続安堵一七〇通のうち四七通が「也」である、というように。大名から一方的に指示・命令を伝える文書に使われる「也」が、宛行・安堵のような旧来の証文の分野にも進出してきたということからみて、これらの証文の性格も天正十六年を機に一方的・超越的な意味あいを強めたと考えてよかろう。

このように、書止文言の状況を分析することで、天正十六年の変化の大きさがあらためて確認されるとともに、その変化が命令・掟のジャンルを中心としてそれ以外の分野にも波及していく様子をうかがうことができる。変化の様相をよりきめ細かに辿っていくことができるのである。

そこで、もう少し書止文言にこだわってみよう。書状系の内訳を見ていくと、隆元までは「恐々謹言」の方が中心だったのに、輝元の天正十六年以前に至って「謹言」に中心が移ったことが見てとれる。「恐々謹言」から「謹言」へというのは簡略な書き方への変化であるから、天正十六年以前の輝元の文書にはゆるやかな尊大化が進行したことになる。

なお、これを例のごとく寺社宛てのものと士宛てのものに細分してみると、元就から輝元・秀就連署まで一貫して、「謹言」はすべて士宛てに出されており、逆に「恐惶謹言」は殆ど（一九通のうち一五通）が寺社宛てである。よって天正十六年以前の輝元の文書に進行した尊大化とは、この場合、士宛ての文書の方におこった現象であることがわかる。

もう一つ、如件系の内訳を見よう。感状に固有の「仍感状如件」を除けば、どの当主も「仍一行如件」と「状如件」の両者が中心となる。この二つの書止文言を比べてみると、宛先に付ける敬称が「とのへ」という略式の書き方をしているものが「状如件」の方に多く見られる（例えば元就は「仍一行如件」七八通のうち敬称が「とのへ」なのは五通しかないが、「状如件」の方は六六通のうち二〇通が「とのへ」である)。よって、「状如件」の方がやや略式と認識されていたらしいことがうかがえる。そして、この両者の割合の変遷を追ってみると、書状系での「恐々謹言」と「謹言」の関係と同様、天正十六年以前の輝元にゆるやかな尊大化が進行していることが見てとれる。

そして、「恐々謹言」と「謹言」、「仍一行如件」と「状如件」の二組とも、輝元の天正十六年以後に至ると再び関係が逆転し、「恐々謹言」「仍一行如件」すなわち厚礼のものの方が増加する。天正十六年の変革期を境に急激に文書全体が薄礼化していくなかで、伝統を引き継いだ少数派として残った書状系及び如件系のなかではかえって厚礼化が進行していくのであろう。

この、天正十六年以前の輝元におこったゆるやかな尊大化という現象はもっと別の方向からも跡づけることができる。

一つは、ただ「輝元」とあるのではなく、「右馬頭」あるいは「大江朝臣輝元」のような儀式張った署名の書き方をしている例を拾ってみた場合である。こうした例は官途状類には殆ど見られないからそれ以外の文書に限ってみると、

・元就　四〇九通のうち一八通（うち士宛て一五　寺社宛て三）
・隆元　三五四通のうち四七通（うち士宛て九　寺社宛て三八）
・輝元　天正十六年以前　七二六通のうち五九通（うち士宛て一五　寺社宛て四四）

・輝元　天正十六年以後　五九六通のうち一九通（うち士宛て一〇　寺社宛て九）

という具合となる。士宛てのケースがどんどん減っている。つまり士宛ての文書に簡略化が進行しているわけである。

今一つは袖判《そではん》の分布である。日下《につか》に奉行が単独ないし連名で署判した奉書《ほうしょ》の袖に花押を据えるだけというスタイルの文書を拾ってみると、

・元就　四〇九通のうち一八通　四％
・隆元　三五四通のうち四三通　一二％
・輝元　天正十六年以前　七二六通のうち一〇七通　一五％
・輝元　天正十六年以後　五九六通のうち一四通　二％

という具合となる。天正十六年以後には廃れてしまうものの、隆元・天正十六年以前の輝元、と続く時期には袖判が次第に増加している。これもやはり尊大化の進行と見てよかろう。

かくして、書止文言や署判のしかたを手がかりとして、天正十六年以前の輝元の文書に進行したゆるやかな尊大化という現象をフォローしていくことができる。「謹言」の増加と「右馬頭」型署名の減少の二つは士宛ての文書に限られていたことから見て、この現象はどうやら士を中心におこったようである。

さいごに印判状の状況を見ておきたい。

毛利氏が印判状を出し始める時期は文禄四年（一五九五）。天正十六年の変革の波が去った後のことである。官途状類の分野ではさらに遅れて元和六年（一六二〇）にいたり漸く本格的に用いられるようになる。

このうち官途状類における印判状は、形式・内容ともに判物の官途状類との違いは見出せないが、官途状類以外の文書における印判状にはいくつか際立った特徴が見られる。それを列挙してみよう。

・計一三二通のうち、寺社宛てのものは僅かに三通と極端に少ない。

・署判のしかたと敬称を見ると、署名の有るものが僅か四通、「殿」という敬称のものが僅か一一通と、表24の水準をかなり下回っている。無署名―「とのへ」という書き方が圧倒的なのである。

・内容を見ると、所領宛行・所領等安堵・相続安堵の三者を合せても一一通しかないのに対し、命令は三〇通、掟は六七通もある。天正十六年以後に登場した新しいジャンルのものに極度に偏っているのである。ことに掟類は殆どが印判状ということになる。

・書止文言を見ると、書状系が二通、如件系が一二通しかないのに対し、「也」が四九通、「以上」が四四通もあり、これまた天正十六年以後新登場したものへの著しい偏りを呈する。

このように、印判状には天正十六年の変化について今までに抽出してきたもろもろの特徴がすべて、それも際立ったかたちであらわれている。印判状こそ、天正十六年以降毛利政権が歩んでいきつつあった方向を最も尖鋭に体現した書式、いわば新時代の申し子なのだ。花押を据えるかわりにポンと一つ印を捺して済ませてしまう。これが近世の初めに行き着いた主君と家臣のありようであった。

元春と隆景

ところで、毛利氏の支配を支えた重要な柱に吉川・小早川の両川の力がある。三本の矢の譬えを想起するまでもなく、元就の子である吉川元春・小早川隆景のふたりは、隆元の代、そして輝元の代を通じて一貫して毛利政権の中心人物であり続けた。政策決定に際して、甥にあたる若い当主輝元をときには凌駕するほどの強大な発言力を有していたことが史料から知られる（拙稿「若き日の毛利輝元」『戦国史研究』一〇、一九八五年、でもその一端を描写した）。では、彼らの発給文書は当主のそれと比べてどんな状況だったのか。少しだけ寄り道をして調べてみよう。

意外なのは、あれほど強大な発言力を有していたにもかかわらず、彼らの文書は当主に比べてまことに貧弱なものでしかない、ということである。一年あたりの通数で比較してみると、元春は天文十三年（一五四四）から天正十四年（一五八六）までの四三年間にわたり一八〇通の文書を残しているから、一年あたり四・二通、同様に隆景は二・六通という数値が得られる。これに対して当主の方は、元就が八・五通、隆元が一七・三通、輝元が四二・六通と、彼らよりはるかに多い。後北条氏の場合に当主が一四・一通、北条氏邦が六・〇通、太田氏房が八・五通であったのと比べてみても、その懸隔の甚だしさが知れよう。しかも、年ごとの発給状況に著しい波があり、ある特定の年に偏って出される傾向が強い。全体の発給量の少なさと年ごとのばらつきの大きさ、このことは彼らがコンスタントに文書を発給する体制になかったことを示唆していよう。

それでは文書の書式はどうか。これは当主よりはるかに厚礼である。署判のしかたをみると、袖判あるいは署名をしないで判のみを据えるといった、当主においてはときどき見られた尊大な方式が全く影をひそめてしまい、逆に「駿河守元春」のような鄭重な署しかたが目立ってくる。書止文言をみると、書状系が四〇％近くもあり、しかも「恐々謹言」が「謹言」の三倍もある、というように、これまた当主よりもずっと鄭重な書きかたがされている。

さらに内容を比べてみる。これは官途状・感状・宛行状・安堵状といった具合で、命令や掟の類がほとんど見えないことは、天正十六年以前の当主と同じである。しかし子細に比較してみると、官途状が当主よりかなり少なく（隆景に至ってはわずか七通しかない）、元春の場合は感状も少なめ、などの違いが見出せる。

貧弱な発給量・厚礼な書式・内容上の差異、これらの特徴を総合してどう位置付けたらよいだろうか。後北条氏のところで検討した支城主北条氏邦・太田氏房の場合と比較しながら考えてみよう（七二ページ参照）。

先に触れたように、氏邦や氏房は当主に比べて極端に文書が少ないわけではない。年ごとのばらつきもさほど大きくなく、コンスタントにある程度の量が出されており、安定した文書発給の体制が確保されていたことが知られる。また、書式は当主よりむしろ薄礼ぎみなほどで、当主と支城主とはほぼ同格と見なされていたことがわかる。内容の分布も当主と大差ない。このように〝小さな当主〟と譬えてもよさそうな後北条氏の支城主たちの文書は、発給量・書式・内容のいずれの面においても、元春・隆景の文書と著しい対照をなす。

東西でどうしてこのような著しい相違が見られるのか。これは、双方の政権の性格の相違によって説明できそうだ。元春・隆景は文書発給の面では当主に到底及ばない貧弱な役割しか果たし得ていない。書式もぐっと厚礼で、当主より格段に低い位置にしか立ち得ない。これは、毛利政権が個人的なつながりの総体という性格を持っていたため、その権限を親族の彼らといえども分掌できなかったからではないか。二頭政治期を素材に論証したように、この時期の毛利氏では大名と家臣のつながりは個人的・個別的なものであり、家臣たちは毛利氏という家の家臣というよりは元就あるいは隆元といった当主個人の家臣と呼んだ方がふさわしいような状況にあった。当主の権限がこのように人格的色彩の濃厚なものであれば、それを他の人物に分掌させることはむずかしい。輝元の家臣だと認識している者に与える文書は、輝元の署判したものでなければならず、余人をもって替えがたかろう。官途状のような人格的色彩のより強い文書であればなおさらであり、だからこそ元春も隆景も官途状の量がとりわけ少ないのではないか。このように考えれば、当主が強力なリーダーシップを発揮するワンマン政権ではなく、元春や隆景に相当大きな発言力があったにもかかわらず、彼らの発給文書に当主との甚だしい落差があることの理由が説明できるように思う。

ところで、さきに天正十六年を境として毛利政権が変質したことを指摘した際、その変化を個人的・個別的つながりによる支配から官僚制的・超越的な支配へ、というように性格付けてみた。そこで用いた「超越的」という表現は、書式の著しい尊大化、内容に命令や掟が急増すること、などの事象に導かれたものであったが、ここでの検討の結果、天正十六年以前にもそれなりの「超越性」らしきものが確保されていたことがわかってくる。当主の文書発給の権限は親族であり実力者でもある元春や隆景ですら及ばない絶対的・超越的なものであり、毛利政権はこの当主を核とした凝集力・集権性を顕現しているように見えるからである。

してみると、天正十六年におこった「超越的」な支配への変化とは、非超越的な支配から超越的な支配への変化を必ずしも意味しないわけだ。むしろ、それなりのやりかたで集権性・超越性が確保されていた政権が、全く別種の超越的政権へと組み替えられていった、と見た方が実態に近かろう。このときの変動が自然発生したものでなく、統一政権の影響のもとに一挙に上から強行されたものであることが、思い出される。明らかに未成熟な政権ならともかく、長期間にわたって中国地方における安定的な支配を確立していた毛利政権に生じたこの突然の変化は、どうやら進化や発展という図式にはおさまらないもののようだ。

さて、人格的支配という色彩が強く当主の権限を余人に分掌させることができなかった毛利氏に対し、東の後北条氏の場合、事情は大きく異なる。印判状というスタイルを媒介として非人格化・官僚制化した大名の権限は分掌が可能である。だから、天正十一年七月を境に武蔵岩付領の支配権が北条氏政から岩付城主太田氏房の手に移る、といった具合に、支城主という出先機関をつくって特定の地域の支配をそっくり委任することができる。北条氏政という個人の人格に淵源を持たない支配権は、余人の手に移っても不都合を生じないのである。毛利氏と違って〝小さな当主〟の創出が可能だったわけは、こんなふうに説明できよう。

さきに、毛利氏と後北条氏における家督相続の際の権限の委譲のされかたの違いについて述べた。隠居した当主の力が根強く残り続け、二頭政治という状況が現出する毛利氏と、新当主への交替が鮮やかに行なわれ、二頭政治とならない後北条氏。あの相違と〝小さな当主〟の創出が可能かどうかということでの相違とは、同じことの両面だろう。人格的色彩の強い権限は委譲しにくいから、余人に分掌させることができないし、隠居してもなかなか消滅しない。それに対し、非人格的色彩の強い権限は委譲しやすいから、支城主に分掌させることもできるし、隠居してしまえばすみやかに新しい当主へと移行する、というわけだ。東西の政権の相違はこんなところにも顕著である。

尼子氏

ここで、山陰の戦国大名尼子氏の文書の様相を簡単に紹介しておこう。

経久・晴久・義久・勝久と四代にわたる尼子の歴代当主の発給文書をさまざまな角度から眺めてみて気づく最大の特徴は、「恐々謹言」のような書状系の書止文言で結ばれる証文がかなりの割合を占めることである。蒐集した証文一五四通のうち、ちょうど半分の七七通が書状系の書止文言を持つものであり、うち年記を有するものは四四通と過半に達する。尼子氏の家臣に至っては、そのほとんどがこの年記を持ちかつ書状系の書止文言というスタイルである。毛利氏の場合には、書状系の書止文言の文書は当主でせいぜい二〇～三〇%、家臣で四〇%程度だったから、尼子氏における書状系の占める割合の高さは際立っている。

表31　尼子氏の当主ごとの書止文言の変遷　(単位：通)

書止＼当主	経久	晴久	義久	勝久	計
書状系	17	34	15	11	77
如件系	4	23	24	21	72
その他	0	4	0	1	5
全　体	21	61	39	33	154

そして、表31のように各当主ごとに並べてみると、尼子氏の文書の書止文言は書状系主体から如件系主体へとしだいに変化しつつあ

ったことがわかる。初期の経久の時期には圧倒的だった書状系が末期の勝久のときには三分の一にまで縮小し、替わって晴久の治世の半ば頃から「仍状如件」「状如件」といった如件系が主流となっていく。それにともない、文書の発給量も増加している。

いかんせんサンプル数が少ないため、あまり細かな分析をすることはできないが、内容ごとに分けてみると、感状・安堵状などが途中から如件系に移行し、相続安堵は最後まで書状系というように、書止文言の変化の度合いも内容によって異なっていたようだ。なお、内容の分布は毛利氏と同様、所領宛行・寄進・安堵状などが中心で、命令や掟を伝えたものはほとんどない。

ちなみに、書状系の書止文言を持つ証文が大きな位置を占めるというこの尼子氏の特徴は、毛利氏の周辺にあった中国地方の諸氏たちのかなりの部分に共通するものでもあるようだ。村宗・政宗・宗景と続く備前の浦上氏は、全体の三分の一近くを占める感状にもっぱら「恐々謹言」という書止を用いているし、そのあと台頭した宇喜多直家も感状や宛行状に「恐々謹言」をしばしば用いている。山陰の山名氏も書状系の書止文言を安堵状などに多用している。

では、書状系の書止文言の文書はどう位置づけたらよいのだろうか。毛利氏の当主よりその家臣の方が書状系の占める割合が高く、尼子氏はそれよりさらに高いこと、尼子氏において文書の発給量が増加するにしたがって、書状系が減り如件系が増加していくこと、などの状況を見ると、書状系の証文はその政権が未成熟で弱体であることのあらわれではないか、との予想が立つ。そこで石見の益田家の文書を素材にこのことを考えてみよう。

豊富な史料を蔵することで知られる石見西部の領主益田氏は、戦国初期には大内氏の勢力下にあったため、大内氏から給された文書をかなり残している。その文書群を通覧してみると、大内義興、その子義隆の二代の当主から出された文書は、いずれも年記がなく「恐々謹言」で書き止める、という書状スタイルの文書であることに気づく。たとえば次のごとくである。

吉見村原莚田・河嶋本方・恒富・福井・大井浦等事、任二法泉寺（大内政弘）裁許之旨一、可レ有二御知行一候、恐々謹言、

八月廿五日　　義興（花押）

益田治部（宗兼）少輔殿

（東京大学史料編纂所架蔵写真帳「益田文書」三）

内容は所領安堵状であるが、書状のスタイルを取っていることと言い、「可レ有二御知行一候」と相手に対する敬語が用いられていることと言い、通常見慣れた安堵状よりもずっと鄭重な書きぶりである。六通ほどある義興・義隆期の証文はみなこうした書きかたがされている。これは、この時期の大内氏と益田氏の関係が完全な上下関係・支配関係になく、益田氏がかなりの独立性を保持していたために、他の家臣に出すような「仍如件」で結ぶ安堵状を

出せなかったからだ、と理解できよう。

ところが、義隆が天文二十年（一五五一）に滅亡した後の義長の代になると様相は一変して、年記があり「如件」で書き止める、というスタイルが取られるようになる。天文二十一年に一挙に五通もの証文が義長から益田氏に給されるが、それらはみな次のような様式を取っている。

当御知行所々幷川縁等事、御進止不レ可二相違一之状如レ件、
天文廿一年七月十一日　　散位（花押）
益田右衛門佐（藤兼）殿
（東京大学史料編纂所架蔵写真帳「益田文書」四）

「御知行」「御進止」と敬語は用いられているものの、さきの書状スタイルの安堵状にみられた私的で鄭重な書きぶりが、大きく変化しているのがみてとれる。その変化は単に厚礼な書式のものが薄礼に変わったというのではなく、私的な書状から公的な証文へというニュアンスを含み持つもののように感じられる。いずれにせよ、義長の政権がその施政の開始にあたって、従来独立性が高かった益田氏をも自己のもとでの上下関係の秩序にくみこもうとしたことのあらわれが、これらの文書であると考えられる。ちなみにこの義長政権の意図は徹底しなかったようで、その後また書状スタイルの証文が出されている例が知られる（「益田文書」四　年未詳七月十五日大内義長所領預ヶ状）。そして、大内氏に替わった毛利氏の時代

に至ると、元就や輝元から給される証文はみな如件系の書止文言のものとなる。

益田氏宛ての文書の上におこった書状系から如件系への変化をこんなふうに読み解いてみると、やはり書状系の証文を頻発するのはゆるやかな支配を布いた政権ではないか、との思いを強くする。毛利氏より尼子氏に書状系の証文が多いこと、毛利氏では天正十六年（一五八八）を境に書状系が三一％から八％へと激減すること、また、毛利氏の印判状には書状系はほとんど全く見られないこと、いずれもこの理解を支持してくれる。

さらに視野を遠く東国にまで広げると、後北条氏の場合、判物に書状系が用いられた例は毛利氏よりはるかに少ない一〇％に過ぎず、印判状に至っては千余通のうちたった一例しかないこと、いっぽう北関東の非印判状大名佐竹氏にあっては、逆に書状系の割合が尼子氏並みの高率を呈すること、など書状系の多寡は印判状大名と非印判状大名の差異と連動していることを示す徴証が豊富に出てくる。したがって、毛利氏のような非印判状大名に書状系が多いのは、家臣とのつながりが私的・個人的で、上下関係が比較的ゆるやかだったからであり、後北条氏のような印判状大名に書状系が少ないのは家臣とのつながりが官僚制的・非人格的で、強い上下関係が結ばれていたからだ、という説明を、晴れてここに成立させることにしたい。

吉川・小早川へ、さらには尼子氏など山陰の諸大名の様相へ、と少しずつ視野を広げながら続けてきた毛利氏をめぐる検討をここでひとまず締めくくろうと思う。先へ進むにあたって、いささか気づいたことを付け加えておきたい。

豊臣政権の勢力下に入ったときを契機として、個人的・人格的な要素が大きい支配から、非人格的・官僚制的な色彩の強い政権へと、急速に変貌を遂げていく毛利氏の姿を見つめてきた。東国の印判状大名たちを遍歴してきた眼で、こうした毛利氏の姿を見ると、双方の相違がいかに大きいかに思い至る。そのことについては、既に叙述の途中でも、家督相続の際に前当主の権限が新当主へとすみやかに委譲されるか否か、あるいは当主の権限を分掌させた〝小さな当主〟の創出が可能であるか否か、さらには書状系の書止文言のもつ意味などに触れて述べてきたが、わけても注目されるのは、双方の文書内容の相違ぶりである。

比較を容易にするために、毛利氏の文書を、東国の印判状大名たちの文書を分析する際に用いたのと同じ方法で内容ごとに分類しなおしてみると、表32のような結果となる。二七ページ掲載の後北条氏のケース表3などと比較していただくとより明瞭になるが、天正十六年(一五八八)以前における毛利氏の文書の内容分布は名誉系が大きな部分を占め、優遇系・命令系はほんのわずかであり、名誉系が少なく優遇系・命令系が多い東国大名とは全く対照的である。

しかも、名誉系が中心で優遇・命令系はほとんどない、という状況は、東国大名における判物の様相ときれいに一致することに気づく。東国の印判状大名においてなかなか印判状化が進行しなかった分野、判物により適合的な性格を有していた分野が、毛利氏にあってはその発給文書の主軸をなしているのである。子細にみると、安堵系のなかでは印判状の進出が鈍く判物の残存量が多めだった相続安堵が、毛利氏では大きな柱のひとつとなっている、というような細部での符合まで発見できる。

そして、後北条氏のところで判物から印判状へという書式の変化の意味を問うた際に、非人格的・官僚制的な支配を体現する印判状に対して、判物を人格的・個人的な支配を体現するものと位置づけてみた。確かに、名誉系なかんずく官途状を多量に発給したことは、一字や官途の宛行を媒介とした当主と家臣との間の個人的なつながりが、毛利政権存立の大きなよりどころであったことを意味しよう。また、相続安堵がたいへん多いことも、その家の当主が交替するたびにあらためて大名との絆を確認し直さなければならない、という点において、個人的つながりという側面の強さ

表32　毛利氏の文書を内容ごとに分類

（単位：通）

	天正16年以前	天正16年以後
起請文・願文	50（2%）	15（1%）
名誉系	1025（42%）	976（58%）
感状	430	10
官途状	595	966
宛行系	641（26%）	86（5%）
所領宛行	573	74
宛行約束	13	0
寄進	55	12
安堵系	478（19%）	287（17%）
所領安堵	215	34
安堵	92	20
相続安堵	171	233
優遇系	40（2%）	5（0.3%）
禁制	18	3
役免	20	2
過所	2	0
伝馬	0	0
命令系	34（1%）	218（13%）
命令	23	127
掟	11	91
計	2469	1670

を示唆しているように思える。これらの徴証は、ここで二頭政治期の毛利氏を分析して抽出してきた個人的・個別的なつながりの総体としての政権という性格づけとみごとに一致する。

こうして、なかなか美しい構図ができあがってきたように私の眼には映る。印判状化を着々と進行させ、人格的・個人的な支配が中心の政権から、非人格的・官僚制的で強力な支配を中心とする政権へと変貌してゆく東国の大名たち。それに対し、判物のみを使用し、人格的・個人的な支配を基軸とし続けた毛利氏。

さらに目を転じて、天正十六年以後の毛利氏の文書の内容分布を見ると、命令系の一大躍進という事態が現出している。書式の尊大化・印判状の登場といった、同時におこった他の諸事象をも考えあわせると、どうやらこのとき毛利政権の性格は東国の印判状大名たちのそれに大きく接近したと認めてよさそうである。東国の大名たちが印判状化によって少しずつ実現していったのとほぼ同じ方向の変化を、毛利氏は豊臣政権の影響のもとに一挙に敢行してのけたのであった。

さて、次に日程にのぼってくるのは、この毛利氏での状況がどこまで普遍的なものなのか、を検証する作業である。後北条氏で抽出したモデルの普遍性を東国の他の戦国大名たちに問うたように、ここ毛利氏で造形したモデルの普遍性も西国の他の戦国大名たちによって試されなければならない。毛利氏と同様に印判状を全く、あるいはほとんど全く用いなかった彼らの支配の性格は、毛利氏に類似しているのか相違しているのか。そしてそれは、豊臣政権の傘下に入ることでどのように変化したのか。

まずは、潮の香に抱かれながら瀬戸内の海を渡って、キリシタン大名としても著名な豊後の覇者の門を叩いてみよう。

【大友氏】

概況

大友氏の家督は、義右から中興の祖親治を経て、義長―義鑑―義鎮―義統と相承され、義統―義述父子のときに同家は滅亡する。まず、東国の大名たちの際に行なったように、これら戦国期の各当主たちの発給文書を蒐集して五年ごとの集計を一覧してみると、表33のようになる。

表をみると、初期から天正中期に至るまでずっと漸増傾向にあることがうかがえるが、細かく検討すると年によってかなり激しい起伏があることが知られる。たとえば、天文元（一五三二）～三年にかけて大友氏が大内義隆の勢力と九州北部で大きく衝突したときには、発給量が天文元年五〇通、同二年二〇通、同三年八五通というように著しく増大しているの

表33　五年ごとの残存量の推移

年　代	通数	当主
1489　1492 延徳 1～明応 1	1	
1493　1497 明応 2～明応 6	7	親治
1498　1502 明応 7～文亀 2	28	親治
1503　1507 文亀 3～永正 4	12	義長
1508　1512 永正 5～永正 9	13	義長
1513　1517 永正10～永正14	30	義長
1518　1522 永正15～大永 2	6	義鑑
1523　1527 大永 3～大永 7	29	義鑑
1528　1532 享禄 1～天文 1	75	義鑑
1533　1537 天文 2～天文 6	131	義鑑
1538　1542 天文 7～天文11	7	義鑑
1543　1547 天文12～天文16	10	義鑑
1548　1552 天文17～天文21	64	義鎮
1553　1557 天文22～弘治 3	41	義鎮
1558　1562 永禄 1～永禄 5	43	義鎮
1563　1567 永禄 6～永禄10	36	義鎮
1568　1572 永禄11～元亀 3	108	義鎮
1573　1577 天正 1～天正 5	15	義統
1578　1582 天正 6～天正10	261	義統
1583　1587 天正11～天正15	227	義統
1588　1592 天正16～文禄 1	49	義統
1593　1597 文禄 2～慶長 2	22	
1598　1600 慶長 3～慶長 5	4	

宛先ごと	
寺社宛て	84
士宛て	1604
郷村宛て	0
計	1690

に、その動乱が終結した天文四年の文書は一通も見あたらない、というように、文書がたくさん出された年とほとんど出されなかった年との落差が甚しいのである。このように軍事上の大きな動きがあったときなどに集中して文書が発給され、そうでないときにはごくわずかしか出されない、という状況からみて、文書による領国経営は必ずしもコンスタントに順調に運ばれていたわけではないのではないか、と推測してみることができる。

この推測の当否はおいおい問うことにして、いま一つ指摘しておきたいのは、表の左側に記した宛先ごとの分類の結果である。例のごとく寺社宛て・士宛て・郷村宛てと三分してみると、士宛てのものがほとんどで一部に寺社宛てが見られ、郷村宛ては全くない、という状態であることがわかる。これは、郷村宛ての文書が少なからず見られた東国の印判状大名たちとは大きく相違する。そして、郷村宛ては天正十六年（一五八八）以後にごくわずか見られるに過ぎず、やはり士宛てが大部分を占めていた毛利氏の状況とたいへんよく似ているのである。

以上、コンスタントな文書発給が行なわれていないこと、郷村宛ての文書が見られないことの二点が、大友氏の文書の概況を眺めて気づくことである。今少し立ち入った分析を加えてみよう。

二頭政治期

まず、何を措いても気になるのは、「二頭政治期」の状況である。毛利氏を訪問した際には、「二頭政治」――すなわち新旧双方の当主から文書が出されるという事態に着目し、それを分析することで、個人的つながりの総体という政権の性格を導くことができた。では、ここ大友氏においてはどうだろうか。やはり二頭政治という状態が現出したのか、現出したならば、その際どちらの当主が文書を出すかは何によって決定されたのか。

調べてみると、新旧両当主から並行して文書が出されるという現象は、戦国期の大友氏においで家督相続が行なわれるたびに現出するありふれたものであることが知られる。列挙してみると、以下のようになる。

親治―義長父子　文亀元（一五〇一）～永正九年（一五一二）の一二年間に親治から一六通、義長から二〇通出されている。

義長―義鑑父子　永正十三～十五年の三年間に義長から一通、義鑑から二八通出されている。

義鑑―義鎮父子　天正元～十五年の一五年間に義鎮から三五通、義統から四六七通出されている。

義統―義述父子　文禄元（一五九二）～慶長五年（一六〇〇）の九年間に義統から三四通、義述から一四通出されている。

ただし義述は家督を相続するまでには至っていない。

唯一の例外は義鑑―義鎮父子の間で、両者の文書発給の時期は天文十九年二月を境にきれいに入れ替わる。これは、このときの家督交替が義鎮の近臣による義鑑の殺害という暴力的なかたちで行なわれたために他ならない。いわゆる大友二階崩れの変である。

このときを除けば、いずれの当主交替期においても二頭政治という状態が現出している。それでは、その際の文書の発給者はどんな要因によって定められたのだろうか。毛利氏と同じように当主との個人的なつながりが要因だったとみてよいのだろうか。前当主の文書が一通しかみられず分析が困難な義長—義鑑期を除き、親治—義長、義鎮—義統、義統—義述の三つの時期について、毛利氏と同じ手法を用いながら検討してみたい。

〈親治—義長期〉

当該期間に文書を貰っている人たちのうち、二通以上の文書を残している者を抽出し、文書を貰いにいく先がどちらかの当主に偏っているのか、それとも新旧双方の当主から貰っているのかを調べることで、文書の受取人と発給者との個人的つながりの強さの如何を問うという、毛利氏で試したのと同じ手法を用いてみる。結果は、該当者六名のうち、

・みな親治から貰っているケース　三名
・みな義長から貰っているケース　一名
・はじめは親治、のち義長から貰っているケース　二名

となり、義長からいったん貰った人が次回は親の親治のところに貰いにいくとか、双方の当主の間を行ったり来たりするというような例は見られない。サンプル数は少ないものの、受取人によってどちらの当主から文書を貰うか、すなわちどちらの当主に庇護を求めるかがほぼ定まっている、という毛利氏と同様の状況を読みとってよさそうである。

〈義鎮—義統期〉

当該期の義統の文書は四六七通とたいへん多く、いささか手に余るので、義鎮の文書三五

通についてのみ検討を加える。三五通の文書の受取人のうち複数の受給文書を残している者は一三名、そのうち、

・みな義鎮から貰っているケース　四名
・はじめは義鎮、のち義統から貰っているケース　二名
・両者から並行して貰っているケース　七名

となり、並行して貰っている者がいささか多いように見える。しかし、子細に見ると、そのうち五名までは天正八年に義鎮と義統の両者から一斉に各人に感状が発給されるという特殊な状況下でのみ双方から文書を得ているに過ぎず、除外して考えたほうがよいと判断される。とすると、両者から並行して貰っているケースは五条鎮定と財津久右衛門尉の二名だけとなり、やはり受取人によってどちらの当主から文書を貰うかおおむね定まっていた、と考えてよさそうだ。

〈義統―義述期〉

該当者九名のうち、

・みな義統から貰っているケース　八名
・はじめは義統、のち義述から貰っているケース　一名

となり、いちばんクリアなデータが得られる。

以上、三つの時期について検討してきた。その結果、いずれの場合においても、受取人によってどの当主に文書を貰いにいくかがほぼ定まっており、いったん義鎮から文書を貰ったら、その後子の義統が家督を嗣いでいても二度めの文書も義鎮のところに貰いにいく、というように、文書の授受は発給者と受取人の個人的な関係にもとづいて行なわれているらしいことがわかってきた。なかには中途で貰い先を変更する受取人もいるが、その場合でも旧当主から新当主へと切り替えるのが通例で、その逆はほとんど見られない。

これらの事態はいずれも毛利氏のところでみられた状況と全く同じである。そして、毛利氏においては、こうした文書の授受関係から、個人的・個別的つながりの総体という政権の性格づけを導いた。いま、ここ大友氏にあっても同じ評価を下して差し支えないこと、贅言を要しないだろう。

内　容

つぎに、内容ごとに分類した結果を挙げておこう。東国の大名たちに適用したのと同じ分類法を敢えて用いてみると、表34のようになる。これによって全体の分布状況を眺めると、名誉系が六〇％以上と毛利氏の場合よりもさらに一段と高い率を占める一方、優遇系・命令系に属するものがほとんど見られない、という事態が見てとれる。また、安堵系の大部分は相続安堵によって占められている。

表34　内容ごとに分類　（単位：通）

	全体	親治	義長	義鑑	義鎮	義統
起請文・願文	5 (0.3%)	0	0	0	2	3
名誉系	1030 (61%)	20	22	232	289	456
感状	729	16	9	171	173	353
官途状	301	4	13	61	116	103
宛行系	341 (20%)	34	12	109	114	70
所領宛行	317	30	10	105	109	61
宛行約束	16	1	0	4	3	8
寄進	8	3	2	0	2	1
安堵系	244 (14%)	10	7	46	90	87
所領安堵	43	2	1	5	10	25
安堵	22	2	0	5	12	2
相続安堵	179	6	6	36	68	60
優遇系	23 (1%)	0	0	1	5	16
禁制	1	0	0	1	0	0
役免	22	0	0	0	5	16
命令系	3 (0.2%)	0	0	0	1	1
命令	1	0	0	0	0	0
掟	2	0	0	0	1	1
計	1690	69	49	394	505	654

名誉系が多く優遇・命令系はわずか、相続安堵が多い、というこれらの特徴は、いずれもさきに毛利氏と東国の諸大名たちとの違いとして指摘したところと全く一致する。すなわち、大友氏の文書の内容分布は東国大名と対照的で、毛利氏と同じ特徴を示すという、期待通りの結果が得られるのである。

なお、表34をさらに細かく眺め、各当主ごとの推移を追ってみると、優遇系（ほとんどが役免《やくめん》）・命令系の文書は義鎮の代以降にようやく登場してくることに気づく。東国大名に多いこれらの類の文書が、大友氏ではその政権の後期にようやくわずかばかり芽ぶいてくるに過ぎないというのも、興味深い現象である。

今一つ、その文書が出された理由・契機について統計をとってみると、戦功によって出されるというケースがかなり多いことがわかる。たとえば、所領宛行状三一七通のうち、発給の理由が文面に明記されているものは一三三通を数えることができるが、うち八〇通までが戦功に報いるために発給されたものである。他に相続安堵や役免の分野でも戦功を理由として発給されたものが目立つ。

ここで想起したいのは、東国の後北条氏や今川氏の所領宛行状などを観察した際、それが判物のスタイルで発給されている間は、戦功によって宛行う旨が文面にしばしばあらわれていたのに、印判状に切り替えられた途端にその種の文言が姿を消してしまうという事態が認められたことである。その際、こうした現象は、戦功への褒賞として所領宛行などの恩典を与えるという意識の低下を意味するものと考えてみた。してみると、東国では印判状化とともに薄れていったこの意識が、ここ西国の大友氏においてはいまだ脈々と生き続けていることになる。こんな意外な細部にまで東西の相違が読みとれることも、ここでのうれしい収穫である。

書　式

続いて、年記・書止文言の記しかたなど、書式面での検討結果をみておこう。

ここでの際だった特徴は、特定のスタイルの文書が全体のほとんどを占める、というその著しい均一性である。試みに数字を挙げてみると、

・年　記……無年記で月日のみを記すというスタイルが全体の九一％を占める。
・書止文言……「恐々謹言」が全体の八九％、それを含む書状系が九一％を占める。
・署　名……有署名が全体の九五％を占める。
・宛先に付ける敬称……「殿」が全体の八六％を占める。

という具合となる。「恐々謹言」で書き止め、月日のみを記し、署名をして宛先への敬称は「殿」を用いるというスタイルが大部分を占めるわけである。一例を掲げておこう。

豊前・筑前之事属二案中一候条、於二両国間一五拾町分坪付在二別紙一之事、預進之候、可レ有二知行一候、恐々謹言、

三月二日　　宗麟(花押)

小代殿

(「小代文書」坤　『増補訂正編年大友史料』二三、五二号文書)

なお、このスタイルからはずれるものは、おおよそ以下の四種にまとめられる。

・書下《かきくだし》年号—書止は体言止め—無署名……加冠及び名字の宛行状に特有の書式である。
・書下年号—書止「以上」—袖判……所領坪付《つぼつけ》に特有の書式である。
・書下年号—書止は如件系—「修理大夫」のように官途による署名……寺社宛ての文書の

一部にみられる。

・書止「かしく」—敬称「とのへ」……下級の家臣に宛てる時に用いられる。

これら、内容や宛先の限られた一部の例外を除けば、大部分が月日のみ—「恐々謹言」という、いわば書状スタイルをとっているわけである。

今まで訪問してきたどの大名においても類を見ないこの均一性のゆえんは何か。さきに、書状系の書止文言に触れ、東国の印判状大名に比べて毛利氏の書状系の書止文言の割合がはるかに高いこと、尼子氏や東国の佐竹氏の場合にはさらにそれより高率なこと、などを指摘して、書状系の書止文言の多寡は印判状大名か非印判状大名かの差異と連動し、これが多いことは大名と家臣の上下関係が比較的ゆるやかなことをあらわすのではないか、と考えてみた（一七七ページ）。この見通しに沿ってここでの事態を解読してみると、大友氏にあっては、大名と家臣との間に如件系の書止文言を用いるほどに強い上下関係がいまだ結ばれるに至らなかったため、書状系の書止文言が大部分を占めるという状態が現出したのではないか、と想定してみることができる。

この想定は、既に概況を見た際に、文書発給に大きなむらがあることから、コンスタントな領国経営が順調に行なわれたわけではなさそうだ、と予測したこととよく馴染む。また、内容分布を調べたとき、名誉系の文書が毛利氏よりも一段と多かったこととも関連がありそうだ。さらに、従来の大友氏の研究史において、専制的な権力集中を行ない得ず、家臣団の編成や行政機構の整備も不十分で、どちらかというと脆弱さが目につく政権というイメージが基調となっていることともよく符合する。

こうしたいくつかの状況により、とりあえずこの想定を受け入れてみたい。とすると、書状系の書止文言が大部分を占めるに至ったために、年記の方もそれと一番よく合致する無年記で月日のみを記すという書きかたに限定され、有署名で敬称も「殿」を用いるという鄭重な書式の書状スタイルの全盛を招いたのではないか、という予測を成立させることができるのである。

印判状

秀吉の勢力下に入ってからようやく印判状を用いはじめた毛利氏と異なり、大友氏の場合には、既に義鎮のときに二六通、義統に一九通、あわせて四五通という少なさながらも、ともかく戦国期に印判状の存在を検出することができる。これらの印判状の特徴について、さいごに触れておきたい。

内容・書式の両面からこれらの印判状を調べてみても、通例の判物との相違点は何ら見出されない。名誉系が多いことも書状スタイルの書式をとることも、判物と全く同じである。

唯一注目されるのは、これらの印判状の出された時期が著しく偏っていることである。義鎮のそれは天正三年から同十年までの間に集中し、しかもその間判物の方はわずかに一通しか出されていない。義統の方はもっと限定され、天正十三年閏八月から同年九月までの間に集中しており、同じ時期の判物はやはり二通しか見られない。

してみると、大友氏における印判状は、ある特定の時期に判物に替えて出されたものということになる。義統に家督を譲ったのちの義鎮が、自らの洗礼名「フランシスコ」を表象した印章などを証文・書状を問わず用いているのは、彼の思想・信仰との関連で説明できそうだが、義統において天正十三年の一ヵ月間を限って、ものものしい方形の大ぶりな朱印が忽然とあらわれて消えることの事情はいまだ審かにしない。

いずれにせよ、こうした一時的に登場するに過ぎない印判状にたいした意味を見出すことはできまい。大友氏の印判状の場合、東国の印判状大名において、あるいは秀吉の勢力下に入ったあとの毛利氏において印判状が大きな意義を担っていたこととは、全く事情を異にしていることが、ここに確認できるのである。

これで大友氏をめぐる検討を終る。概況に始まり、二頭政治期の状況、内容・書式などについて逐次みてきた。その結果、概況及び二頭政治期や内容の分布の検討によって、郷村宛ての文書がみられないこと、発給者と受取人の個人的な関係にもとづいて文書の授受が行なわれたこと、名誉系の文書が大半を占めること等がわかり、毛利氏と同様に個人的・人格的つながりに依拠することが大きく、東国の印判状大名たちとはその点で鮮やかな対照をなす大友政権の性格が浮かびあがってきた。それとともに、概況や書式の検討からは、コンスタントな文書発給がなされていないことや書状スタイルが大部分を占めることなどがわかり、毛利氏よりも求心性が弱くゆるやかな支配を布くにとどまっていたという推定も生まれてきた。

こうして、毛利政権との共通性と相違点とが析出されてくる。しかも、書状スタイルが多いという相違点は、東国大名に比べて書状系の書止文言がかなり多いという毛利氏の特徴をさらに極端にしたものと位置づけることができる。よって、共通性と相違点の双方ともに、大きく見れば毛利氏と同じ傾向を示すことになり、毛利氏で造形したモデルの普遍性を大友氏に問うという当初の目的は、ここにほぼ達成されたと言ってよいであろう。

しかしながら、ただ一つ両者の間には決定的な相違がある。毛利氏は豊臣政権の影響下に入ることで急激な変容を遂げていったのに、大友氏にはそうした変化がほとんど生じていないのである。わずかに、表33に見られるように、文書の発給量が減少傾向を辿ること、なかでも所領宛行状がいささか少なめになっていくことを指摘できるのみであり、名誉系を中心とした内容の分布も、書状スタイルが大部分を占める書式も、ともに大友氏が廃絶されるに至るまで変化することなく続いていく。命令系の文書の進出や書式の尊大化といった、毛利氏であでやかに生じたような現象は全くあらわれないのである。天正十五年に秀吉が九州を版図におさめてから文禄二年に大友氏が改易されるまで、七年間という少なからぬ歳月が経過していているにもかかわらず、大友氏の発給文書は変動の徴候を全く見せない。

何ゆえにかくのごとき彼我の差が生じたのか。豊臣の影響力の濃淡などという答えがすぐに浮かびはするが、秀吉は自ら九州の地に渡海して島津氏を制圧し、その後各地に傘下の武将を配して統治にあたらせている。こうした状況からみて、中国地方の毛利氏に比べて、九州では豊臣政権の影響力が極端に及びにくかったとはちょっと考えにくい。

とすると、要因は大友氏の側にあることになる。毛利氏よりもゆるやかな統制機能しか有していなかった大友政権には、毛利氏が行なったような、もしくは遠く東国の佐竹氏が敢行したような変革、豊臣の影響を背景として求心性の強い体制へと自らを組みかえていくという変革を断行するだけの力がなかったのではないか。そして、あるいはそれが朝鮮出兵を機に改易を招いてしまうことにつながっていったのではないか……、いまだ説得的な定説を得ていない大友改易の原因について、そんな風に憶測してみたい誘惑に駆られる。

そこで気になるのが、ひとしく九州の地にあり、しかも秀吉の直接の攻撃対象となりながら、首尾よく中世から近世への激動期をくぐり抜けた島津氏の存在である。彼に問うてみたならば、ひょっとしてこの憶測についての示唆が得られるのではないか。そんな下心も抱きながら、毛利氏モデルの普遍性を試す旅の次の目的地を、威勢よく噴煙をあげ続ける南九州の地に定めたい。

【島津氏】

概況

例によって、戦国期から近世初頭にいたる各当主たち、及び当主に準ずる立場にあった者たちの発給した文書を蒐集して一覧してみると、表35のようになる。

一見して気づくのは、一年にせいぜい数通程度しか見られないという、その発給量の少なさである。総計四五四通という蒐集量は、文書の残存状況の偶然性を計算に入れても、四〇〇〇通を越えた毛利氏や一七〇〇通近くを数えた大友氏に比べて、何分の一かの発給量しかなかったことを示していよう。

そうしたなかにあって、永禄末期以降やや増加が認められること、及び豊臣政権の勢力下に入った天正十五年（一五八七）から慶長五年（一六〇〇）頃までの間に、相当量の文書が集中して出されていること、の二点が興味を惹く。ことに後者は、豊臣政権下の大名となったことで、島津氏の文書発給の体制に少なからぬ変化が生じたのではないか、という示唆を与えてくれる。

そこで、天正十五年以前と天正十六年以後に全体を二分して、それぞれの発給状況の特徴をうかがってみると、同日に一斉に同文の文書が頒布されるという事例が、十五年以前には四／一六六通とほとんど見られなかったのに、十六年以後七八／二五九通に急増するという差異が知られる。この同日一斉頒布という事態は、東国の印判状大名たちはもちろん、西国の毛利・大友両氏にも頻繁に見られたことを考えるならば、それがほとんど見られず、かつ

宛先ごと

	天正15年以前	天正16年以後
寺社宛て	51	66
士宛て	107	184
郷村宛て	5	9
計	166	259

表35　五年ごとの残存量の推移

年代	西暦	通数
明応4～文亀2	1495～1502	4
文亀3～永正4	1503～1507	0
永正5～永正9	1508～1512	3
永正10～永正14	1513～1517	4
永正15～大永2	1518～1522	1
大永3～大永7	1523～1527	6
享禄1～天文1	1528～1532	8
天文2～天文6	1533～1537	7
天文7～天文11	1538～1542	7
天文12～天文16	1543～1547	5
天文17～天文21	1548～1552	6
天文22～弘治3	1553～1557	13
永禄1～永禄5	1558～1562	15
永禄6～永禄10	1563～1567	9
永禄11～元亀3	1568～1572	17
天正1～天正5	1573～1577	10
天正6～天正10	1578～1582	27
天正11～天正15	1583～1587	24
天正16～文禄1	1588～1592	63
文禄2～慶長2	1593～1597	42
慶長3～慶長7	1598～1602	86
慶長8～慶長12	1603～1607	16
慶長13～慶長17	1608～1612	18
慶長18～元和3	1613～1617	7
元和4～元和8	1618～1622	4
元和9～寛永4	1623～1627	4
寛永5～寛永9	1628～1632	9
寛永10～寛永15	1633～1638	10

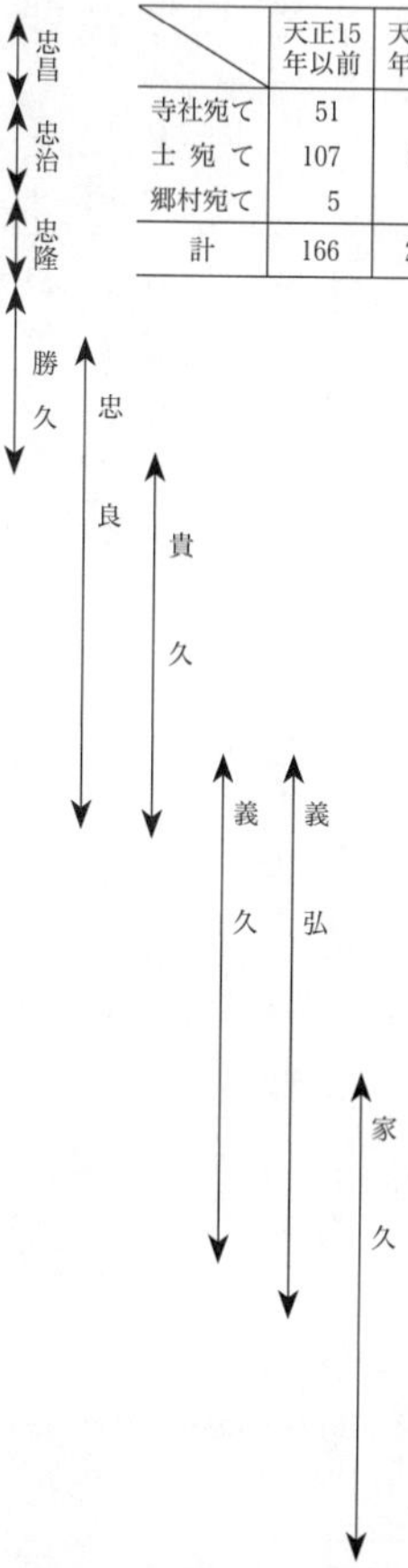

発給量自体も著しく少ない戦国期の島津氏は、他の戦国大名に比べて、その文書発給の体制がいささか未整備であったと推定してよかろう。

なお、ついでに表の右側に記した宛先ごとの分類結果を見ておくならば、天正十五年以前も十六年以後も士宛てが大部分であとは寺社宛てであり、郷村宛てはほんのわずかしか見られないという、毛利や大友とほぼ同じ状況であることが確認できる。しかも、天正十五年以前の郷村宛て五例は、いずれも琉球渡海を許可する過所《かしょ》を船頭に与えたもので、寺社宛てにも士宛てにも含められないため、とりあえず郷村宛てに分類したものに過ぎない。わずかながらも郷村宛ての文書が顔を見せ始めるのは、豊臣政権の勢力下に入ってからと考えた方がよいわけであり、この点でも毛利氏との一致を見るのである。

以上、戦国期には文書発給の体制が未整備で、かつ郷村宛ての文書も出されなかったのが、豊臣期以降にいたり変化して、文書発給が活発化し、郷村宛ての文書も顔を見せるようになる、というのが概況からわかることである。ここに見られる毛利・大友両氏との共通性と相違点をどう位置づけていったらよいか、さらに立ち入った検討を加えながら考えていこう。

二頭政治期

はじめに、「二頭政治期」の状況の検討からである。

さきほどの表35に図示したように、戦国期から近世初頭にかけて、島津氏にあっても、新旧双方の当主から文書が出されるという状態が何度か現出する。時としてそれは、二頭ならぬ「三頭政治」の様相すら呈する。この複雑な状況を解きほぐしていこう。

まず、勝久と忠良・貴久父子との間に文書が双方から並行して発給されるという事態が生じていることは、この両勢力が島津家の家督をめぐって相争ったという事情から容易に説明がつこう。

また、忠良と貴久の間でも、その治世の大部分にわたって並行して発給される状態が続くが、忠良の文書の内容をみると、その大半が起請文《きしょうもん》であとは寄進状《きしんじょう》などであり、所領宛行状などはほとんど見あたらない、というように著しく偏っている。少なくとも文書の上では、貴久の後見としての立場にとどまり、領国の施政の表面には登場していない様子がうかがえる。

義弘も同様である。彼の文書発給期も義久や家久と大きく重なっているが、その内容はやはり起請文・願文類が多く、所領関係の文書は慶長五年（一六〇〇）十月十日に諸士に一斉に四一通の所領宛行状を発給するという特殊なケースを除けば、ごくわずかしか見られない。

このように、文書の内容が起請文などに偏っており、「当主なみ」とはみなしがたい忠良と義弘をさしあたり除いて考えることとし、貴久―義久の間と義久―家久の間の二度の「二頭政治期」を検討の対象とする。

〈貴久―義久期〉

永禄五（一五六二）～元亀元年（一五七〇）の九年間に貴久から七通、義久から一九通出されている。これらの文書の受取人のうち、複数の受給文書を残している者は三名、そのうち、

・みな義久から貰っているケース　二名
・はじめは貴久、のち義久から貰っているケース　一名

である。

〈義久―家久期〉

文禄二（一五九三）～慶長十四年の一七年間に義久から四一通、家久から四〇通出されている。これらの文書の受取人のうち、複数の受給文書を残している者は一六名、そのうち、

・みな義久から貰っているケース　七名
・みな家久から貰っているケース　二名
・はじめは義久、のち家久から貰っているケース　六名
・両者から並行して貰っているケース　一名

である。

というわけで、双方とも、ことに後者の義久―家久期の検討により、いったん義久から文書

を貰ったら二度めの文書も義久のところに貰いにいく、というように、受取人によってどの当主に文書を貰いにいくかがほぼ決まっていたことがわかる。すなわち、毛利や大友で見たのと同様に、ここでも文書の授受が受取人と当主との個人的な関係にもとづいて行なわれていることが確認できるのである。

内　容

つぎに、内容ごとの分析に入ろう。天正十五年以前と同十六年以後とに二分して分類結果を示すと、表36のようになる。

表36　内容ごとに分類　（単位：通）

	天正15年以前	天正16年以後
起請文・願文	51（31%）	39（15%）
名誉系	19（11%）	14（ 5%）
感状	14	14
官途状	5	0
宛行系	53（32%）	87（34%）
所領宛行	26	61
宛行約束	7	8
寄進	20	18
安堵系	14（ 8%）	14（ 5%）
所領安堵	5	8
安堵	9	5
相続安堵	0	1
優遇系	6（ 4%）	9（ 3%）
禁制	0	0
役免	1	2
過所	5	7
命令系	3（ 2%）	41（16%）
命令	2	18
掟	1	23
計	166	259

まず、天正十五年以前についてみると、起請文が著しく多いこと、優遇系・命令系がごくわずかしかないことが見てとれる。このうち、優遇・命令系がわずかしかない、という特徴は、毛利・大友の両氏、さらには遠く常陸の佐竹氏にもあい通うものである。

また、起請文の多さは、これほど

甚だしくはないが佐竹氏にも見られたことであり、さきにこのことを、主君と家臣との間が印判状大名ほどに強い上下関係となっていないことの徴証と推定してみた（一二九ページ）。この機会に今少し視野を広げてみると、後北条・武田ら東国の印判状大名たちには家臣宛ての起請文はほとんど見られないのに対し、天正十六年以前の毛利氏には数十通の起請文の群れが存することに気づく。起請文の存在の有無と印判状大名か非印判状大名かの差異とは連動しているわけであり、さきの推定が裏付けられるとともに、ここ島津氏での豊富な起請文も、そうした非印判状大名特有の特徴を体現するものと位置づけることができる。

そして、さらに深入りするならば、起請文の存在の有無は、おそらく主君と家臣の上下関係の強弱のみではかたづかない問題を含んでいるであろう、ということに思い至る。主君から家臣に宛てて起請文が認められる場合には、通常その家臣から主君に対しても起請文が出されたであろう。こうした起請文を相互にとりかわすという行為は、生身の個人と個人が相対し、そこで契約をかわすという営みであり、その意味で個人的・人格的営みと性格づけることができる。さればこそ、身血をもって文面を染めるという作法も生まれたのであろう。個人的・人格的な趣が強い支配を展開した非印判状大名たちに、こうした営みがしばしば見られ、逆に非人格的・官僚制的と形容し得るような支配を布いた印判状大名たちには、この営みを行なった形跡がほとんど見られない、という現象は、こうした起請文の性格を念頭に置けば、じつに自然に理解できる。

果せるかな、豊臣期に至り、この個人的・人格的支配が大きく変容すると、毛利・島津ではごくわずかになり、佐竹では消滅するというように、家臣宛ての起請文は非印判状大名たちの世界からも退場していってしまう。

話がいささか先走った。もとへ戻ろう。島津氏の内容分布の特徴として挙げられる優遇・命令系の少なさ、起請文の多さは、いずれも他の非印判状大名たちとの共通性をあらわすものであることが確認できた。

その一方で、名誉系がさして多くなく、相続安堵も見られない、という相違点も見出される。これは、概況を眺めた際に指摘した文書発給体制の未整備と関連があるのかもしれない。

いずれにせよ、天正十五年以前の島津氏の文書の内容分布は、部分的な相違を含みながらも、他の非印判状大名たちとおおむねその特徴をひとしくするものと認めてよさそうである。

この様相は、天正十六年以後一変する。表に示したように、命令系が躍進し、起請文や名誉系は後退する。また、慶長五年に義弘により一斉発給された四一通の所領宛行状を引算して考えれば、宛行系も安堵系もともに減少方向へ向ったと言えよう。現に所領宛行・安堵状は、文禄末年頃に当主の手をほぼ離れ、奉行の連署状がこれに代るようになる。

命令系の躍進、宛行系・安堵系の減少と奉行への移管、いずれもさきに毛利氏のところで天正十六年、すなわち豊臣政権の勢力下に入った時点を境に生じた現象ときれいに一致する。秀吉の影響下に入ることを契機として毛利政権におこった変動と同質の変化——敢えて図式的に言えば、個人的・人格的な支配から非人格的・官僚制的な支配への変化——が、ここ島津氏にも訪れたのであった。

ただ、島津氏にあっては、この変化は毛利氏ほどに急激なものではなかったようだ。命令系が本格的に進出し始めるのは慶長期になってからであるし、前項で触れたように、義久—家久期という後期に至っても、個人的つながりにもとづく文書の授受が生き続けている。

また、毛利氏において各方面での変化の特徴を集中的に体現し、その意味で天正十六年を境とする変化の象徴とも言えた印判状も、ここではそれほどの迫力を持たない。ついでにそのようすを覗いておこう。

島津氏の印判状は、わずかな例外を除けば、次の二種のいずれかである。

・義久が文禄元〜二年を中心に用いた印文「義久」の朱印。所領の宛行・安堵・寄進など所領関係に用いられ、日下に奉行が連署したものの袖に加印するというスタイルをとる。

・義弘が慶長五年十月十日に一斉に所領宛行状を頒布する際に用いた黒印。印文未詳。日下に「維新」と自らの法名を記し、その下に捺すというスタイルをとる。

このように、島津氏の印判状は、その使用時期も用途もごく限られている。あたかも、豊臣期になって島津氏におこった変化が、毛利氏ほどには激しいものでなかったことを象徴するかのように。

書　式

戦国期の島津氏の支配の性格は、毛利氏や大友氏のそれとほぼ同様であること、豊臣政権の勢力下に入ることで毛利氏と同じような変化が生じていること、の二点を首尾よく確認できたところで、書式面からの検討結果を簡単に報告しておこう。

表37　年記・書止文言ごとに分類（単位：通）

		天正15年以前	天正16年以後
年記	有年記—干支あり—書下	51	17
	有年記—干支あり—付	15	4
	有年記—干支なし—書下	66	112
	有年記—干支なし—付	12	98
	無年記	19	27
	書下年号	117	129
	付年号	27	102
	有年記—干支あり	66	21
	有年記—干支なし	78	210
書止文言	書状系	17	21
	如件系	103	90
	うち		
	┌状如件	39	23
	└仍状如件	14	30
	「者也」など	44	147

ここで明らかになったことは二つある。一つは、天正十五～十六年を境として書式の各方面で著しい薄礼化が生ずることである。表37にまとめたように、年記の記しかたは書下《かきくだし》年号《ねんごう》から付年号《つけねんごう》へ、そして干支を記したものから記さないものへ、と鮮やかに変化していくし、書止文言も如件系が減少して「者也」

などが進出していく。

一方、署名の記しかたを調べると、「修理大夫義久」のように実名のみでなく官途も記した丁寧な書きかたは、天正十五年以前が四二／一六六通、十六年以後が三七／二五九通と減少していき、かわって文書の袖に判や印を据えるという尊大なスタイルが進出してくる。宛先に付される敬称も天正十五年以前は例外なく「殿」であったのに、十六年以後は「とのへ」も若干用いられるようになる。有署名―「殿」型から無署名―「とのへ」型へと目のさめるような変身を遂げた毛利氏ほどではないにしても、署名―敬称面でも薄礼化が着実に進行しているのである。

今一つ明らかになるのは、激しい薄礼化が襲う前の天正十五年以前にもゆるやかな薄礼化がひそやかに進行しつつあったことである。天正十五年以前の付年号二七通のうち一三通までは天正期以降のものであり、薄礼の付年号が天正期になってからようやく徐々に増加していったことが知られる。また、書止文言の「状如件」と「仍状如件」を比べると、年記や署名の記しかたから見て「仍状如件」の方が薄礼と認識されていたことがわかるが、天正十五年以前の「仍状如件」一四通のうち一〇通までが天正期以降に集中しており、これまた薄礼の書きかたの進出は後期になってからである。

豊臣期になってからの急激な薄礼化と、戦国期におけるゆるやかな薄礼化。ここでもまた、毛利氏で出会ったのとそっくり同じ現象に行きあたる。書式面の検討からも、島津氏が毛利氏とほぼ同じ道を歩んだことが確認できるのである。

これで島津氏をめぐる検討を終る。概況・二頭政治期・内容・書式と順を追って、島津氏の支配が毛利氏や大友氏とほぼ同様の個人的・人格的色彩の強いものであり、それが毛利氏と同じく、豊臣政権の勢力下に入ることを機に、非人格的・官僚制的なものへと変貌していくことを見てきた。

戦国期における文書発給体制の未整備、豊臣期に入っての変容がややおだやかめであること、など細部での異同はあるが、毛利氏で造形したモデルの普遍性を、わが島津氏も十全に保証してくれたと結論してよいだろう。

文中で「確認」という言葉を多用してきたように、ことの性質上、いささか単調に流れ意外性に乏しいきらいのある旅ではあったが、それでも起請文の位置づけという思わぬ拾いものもあった。量的にあまり大きな存在でないため、今までの考察では気づかなかったことを、文書の全体量が少ないために起請文が大きな比率を占めるにいたった島津氏が教えてくれたのである。

ところで、さきに大友氏の考察をしめくくる際、同氏がなぜ改易を招くに至ったのかについて、その支配の求心性の弱さから説明しようと試みてみた。今ここに描出されてきた島津氏の歩みと対置しながら、再びそのことを考えてみよう。

秀吉の軍勢が進駐してくる以前の大友氏と島津氏の状況は、ここで検討した限りでは、どちらもさして強力で完成度が高い政権だったとは言いがたい。大友氏が毛利氏に比べて求心性が弱くゆるやかな支配を布くにとどまっていたことは、書状スタイルが圧倒的なことなどを手がかりに、さきに考えた通りであるし、島津氏もまた、文書発給体制の未整備という状態を抱えていた。ただ、注目されるのは、ほとんど変動の見られない大友氏に比べ、島津氏には書式のゆるやかな薄礼化という現象が生じていることである。これは、戦国期の島津氏が少しずつ力を蓄え、家臣たちとの落差を少しずつ広げていこうという志向を持っていたことのあらわれと判断してよかろう。

この志向の有無が、その後の両者の運命に影響を及ぼしたか否かはわからない。ともあれ、秀吉の軍勢を迎えたあとの両者の歩んだ道は、互いに大きく異なっていた。大友氏が従来通りの体制を維持しようとしたのに対し、島津氏は毛利氏と同様、自らの支配を非人格的・官僚制的で強力なものに組みかえていこうという意図を露わにする。

この時に生じた両者の選択の差異。あるいはこれが、その後の両者の命運を決した一因となったのではあるまいか。天正十五年という時期に、秀吉という強力無比な後ろだてを獲得することに成功した大友氏と、圧倒的に優勢な天下人の軍隊を前に絶望的な抗戦を余儀なくされた島津氏。天地ほどに開いたこの時の両者の立場が、その後日ならずしてもろくも逆転してしまったことの不思議を、この選択の差異の結果として説明することはできまいか。

大友政権が旧来の体制の維持という選択をしたのは、文字通り「選択」なのか、それとも他に選択の余地がなかったのか、そこまではわからない。北進する島津勢に圧迫されて領国経営が既に破綻をきたし変革のすべがなかったのだろうか、あるいは秀吉の庇護下に入ったという安堵感が首脳部の判断を鈍らせてしまったのだろうか。

いっぽう、変革の道を選んだ島津氏のその後も決して平坦ではなかった。山本博文氏が一連の研究を通じて明らかにされているように、検地を実施して大名蔵入地を確保し、軍役体制を確立しようという試みは、領国内の混乱と抵抗に遭って、蹉跌と妥協を繰りかえす（「豊臣政権期島津氏の蔵入地と軍役体制」『史学雑誌』九二―六、一九八三年、のち『幕藩制の成立と近世の国制』校倉書房、所収）。そして、そうした状況下で、豊臣の路線を積極的に導入しようとする義弘らのグループと、それに批判的で現状維持を望む義久らのグループとの対立状態が政権の内部に醸成される（「豊臣政権下の大名領国――島津氏を素材として――」『日本史研究』二六四、一九八四年、のち『幕藩制の成立と近世の国制』校倉書房、所収）。氏に拠れば、義久らの路線は、「大名を頂点としつつルーズな在地領主勢力の連合を本質とする戦国大名体制を温存し、かつ豊臣政権からは独立の状態を保とうとする」（同書二七九ページ）ものだと言う。このように、豊臣の政策の導入の可否をめぐって政権内に路線の対立があったことは、大友氏の「選択」の背景を考える上でも示唆的である。

こうした、秀吉の政策の導入が領国内で激しい混乱と抵抗とを惹き起こしたという事態は、海を越えて突然にやってきたこの豊臣という体制が、いかに島津氏の従来の体制と異質だったかをよく例証していると言えよう。九州の地に咲いた二つの個性豊かな政権をそれぞれ襲った数奇な運命を思うとき、あらためて豊臣という体制がこの西国の地にもたらしたものの大きさを考えずにはいられない。

【大内氏・六角氏】

そろそろ、この西国の旅を終らせよう、と提案したら、早過ぎるという苦情をいただくだろうか。確かに後北条・武田・今川・上杉・佐竹と五ヵ国をまわった豪勢な東国ツアーに比べて、毛利を訪れたあと、尼子らをちょっと覗いてすぐ九州に渡り、大友・島津とみてきたこの西国巡りは、他に行きたいくにぐにも数多く残っており、去り難い思いが強い。けれども一方で、毛利氏によって得たモデルの普遍性を試す、という旅の当初の目的がほぼ達成された上は、すみやかに次の段階へ進みたいという希望も切なるものがある。

そこで、あと二ヵ国だけ駆け足で訪れて旅ごころをなだめ、それをもって西国の旅を終了させることとしたい。訪問先には、他大名に先んじて山口に繁栄の華を咲かせた大内氏、そして畿内に接する近江の地にあらわれた六角氏の二大名を選んでみた。

表38　内容ごとに分類　(単位：通)

	全体	義興	義隆	義長
起請文・願文	6 (1%)	3	2	1
名誉系	161 (29%)	58 (38%)	74 (26%)	29 (22%)
感状	92	37	41	14
官途状	69	21	33	15
宛行系	86 (15%)	19 (12%)	48 (17%)	19 (15%)
所領宛行	58	14	30	14
宛行約束	4	0	2	2
寄進	24	5	16	3
安堵系	161 (29%)	35 (23%)	62 (22%)	64 (50%)
所領安堵	59	13	21	25
安堵	42	9	13	20
相続安堵	60	13	28	19
優遇系	11 (2%)	4	5	2
禁制	5	2	3	0
役免	6	2	2	2
命令系	1 (0.2%)	0	1	0
命令	1	0	1	0
掟	0	0	0	0
計	562	153	280	129

大内氏の領国の一部は九州の地にも及ぶが、ここでは中国地域に残された文書の蒐集にとどめた。手抜きをしたわけであるが、全体の動向を知るのに支障はないであろう。

大内氏

まず、表38によって、義興―義隆―義長の三代にわたる発給文書の内容分布の特徴をうかがってみよう。

ここにも既に見慣れた光景が展開する。毛利・大友・島津・佐竹の各氏と同様、命令系の文書がほとんどなく優遇系もごくわずかみられるに過ぎない。毛利・大友・佐竹と同様、名誉系の文書がかなりの割合を占める。そして、毛利・大友と同様、安堵系のなかでの相続安堵の比率が高い。いずれも東国の印判状大名とくっきり対照をなす、非印判状大名に典型的な特徴である。郷村宛ての文書が一通もみられないことも付け加えておこう。

ついでに書式について一言しておくと、大内氏の場合、寺社宛てか士宛てかによってその書式を大きく使い分けているのが特徴である。寺社宛ての場合は、日下に「大宰大弐」など と官途名を署して花押を据えるスタイルをとる。いっぽう、士宛てに感状や官途状を与える場合は、署名はせず花押のみを日下に据えるスタイルが通例であり、同じく士宛てに所領安堵状や相続安堵状を与える場合は袖判を、所領宛行状の場合は袖判下文のスタイルをとる。

このような、宛先・内容による整然とした書式の使い分けは、中途で義隆が大府宣《だいふせん》という古風な様式を所領宛行状の一部に用いてみせる、などのわずかな変化を除けば、義興から義長まで一貫して続いていく。表による限り、時期による内容分布上の変動もさして生じていないこととあわせ、大内政権の支配の性格は途中であまり変動していないことがうかがえる。

かくて、簡単な観察ながらも、毛利の先駆者である大内氏において、既に典型的な非印判状大名型の支配が、それも安定的に展開されていたことを知りうる。東国の印判状大名たちが、その発展の途上で、印判状化という変革を通じて自らの支配の性格を大きく変容させていったのに対し、ここ西国ではごく初期から一貫して個人的・人格的支配が続けられていくのである。動の東国、静の西国と言えようか。

ちなみに、大陸への航路を辿って海に浮かぶ文書庫のごとき対馬島に宗氏を訪れると、この小さな島国のあるじもまた、加冠を証したり実名や官途を与えたりといった官途状類を旺盛に発給していたことがわかる。今に残されたその量の夥しさは、『長崎県史　史料編第一』が、三六四八通に及ぶ対馬藩蒐集文書全体の「凡半数を占める」というあまりの大量ぶりに困惑して、収録を断念してしまったほどだ（同書解題七ページ）。もって、この西縁の離島にも非印判状大名型の支配が布かれていたであろうと想定できよう。

六角氏

つぎに目を転じて、畿内に隣接する近江の国に六角氏を訪ねてみよう。嬉しいことに、ここにはたいへん頼りになる先行研究がある。宮島敬一氏が「戦国期における六角氏権力の性格――発給文書の性格を中心にして――」（『新史潮』五、一九七九年、のち『中部大名の研究』〈戦国大名論集4〉吉川弘文館、所収）において行なわれた、戦国期の六角氏の発給文書の蒐集・分類という作業がそれである。氏は、六角氏の文書を当主の発給したものと奉行人の連署奉書とに二分され、それぞれについて内容ごとに分類して考察しておられる。

この、本書にとってじつにありがたいお仕事の成果をほぼそっくりいただいて、表39を作成してみる。これを見てまず目にとまるのは、当主の発給文書と奉行人連署奉書の管掌する内容がきれいに使い分けられていることであろう。宮島氏も指摘されている通り、当主の発

表39　内容ごとに分類　　　　（単位：通）

	当主発給文書		奉行人連署奉書	
名誉系	約100		2	
感　状		約100		2
宛行系	4		10	
所領宛行		4		10
安堵系	4		48	
所領安堵		1		48
相続安堵		3		
優遇系	0		38	
禁　制		0		12
役　免		0		18
過　所		0		8
命令系	0		2	
命　令		0		2
書　状	約100		—	
計	220		115	

当主の感状と書状について、宮島氏は「ほぼ半数ずつ」とされるのみで具体的な数字を挙げておられない。ここでは便宜概数を推定して掲げておいた。

給文書は書状と感状が大部分で所領宛行状の類はほとんど見られないのに対し、奉行人連署奉書は所領宛行・安堵・禁制《きんぜい》など多方面にわたって用いられている。

今まで検討してきたどの大名にも類を見ない、この当主と奉行人の一種の分業状態が、なぜ突如ここに現出したのかは、よくわからない。あるいは室町幕府の影響によるものだろうか。いずれにせよ、こうした分業状態になっても、書状と感状が当主の手を離れなかったことは、この両者が大名の人格と深く結びついた文書であることを雄弁に物語っており興味深い。

さて、本書の関心に沿ってあらためて表39を眺めてみると、書状を別にすれば、もっとも量が多いのは感状であることに気づく。感状すなわち名誉系の文書が大きな部分を占めるのである。いっぽう、命令系の文書はほとんど全く見あたらない。名誉系が多く命令系が見られない、とくれば、既に何度となく見てきた、非印判状大名に典型的な状況である。ただ、優遇系の文書が少なからず見られる点は、他の非印判状大名と少しく相違する。

また、当主の発給文書がみな書状のスタイルをとることも注目される。大友氏にもっとも鮮烈にあらわれたように、書状スタイルないしは書状系の書止文言が多いことも、非印判状大名に共通する特徴のひとつであった。

さらに、文書の宛先を調べてみる。宮島氏の掲げられた「六角氏奉行人連署奉書一覧」には、「当庄名主百姓中」のように郷村に宛てて出された文書が少なからず散見される。しかし、これらのほとんどは、たとえば篠田庄内の地を黒川修理亮に対して安堵した文書の宛所が形式的に「当庄（＝篠田庄）名主百姓中」となる（『近江蒲生郡志』巻弐　四六八ページ）というように、文書の形式上郷村宛てになったものに過ぎず、実際には寺社なり士なりに与えられたものである。実質的に郷村クラスに宛てて出された文書は、今堀の商人宛てに出されたものを含めても、ごく一部に過ぎず、郷村宛ての文書がほとんど全く見られない、という非印判状大名の特性を六角氏も備えていると言ってよいであろう。

以上、名誉系が多く命令系がほとんど見られないという内容分布、書状のスタイルをとるという書式上の特徴、郷村宛てにはほとんど出されないという宛先の状況、いずれの面からみても、六角氏の文書は他の非印判状大名たちとその特徴を共有している。むろん、奉行人連署奉書が大きな位置を占める、優遇系の文書が少なからず見られるなど、独自の現象もいくつか認められるものの、大筋において、六角氏の文書の特徴は印判状大名と大きく相違し、非印判状大名とほぼ一致すると言えよう。すなわち、六角政権は他の非印判状大名たちとほぼ同質の支配を布いていたと推定できる。

「西国」とは呼びにくいこの湖畔の国においてもまた、非印判状大名型の支配の存在を確認することができるのである。

中括　東と西と

大名めぐりの旅はここで小休止、得られた成果をまとめながら、しばらく思案をめぐらすことにしたい。

どんな内容の文書をどんなスタイル・どんな書式で誰にどれくらい与えたのか……各大名に問うてきたのは、いわばその「文書相《もんじょそう》」であったと言えよう。どんな文書相をしているかを手がかりとして、それぞれの政権の性格にアプローチを試みるこの手法は、印判状《いんばんじょう》大名型の支配と非印判状大名型の支配という鮮やかな対照をなす二つの典型の析出として結果し、大きな収穫をもたらしてくれた。

それぞれのタイプの文書相の特徴をまとめておくと、

印判状型
・郷村《ごうそん》宛てにも積極的に出される
・「二頭政治期」は現出しない
・内容面では命令系・優遇系が多い
・書式はおおむね薄礼

非印判状型
・郷村宛てにはほとんど全く出されない
・「二頭政治期」が現出する

・内容面では起請文《きしょうもん》・名誉系及び相続安堵《あんど》が多い
・書式はおおむね厚礼

といった具合となる。ここから、印判状型は非人格的・官僚制的で強力な支配、非印判状型は人格的・個人的でゆるやかな支配、という結論を導いてきた。「人格的」「非人格的」などの形容は超歴史的で具体的なイメージが涌きにくく、許されるならば「印判状的」「非印判状的」といった手軽な用語に逃げ込んでしまいたいくらいだが、対照的な二つのタイプが存在することは、とりあえず認めていただけるのではないかと思う。

なかでも分析の中核となったのは、文書を内容ごとに分類する作業である。そこで、各大名の文書を内容ごとに分類した結果をまとめて、地図の上にグラフの花を華やかに咲かせてみよう。賑わいを添えるために、次章で扱う予定のみちのくの伊達氏の検討結果も先回りして載せてしまうこととする（図10）。

我ながらなかなか素敵な地図だ。しばらく眺めてみよう。まず東国の大名たちに目をやると、命令系＝黒く塗りつぶした部分と優遇系＝チェックで彩った部分が多く、名誉系＝白い部分は少ないことが確認できる。この特徴は後北条氏にもっとも顕著だが、武田氏も今川氏も上杉氏も同じ傾向を見せているし、初登場の伊達氏も黒こそ少ないものの白い部分が全くないからこの仲間に入れてよいだろう。白が少なくチェックと黒が多い、すなわちみな黒っぽいグラフを示す、黒の一族たちというわけだ。

いっぽう、西国の大名たちはまさに白の一族、名誉系の白い部分が大きな顔をしていて、優遇系と命令系はほとんどない、つまりチェックと黒はぺしゃんこの白っぽいグラフが軒なみ並んでいる。毛利・大内・大友みなしかり。島津氏も白こそ少なめだがチェックと黒はごくわずかだし、六角氏も白が大きく黒がほんの少し、さらに東国の異端者佐竹氏もやはり白っぽいグラフを見せている。

東の印判状大名たちによる黒い軍団、西の非印判状大名たちからなる白い軍団、美しい対照をなすこのパノラマを眺めていると、あたかもかのフォッサ・マグナのごとく、日本列島のまんなかにずんと一本線を引きたくなるのが人情だろう。

なお、ついでに豊臣政権の勢力下に入ったのちの各氏のグラフもつくっておこう（図11）。毛利・島津・佐竹の白い一族たちにも着々と黒の命令系の影が忍び寄ってきていること、もともと黒っぽい伊達氏にあってはその黒さにさらに拍車がかかっていくこと、が読みとれるだろう。時代は、白から黒へ、あらがいがたい激しさで動きつつあったのだ。

それにしても、ずいぶんあちこちの大名を回ったものだ。しみじみとこの地図を眺めていると、あらためてそれぞれの大名の相貌がよみがえってくる思いがする。印判状化により非人格的・官僚制的支配を展開していった東国の諸大名たち——順調な後北条氏、ひとあし遅れぎみの武田氏、大きく遅れた今川氏、中途で一大飛躍を遂げた上杉氏。いっぽう、印判状を用いず人格的・個人的支配を繰り広げた西国の諸大名たち——安定した毛利氏、やや求心

伊達氏

内容	通数（%）
起請文	7（ 3%）
名誉系	0（ 0%）
宛行系	66（31%）
安堵系	91（43%）
優遇系	23（11%）
命令系	4（ 2%）
計	210

上杉氏

内容	通数（%）
起請文	28（ 3%）
名誉系	134（16%）
宛行系	335（41%）
安堵系	67（ 8%）
優遇系	135（17%）
命令系	64（ 8%）
計	818

武田氏

内容	通数（%）
起請文	19（ 1%）
名誉系	139（ 9%）
宛行系	368（23%）
安堵系	281（18%）
優遇系	392（25%）
命令系	128（ 8%）
計	1581

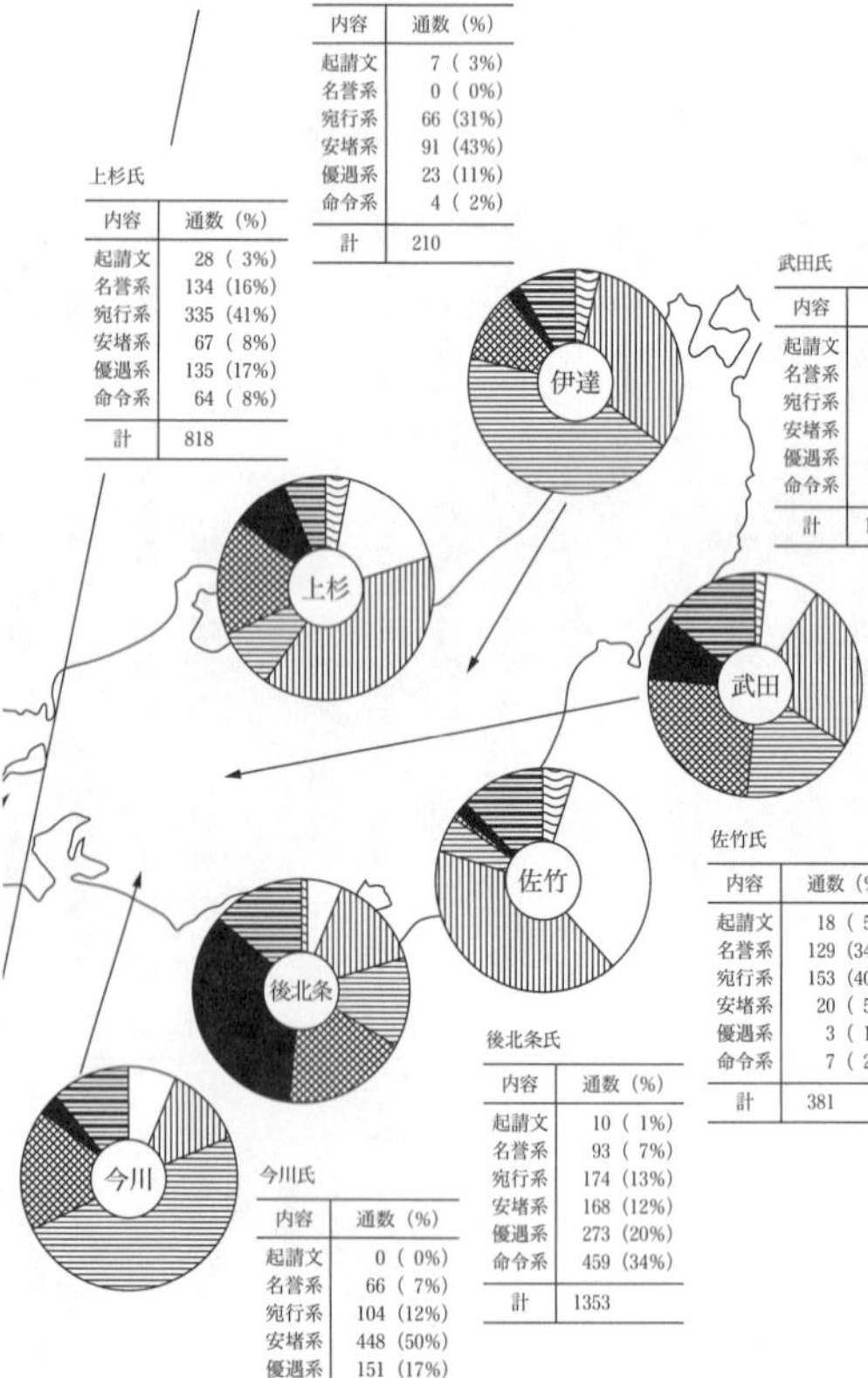

佐竹氏

内容	通数（%）
起請文	18（ 5%）
名誉系	129（34%）
宛行系	153（40%）
安堵系	20（ 5%）
優遇系	3（ 1%）
命令系	7（ 2%）
計	381

後北条氏

内容	通数（%）
起請文	10（ 1%）
名誉系	93（ 7%）
宛行系	174（13%）
安堵系	168（12%）
優遇系	273（20%）
命令系	459（34%）
計	1353

今川氏

内容	通数（%）
起請文	0（ 0%）
名誉系	66（ 7%）
宛行系	104（12%）
安堵系	448（50%）
優遇系	151（17%）
命令系	23（ 3%）
計	902

図10　列島の上にフォッサ・マグナを描く

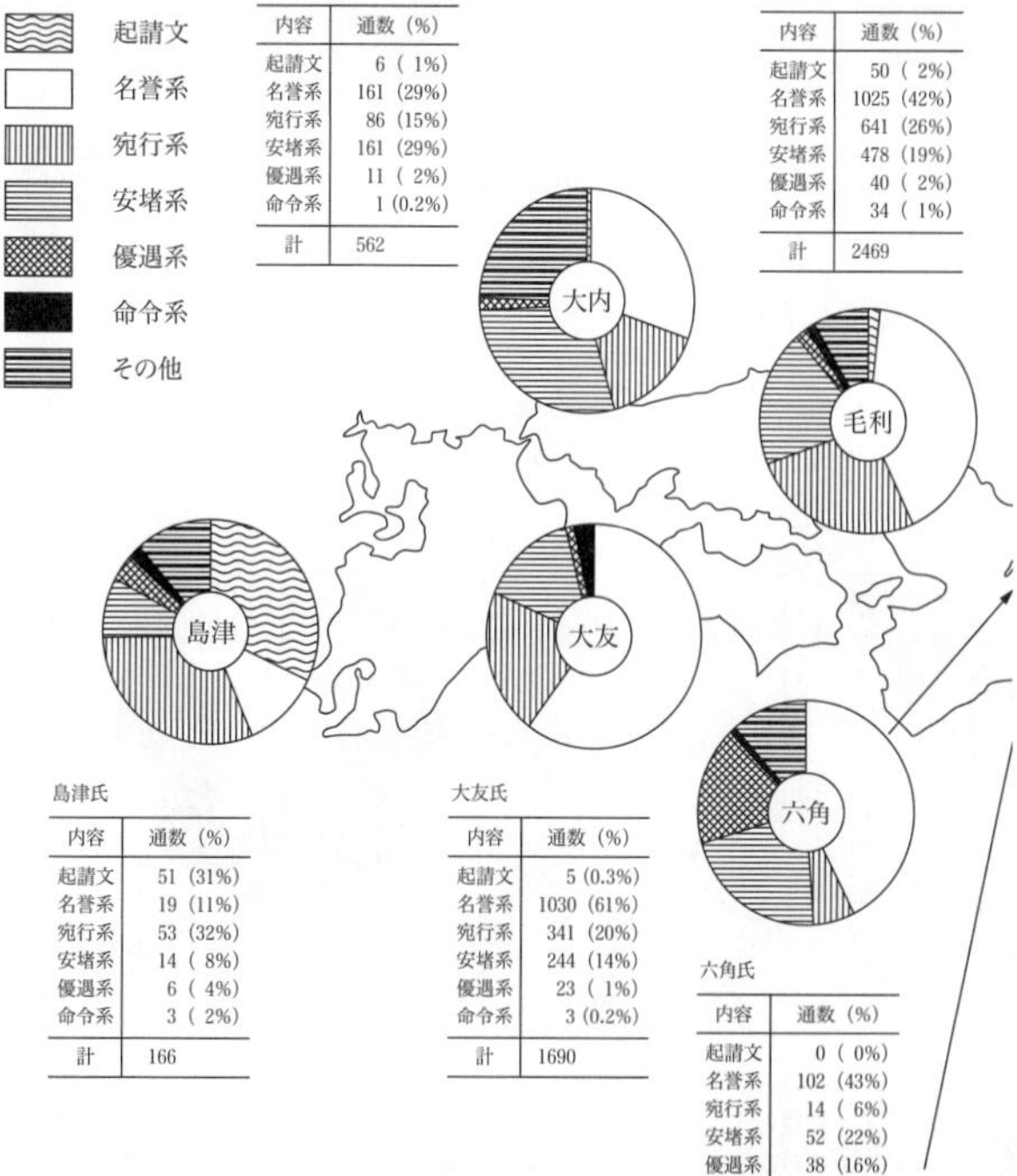

大内氏

内容	通数（%）
起請文	6（ 1%）
名誉系	161（29%）
宛行系	86（15%）
安堵系	161（29%）
優遇系	11（ 2%）
命令系	1（0.2%）
計	562

毛利氏

内容	通数（%）
起請文	50（ 2%）
名誉系	1025（42%）
宛行系	641（26%）
安堵系	478（19%）
優遇系	40（ 2%）
命令系	34（ 1%）
計	2469

島津氏

内容	通数（%）
起請文	51（31%）
名誉系	19（11%）
宛行系	53（32%）
安堵系	14（ 8%）
優遇系	6（ 4%）
命令系	3（ 2%）
計	166

大友氏

内容	通数（%）
起請文	5（0.3%）
名誉系	1030（61%）
宛行系	341（20%）
安堵系	244（14%）
優遇系	23（ 1%）
命令系	3（0.2%）
計	1690

六角氏

内容	通数（%）
起請文	0（ 0%）
名誉系	102（43%）
宛行系	14（ 6%）
安堵系	52（22%）
優遇系	38（16%）
命令系	2（ 1%）
計	235

図11　豊臣期以降の状況

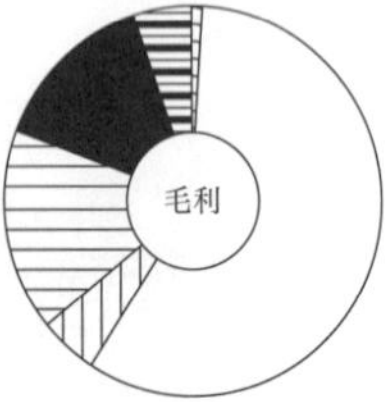

内容	通数（%）
起請文	15（ 1%）
名誉系	976（58%）
宛行系	86（ 5%）
安堵系	287（17%）
優遇系	5（0.3%）
命令系	218（13%）
計	1670

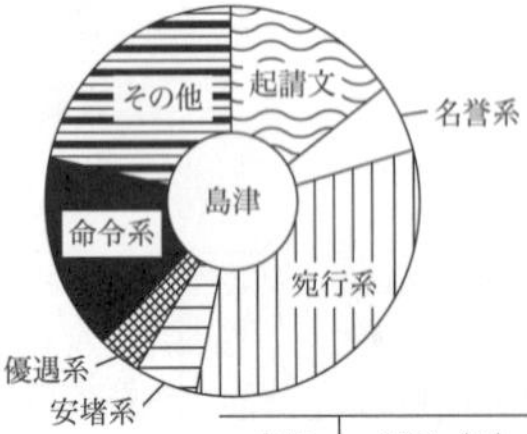

内容	通数（%）
起請文	39（15%）
名誉系	14（ 5%）
宛行系	87（34%）
安堵系	14（ 5%）
優遇系	5（ 3%）
命令系	41（16%）
計	259

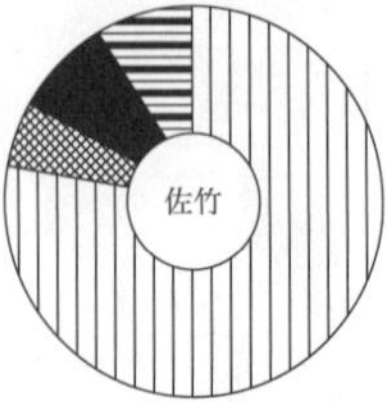

内容	通数（%）
起請文	0（ 0%）
名誉系	0（ 0%）
宛行系	111（78%）
安堵系	0（ 0%）
優遇系	7（ 5%）
命令系	12（ 8%）
計	142

内容	通数（%）
起請文	0（ 0%）
名誉系	0（ 0%）
宛行系	20（18%）
安堵系	1（ 1%）
優遇系	5（ 4%）
命令系	73（64%）
計	114

性を欠く大友氏、同じく未整備な体制の島津氏、あるいは尼子・大内・六角の諸氏、そして東国の異端者佐竹氏。

互いによく似ていて、同じ路線上の発達の遅速として説明しやすかった東国の印判状大名に比べ、西国では、毛利・大友・大内を典型とすれば、島津や六角はそれとはやや趣を異にするというように、非印判状的支配として括ることに支障はないものの、東国よりは大きな振幅を呈する。関東甲信越というように地域的に近接しているか、近江から薩摩までの大きな空間的広がりを持つか、の相違にもよるのだろう。

ところで、思い出に耽りながら地図を眺めているうちに、ふと気づいたことが一つある。優遇系の多寡の有する意味について、うかつにも今まで見落してきたということである。印判状大名と非印判状大名の文書内容の相違のうち、非印判状大名に起請文・名誉系が多いことはその人格的支配のあらわれの一端として、また印判状大名に命令系が多いことはその官僚制的支配のあらわれの一端として、既に何らかの説明を行なってきた（五四ページ、一八〇ページ、二〇二ページ）。だが、優遇系が印判状大名に多いことの意味については触れずじまいであった。

そこで、あらためて若干の考えをめぐらしてみよう。

優遇系としてまとめたもののなかみを順に見ていくと、まず禁制《きんぜい》。これの多寡の意味するところはよくわからない。この禁制という行為は、大名の軍隊の徴発や乱暴から在地の寺社や郷村を保護することを旨とすることが多い。軍隊の乱暴は印判状大名・非印判状大名どちらの領国にもあったであろうに、それを禁ずる文書が非印判状大名の方にはわずかしか見られないのはなぜか。あるいは、非印判状大名の領国内の寺社や郷村は、大名の保護を仰がずとも自力で自衛する力を有していたのであろうか。

次の役免《やくめん》の多寡の意味するところは明瞭である。役免の前提には役を課するという行為がある。段銭《たんせん》・棟別銭《むねべつせん》の賦課といった大名による徴税行為がさかんに行なわれたのか、それともあまり行なわれなかったのか。これが、役免を伝える文書の多寡として現象したと考えられる。

なぜならば、充実した徴税行為を行なった印判状大名とそうではない非印判状大名という対比が、従来の研究史の語るところとよく合致するからである。後北条氏の段銭・懸銭《かけせん》、武田氏の棟別役、今川氏の棟別から四分一役《しぶいちやく》に至るまでの多彩な役など、東国の印判状大名の課役については、豊富な史料をもとに今まで繰り返し論じられてきた。その結果、税の種類、賦課額とその増減の意味、収納機構、免除の特典がになった役割などなど、さまざまなことが明らかにされている。

いっぽう、毛利氏の課役については段銭・夫役《ぶやく》などが知られるが、段銭は大内氏の制度を引き継いだものに過ぎず、棟別役は賦課されていないなど、総じて徴税制度が積極的に展開されていたとは言いがたい。大友・島津両氏に至っては、さらに消極的なまま終っており、彼らの徴税システムにはどの研究もほとんど論及していない。

これら研究史の状況から見て、役免を伝える文書の多寡が恒常的・網羅的な徴税システムの有無をあらわしていることは、確実であろう。すなわちここに、印判状大名と非印判状大名のあらたな相違が明らかになる。むろん不徹底な側面をあわせもつにせよ、原則として領国一円に賦課する徴税システムが確立されているか否か。それは、政権の性格そのものが大きく相違していることを意味する。人格的・個人的支配を布く非印判状大名には、自らの直轄地以外の在地領主の領域に課税という行為を通じて影響力を及ぼすことが、ほとんどできなかったのであろう。他方、印判状大名の官僚制的支配にとっては、徴税システムの確立が必須の存立要件であったと推察される。

このことについては、他のことがらとも関連させながら、おいおい掘り下げていくこととして、さしあたり次の過所《かしよ》・伝馬《てんま》へと進もう。この多寡をめぐる印判状大名と非印判状大名の間の落差は、禁制や役免よりもさらに甚だしい。大友と大内には過所も伝馬も一通も見られない。毛利・島津・六角・佐竹にはごくわずかの過所が見られるが、伝馬は全く見られない。禁制や役免のように多いか少ないかという相違ではなく、有るか無いかという、より大きな相違がここにはあらわれている。

過所・伝馬いずれも大名の交通路支配に関わる文書である。したがって、これの欠如は非印判状大名たちが交通路支配をほとんど行なわなかったことを意味しよう。このことは、さきの徴税システムの確立の有無の場合と同様、研究史の状況からも追認することができる。東国の印判状大名たちが、専用の印章まで定めて伝馬制度の整備・拡充に意を用いたことや、戦時には荷留めなどにより周到に交通の統制をはかったことが指摘されているいっぽう、非印判状大名にはこうした事象は認められないからである。

そして、伝馬制度の有無は、交通路支配の問題にとどまらず、さらに興味深い論点へとつなげて考えていくことができる。この制度の趣旨は、領国の維持・運営のために必要な使臣・吏僚や物資の往来――後北条氏の言葉を借りれば「公用」――を、宿駅ごとに馬を設けることで保障しようというところにある。「公用」の遂行にかかる経費を政権の側で負担しようというわけだ。それまでの中世の政務遂行が、良く言えば手数料、悪く言えば賄賂というかたちでの受益者からの個別的な徴収に多くを依拠していたのに比べると、これは交通の保障という側面に限られたささやかなものながらも、実に意義深い転換であると言わなければならない。受益者から手数料を取らず、政権の財政から直接に俸給や経費の支弁を受ける「官僚」の萌芽がここには認められる。

各大名が伝馬制度の確立になみなみならぬ努力を傾けなければならなかったのも、この制度の革新性ゆえであろう。各宿駅での負担量や運賃を細かく定めて公示し、周辺の郷村の課役を免除して経済面での保障を試みるなど、種々の手だてを講じて、大名たちはこの制度の定着をはかっている。そして、印判状を所持しない者には、誰であろうと決して伝馬を出してはならぬという通達が後北条氏や上杉氏などで繰り返されている。むろんその裏には、依然としてその地位や顔にものを言わせて特権を享受しようとする者たちが存在したわけだ。人格的な「顔」から形式主義に徹することで恣意を排した無人格な制度へ、伝馬制度構築にみる大名の志向をこう位置づけることもできよう。

こうして、優遇系の多寡にこだわることによって、徴税システムの確立の有無、交通路支配の有無、さらには「官僚」誕生の有無というように、さまざまな角度から印判状大名と非印判状大名の相違を照らし出すことができるようになる。これによって、「人格的」「非人格的」という形容の意味内容も少しずつ豊かになってくる。

わけても、従来の研究史への参照という手段から得るものの大きさは目をひく。個別の大名についてそれぞれに蓄積された個々の研究成果を、印判状大名と非印判状大名の対比という大きな構図のなかにあらためて置き直してみることで、つぎつぎと興味深い論点が浮かび上がってくる。指弾されることの多い研究の個別分散化現象も、あながち捨てたものではない。

このことは、優遇系の多寡の問題を離れても言える。印判状大名と非印判状大名の研究史を見比べて、すぐに目につくのは検地論の相違である。東国の印判状大名たちについては、後北条氏の代替り検地、恵林寺領に詳細な姿をあらわした武田氏の検地、増分打ち出しの例が多数知られる今川氏の検地などをめぐって華やかに議論が展開されている。そこでは、各大名が領国内に検地を積極的に実施していく方針をとったことについては、おおむね了解されており、関心はもっぱら検地によって大名が定めた貫高《かんだか》の内実は何か、大名は加地子《かじし》掌握をなしえていたのか否か、といった点に向けられている。

他方、西国の大名については検地に論及されることがきわめて少ない。わずかに毛利氏の場合に、新征服地を中心に局地的に検地が行なわれた例が知られているに過ぎず、それも統一的な原則に律せられたものではないとされている。大友氏では検地の事例は見られず、島津氏も『上井覚兼日記』に若干見えるのみである。

検地を積極的に実施していった印判状大名と消極的部分的な実施にとどまった非印判状大名。これまた、徴税システムや官僚の有無とも関わる見逃しがたい相違である。

かたや、積極的に検地を行なって在地の掌握につとめ、それに基づいた徴税システムを確立し、あわせて交通路支配にも意を用いながら官僚を育成していくという路線をとった印判状大名。かたや、逆にいずれについても消極的な姿勢しか示さなかった非印判状大名。ここでの若干の検討によってわかってきたこの対比は、さきに各大名の文書相とにらめっこしながら四苦八苦して抽出してきた、非人格的・官僚制的で強い支配と人格的・個人的でゆるやかな支配という形容とよくなじみ、それを補強してくれるものである。

なお、図11に見えるように、豊臣政権の勢力下に入ったのちの毛利・島津・佐竹の各氏では、優遇系はごくわずかの位置しか占めない。これは、徴税体系の構築や交通路支配がなされなかったことを意味するのではなく、宛行《あてがい》系や安堵系と同様にこの分野の文書も奉行人の管轄にゆだねられた結果であろう。非印判状大名も豊臣の影響を受けたあとは、印判状大名とほぼ同じ道を歩むようになる、とかつて指摘したが（二二三ページ、一八〇ページ）、それは東国の印判状大名たちと全く同じ道ではなく、少なからぬ相違をも含むものであったようだ。

かずかずの印章たちの形状にも、そのことはあらわれている。戦国期の東国の印判状大名が用いた印章はいずれもかなり大ぶりのもので、虎や龍や馬をかたどるなどの意匠が凝らされることも多い。刻まれる文言も「真実」「如律令」「地帝妙」という具合に、抽象的な美句と相場が決まっている。色はごく一部の例外を除いてみな目の醒めるようなあでやかな朱色である。

ところが、非印判状大名たちが豊臣期以降あらたに用い始めた印章には、こうした派手やかさは微塵もない。おおむね小ぶりであり、色もほとんどが地味な黒ばかりとなる。むろん、動物をかたどることもない。そして、刻まれる文言は「輝元」「義久」のように、当主の実名《じつみよう》が多くなる。

この相違の意味するところは何か。朱が避けられ黒が選ばれたのは、秀吉の朱印への遠慮であろう。小ぶりで変化に乏しいのも、統一政権の下風に立つという状況のなせるところであろうか。

抽象的なスローガンではなく具体的な実名、この印文の相違は少しく興味を引く。ここで思い出されるのは、東国の印判状大名たちにも実名を刻んだ印章を用いた例があったことである。「晴信」という印を捺した武田信玄の感状《かんじょう》印判状（八二ページ）と「義元」印を用いた今川義元の所領安堵状（一〇一ページ）がそれである。両者はいずれも、判物《はんもつ》に近い性格を持った印判状と位置づけることができた。

とすると、非印判状大名が豊臣期以降用い始めた実名印は、彼らの発行する印判状に判物に近い性格が部分的に含まれていたことのあかしと考えうるのではなかろうか。大名の実名を刻することで人格的意味あいを残した印判状と言えるのではなかろうか。

それは、前代以来の人格的支配を払拭しきれず、いわば過去の遺物として現象したに過ぎないものであったのか、それとも豊臣期以降の新たな支配の性格の反映であるのか。一見前者の方が自然な発想のように感じられるが、近世に徳川の将軍たちが用いた印章が、家光以降いずれも実名印であることなどを見ると、後者の可能性が強いようにも思われる。想像をたくましくするならば、宛行系から命令系に至るまでの各種の文書の発給がしだいに非人格的な奉行人《ぶぎょうにん》機構に委ねられていくなかで、当主の管轄に残された文書には逆に人格的意味あいが強まるということがあったのかも知れない。毛利氏において、天正十六年（一五八八）以後かえって官途状《かんとじょう》類の発給が活発になったことが想起される。

印文についてはこれくらいにして、本題に戻ろう。印判状大名と非印判状大名の相違をめぐる旅の成果をまとめた上で、優遇系の多寡の意味を問うことを糸口に、いささかの具体的な諸相を補足するという作業を行なってきた。次の課題は当然ひとつしかありえない。印判状大名と非印判状大名の支配の性格は、なぜこのように大きく相違するのか、黒白にくっきりと分かれたこの差異の生じたゆえんは何か、を問うことである。

印判状大名と非印判状大名の支配の相違はなぜ生じたのか。この大きな問いを前にして、まず今までの本書の叙述のなかに手がかりをさぐることから、模索の歩みを始めたい。

さきに、東国の大名めぐりを終えるにあたって、なみいる印判状大名たちのなかでなにゆえに佐竹氏のみが非印判状的支配を布いたのかを問い、諸状況からみて、麾下の家臣たちとの力関係のありようがその一因ではないか、と考えてみた。家臣たちの力が強く、大名が彼らに対してさして大きな優越を保ち得なかったことが、佐竹氏が印判状的支配を行なえなかったゆえんであるというわけである。そして、印判状大名たちの印判状化の歩みの遅速も、この家臣との力関係、すなわち当主の家臣への優越の強弱によってある程度説明できるのではないか、と推論してみた（一二七ページ）。

また、毛利氏や尼子氏に書状系の書止文言《かきとめもんごん》が多いことの意味を問うた際には、益田氏の事例の助けも借りて、家臣との上下関係が比較的ゆるやかだったことのあらわれだという結論を導いた（一七七ページ）。これは、その後大友氏（一九一ページ）や六角氏（二一五ぺージ）でも確認されている。

あわせて、島津氏に起請文が多いことの意味を問うことを糸口に、非印判状大名に起請文が多いのは、やはり主君と家臣の上下関係が印判状大名ほど強くはなかったことをあらわしている、と考えたことも思い出される（二〇二ページ）。

してみると、さきの大きな問いに関して本書の貧しい成果のなかから読みとれるのは、どうやら大名と家臣との力関係のありようが印判状大名と非印判状大名を分岐させる一因となったという答えであるようだ。大名の家臣に対する優越が大きければ印判状的で強い支配、さして大きくなければ非印判状的でゆるやかな支配となるわけだ。

もっとも、ここではさしあたり「家臣」という呼び方をしてみたが、必ずしも狭い意味での家臣に限定する必要はなかろう。非印判状大名が書状系の書止文言などを用いた鄭重な書式の文書を出した相手は、士のみならず寺社にも及んでおり、逆に印判状大名は寺社宛てにも尊大な書式を用いたことを考慮に入れれば、家臣だけではなく領内の諸勢力全般と言い換えてもよさそうだ。大小の神社仏閣、大身小身の家臣たち、在地の土豪や村落などなど、治下のさまざまな諸勢力に対して、大名政権が保持しえた優越の強弱が、印判状大名と非印判状大名の分岐点となった、というわけである。

が、いずれにせよ、大名が身を置く政治環境を左右する直接の要因が、家臣の状況であることは動くまい。ここでどうしてもやってみたくなるのは、印判状大名と非印判状大名の家臣の規模の比較である。もし、印判状大名の家臣には小身のものが、非印判状大名の家臣には大身のものが多いということが確認できれば、ここでの仮説は頼もしい援軍を得ることとなる。

むろん、一つの大名について平均的な家臣像を構築することすら困難な史料状況のなかにあって、地域を異にし、制度を異にし、度量衡の単位までも異にするかけ離れた空間のなかに置かれたものを比較しようとたくらむのは、きわめて無謀なことには違いない。けれども、藁一筋の手がかりでも摑みたいという欲求も押えがたく、一つの試算を行なってみた。材料は、後北条氏の家臣の貫高のリスト「小田原衆所領役帳《やくちょう》」と毛利氏の惣国検地の結果をまとめた「八箇国御時代分限帳《ぶんげんちょう》」。以下「役帳」と「分限帳」と呼ぼう。

まず、「役帳」の方には、後北条氏の家臣五五六人が名を連ねている。うち一〇〇〇貫以上の知行高を有する大身の家臣は全体の二％にあたる一一名。この一一名の知行高の総計は一万九四六八貫で、「役帳」に記載された貫高の総計七万二一六八貫の二七％を占める（杉山博校訂『小田原衆所領役帳』二五六ページ所載の表、及び池上裕子「戦国大名領国における所領および家臣団編成の展開」『戦国期の権力と社会』一九七六年、東京大学出版会、のち『戦国大名の研究』〈戦国大名論集1〉吉川弘文館、所収、三七一ページ所載の表に挙げられた数値をもとに算出した）。

いっぽう、「分限帳」の方には、毛利氏の家臣二一一五人が登場する。うち五〇〇〇石以上の知行高を有する大身の家臣は全体の一・一％にあたる二三名。彼らの知行高の総計は三一万二〇四七石で、「分限帳」に記載された知行高の総計（ただし、「役帳」に条件をあわせるために直轄地の高を引いておく）六四万八六七六石の四八％を占める（利岡俊昭「天正末期毛利氏の領国支配の進展と家臣団の構成――「八箇国御時代分限帳」の分析を中心にして――」『史林』四九―六、一九六六年、のち『毛利氏の研究』〈戦国大名論集14〉吉川弘文館、所収、に挙げられた数値をもとに算出した）。

ここで、双方の条件を揃えるために「役帳」の家臣を上位一・一％に絞ると、六名で計一万三六八四貫となり、全体の一九％という数値が得られる。

すなわち、上位一・一％の家臣の有する知行高は、後北条氏では全体の約五分の一の一九％に過ぎないのに、毛利氏では半分近くに及ぶ四八％も占めるということになる。毛利氏の方がはるかに大身の家臣の占める知行高の割合が高い、言い換えれば、後北条氏より毛利氏の方が有力な家臣の去就が大名に脅威を与える可能性がはるかに高かったわけである。

一九％と四八％、これはあくまでも不十分なリストに頼った乱暴な概算でしかなく、数字信仰に陥ることは厳に戒められなければならないが、ひとつの試算としていささかの参考にはなろう。

ついでに、「役帳」や「分限帳」周辺の個別研究の成果を見ておきたい。

「役帳」からは池上裕子氏によって、大名による所領分散政策が読みとられている。一人の家臣のまとまった所領はせいぜい一郷を限度とし、いくつかの郡や国に所領を分散させることで、家臣が広範囲に領域支配を行なって独立性を保つことがないように配慮されていた、というのである（前掲論文三七二〜三七三ページ）。

これに対し、「分限帳」からは加藤益幹氏によって、有力国衆《くにしゅう》の独立性がかなり維持されていたことが読みとられている。領国全体の約三分の一の地域では、ひとつの郡が一人からせいぜい数人の家臣によって分割領有されており、大規模な所領が少なからず存在したことが知られる、というのである（「毛利氏天正末惣国検地について」『歴史学研究』四九六、一九八一年、のち『毛利氏の研究』〈戦国大名論集14〉吉川弘文館、所収、三一九ページ）。

後北条氏の家臣は郷単位の散在所領、毛利氏の有力国衆は郡単位の大規模な所領。研究史の語るところもまた、さきの試算の結果とよく合致する。

それに、「役帳」は永禄二年（一五五九）という後北条氏の領国展開の中期頃に作成され、同氏の最盛期の状態を反映しているわけではないのに対し、「分限帳」は毛利氏が豊臣の勢力下に入った天正末期の、惣国検地による大幅な知行替の済んだ後の状態をあらわしている、ということも忘れてはなるまい。史料の成立時期についてのこの条件の差異を考慮に入れれば、毛利氏と後北条氏それぞれの家臣の勢力の大小の落差は、ここで試算したよりもさらに大きなものであったことになるであろう。

こうして、ささやかな試算ながらも、印判状大名の家臣の方が非印判状大名のそれよりも小規模だったことを物語る結果が出てくる。したがって、印判状大名と非印判状大名に分岐する要因のひとつを大名と家臣の力関係のありように求めるここでの推論は、支持されてよいであろう。

なお、「要因のひとつ」などと曖昧な表現をしたのは、本書の貧しい枠組みの及ばないところには別の要因もあるだろうと予想したゆえであるとともに、東国の旅をしめくくった際にも述べたように（二二九ページ）、大名・家臣・領民のそれぞれが、与えられた状況のなかでどのような努力・営為を積むかによって、事態が左右される可能性を排除したくないと考えたからである。初期条件の相違がその後の展開のすべてを規定してしまうという機械的・公式的な発想はとりたくないと考えたからである。印判状大名のなかでの後北条氏と今川氏の差異、あるいは非印判状大名のなかでの毛利氏と島津氏の差異のように、それぞれの大名に固有の個性が見られることは、そのことのひとつの例証と言えよう。

さて、ここまで歩んでくると、従来信じられてきた戦国大名像にも大幅な修正を施さなければならなくなる。

まず、通説的な戦国大名像を挙げておこう。ここは、地べたを這うがごとき個々の研究成果を、高い見地に立って鮮やかに読み換え位置づけて、つねに理論と洞察に裏打ちされたみごとな体系を構築してみせ、羨望と怨嗟の的となっている法制史家石井紫郎氏に御登場願うのがよろしかろう。

近著『日本人の国家生活』（東京大学出版会、一九八六年）のなかで氏は、戦国大名権力の成立を一揆との関わりで説明しようとする勝俣鎮夫氏の所説の画期性を高く評価され、それを前提とした上でさらに、自立的な一揆と専制的な戦国大名との落差をいかにつなげるか、なぜ自立的な一揆のなかから専制的な戦国大名が生まれてきたのかを問い、絶えず上位権力を呼び出そうとする一揆自体の特性からそれを説明された（同書第三章）。

この仕事は、勝俣氏の所説の弱点を巧みに補ったすぐれたものであるが、本書にとって興味深いのは、立論の途上で氏が挙げられた具体例の選びかたである。すなわち氏は、一揆のなかから戦国大名が成立してくる過程を説明する際には、毛利氏や六角氏のような非印判状大名を事例として挙げられ、そうして成立した戦国大名の支配の展開ぶりを叙述する際には、武田氏や後北条氏のような印判状大名を用いておられるのである。

戦国大名の成立を説明する時には非印判状大名を、その展開を叙述する時には印判状大名を用いるというこの手法は、むろん氏の独創ではない。氏がその多くを依拠された勝俣氏の所説も同じ構造を持つ。

勝俣氏の戦国大名研究が集成された『戦国法成立史論』（東京大学出版会、一九七九年）の第二部「戦国法と大名権力」は、発表順に並べられた五つの論文からなる。第一論文「相良氏法度の一考察」では、肥後の大名相良氏の法廷が郡中惣《ぐんちゅうそう》の自立性に支えられた在地裁判権を前提とし、その上に存在するものであったことが述べられ、第二論文「六角氏式目の所務立法」では、六角氏の権力は加地子収取の確保のために結ばれた領主間の協約を保証するために、領主たちによって強権を付託されたものであったことが指摘される。

つづく第三論文「戦国大名今川氏検地の一事例」及び第四論文「戦国大名検地の施行原則」では、今川・武田・後北条各氏のとった検地政策が、荘園体制を否定し貫高制の構築を意図する画期的・革新的なものであったことが明らかにされる。

そして、さいごの第五論文「戦国法」では、以上の成果をも踏まえて、「一揆契約が戦国大名権力に吸収されていく過程を最も典型的に示す」（同書二四六ページ）毛利氏などで戦国法の成立を論じたのちに、それがゆきついた「国法《こくほう》」――大名個人の恣意を離れた、「国家」の意志の発動形態としての法――について、後北条氏を中心に武田・今川をも用いて詳説する。

総じて、戦国大名と在地との関わりや在地に支えられて戦国大名権力が成立してくる様相を示すときには非印判状大名が、その権力が一個の国家として超然と歩き出していく様相を示すときには印判状大名が用いられる、という構造となっているわけである。

既にお気づきであろう。毛利・六角・相良氏らを素材として造形されてきた、在地領主の自立性を前提とし、彼らの一揆的結合の盟主という性格を色濃くひきずった政権というイメージが、本書で行なってきた非印判状大名の人格的・個別的でゆるやかな支配という性格づけとよく整合し、後北条・武田・今川氏らを素材として造形されてきた、大名の恣意を超えた「国家」という理念に基づき、「国法」による行政を布いた政権というイメージが、やはり本書で行なってきた印判状大名の非人格的・官僚制的で強い支配という性格づけとよく符合することを。そして、前者から後者への発展として戦国大名を説明しようとする論理構造は、前者と後者は互いに異質なものとして並存していたことを明らかにした本書の考察によって、無惨にも崩壊してしまうことを。

一揆の自立と戦国大名の専制と。この異質のものをつなげるために先学の苦心が重ねられ、さまざまな成果が挙げられてきた。六角氏や毛利氏をめぐって明らかにされてきたように、一揆の「自己否定」(前掲勝俣氏著二四七ページ)のなかからある程度の専制が生まれてくるのは確かであろう。だがそれは、東国の印判状大名たちが展開したような、近世へとつながる徹底した専制では断じてありえない。これは一揆とは全く別の土壌に育ったものとみるべきである。

では、それはいかなる土壌か。それこそ、さきほど推定した小規模で弱体な家臣層という状況であろう。有力な重臣がおらず、家臣に対する優越を確保しやすいこの状況は、大名政権が発展・肥大していく上では恰好の沃野となる。

と同時に、小規模な領域支配しか実現し得ない家臣たちにとっても、強大な政権の必要性は切実であったろう。大規模な治水・開墾、いずれも強力な大名政権の手を待たなければなしえない大事業であった。ひとり御勅使《みだい》川の信玄堤にとどまらず、規模の大きな土木事業の遂行は、東国の印判状大名に特徴的に見られる政策である。このことは、彼らの強さの表徴であるとともに、彼らがになった使命と責任の重さをもあらわしていると言えよう。

非印判状大名と彼らとの文書相の相違のひとつに、郷村宛てに文書を出すか否かという点があったのは、まさにこの点に関わる。郷村レベルに直接命令を下す、すなわち郷村を直接支配の対象とする政権は、郷村の保全にも直接の責任を負わなければならない。領主を介して間接的にしか郷村と関わらない非印判状大名とは、使命と責任のありかたを全く異にするのである。

雑駁な見通しに過ぎないが、おそらくはこのような状況が印判状大名の国法支配の背景をなしたであろうと推察される。これは、有力家臣の勢力が強く、一揆連合の盟主という立場から出発せざるを得なかった非印判状大名とは、全く異なる土壌である。この土壌の上に、非人格的・官僚制的で強力な印判状的支配を布く政権——積極的に検地を行ない、交通を統制し、徴税システムを整備して仮借なく多額の租税を取り立てる苛烈さと、その代償として、大規模な土木事業を行なったり、官僚に必要経費として伝馬を支給してくれたりする親切さとをあわせもつ政権が、開花したのであった。

してみると、さきに（二二三ページ）解答を出せなかった印判状大名に禁制が多いことの意味も、この「親切さ」の一環として読み解くことができよう。

なお、「国法」という表現が出たついでに、分国法の状況を全国的に俯瞰してみると、これまた印判状大名と非印判状大名の間に大きな相違が見られる。印判状大名の方は、後北条氏が現存はしないものの分国法を制定したことが確認されている（小和田哲男「戦国家法研究への提言――「伊勢宗瑞十七箇条」の確定をめぐって――」『歴史手帖』四―五、一九七六年、のち『後北条氏研究』吉川弘文館、所収）ほか、武田の「甲州法度之次第」、今川の「今川仮名目録」と堂々たる法典を有していることが多い。次章で触れる東北の印判状大名の伊達氏も大部の「塵芥集」をつくっている。

これに対し、非印判状大名の方は、毛利・大友・島津・佐竹いずれも分国法を制定した形跡は見られない。非印判状大名が有した分国法の例もいくつか知られてはいるが、相良氏の「相良氏法度」と六角氏の「六角氏式目」はともに一揆の法を継承したという側面が強く、大内氏の「大内氏掟書」は個別に出された法令を編集したものに過ぎない、というように、東国の法典とはその性格を大きく異にする。

総じて、大名の恣意ではなく法による支配という統治理念は、印判状大名においてのみ顕著な発達を遂げたと言えよう。「非人格的」支配たるゆえんである。

旅の成果、すなわち印判状大名と非印判状大名の相違をまとめ、補足を加え、両者の差異が生じたゆえんを問い、それをもとに従来の戦国大名像を修正するという道程を経てきた。とうとうさいごの問いかけとなる。印判状大名と非印判状大名の相違が麾下の家臣の規模の大小に起因すると推定できるならば、その家臣の規模の大小は何に起因するのか。なぜ、印判状大名の家臣は小規模、非印判状大名の家臣は大規模という差異が生じたのか。

情けないことに、この問いに対面して私の貧しい想像力は立ちすくむばかりである。西国は中世的社会関係が既に成熟していた「先進地帯」であり、領主たちもそのなかで安定した位置を占めていたが、東国は「後進地帯」ゆえに領主たちの置かれた状況も流動的で不安定だったのではないか……などと言う、ばくぜんとした考えしか浮かんでこない。

why＝「なにゆえに」という問いは、つねにhow＝「いかにして」という問いに置き換えて解いていかなければならない、という定石に鑑みれば、「いかにして」という問いを、もっといくえにも積み重ねていく必要があるのだろう。本書のなかではその努力を行なう余裕は持てそうもないが、今後の課題として背負っていきたい。

三　東北の小宇宙

東国・西国と各大名の文書相《もんじょそう》を問う旅をし、その成果をまとめる作業をとりあえず終えてみると、次の関心はおのずと統一政権のありようへと向かう。天下人たちはどんな文書相をしていたのか。西国の非印判状《いんばんじょう》大名たちを一挙に東国の印判状大名と同様の非人格的・官僚制的支配へとひきずりこんでいったあの巨大な力は、どこから生まれてきたのか。

しかし、それを問う前に、もうひとつだけ小さな旅をしてみたい。行き先は東北地方、東国とも西国とも異なる不思議なたたずまいを見せるくにぐにである。

この旅には今までとは異なった新しい趣向を二つほど凝らしてみた。

一つは、戦国期にこの地域に存在した大名で、わずかでも発給文書を残し、その文書相をうかがいうるものは、規模の大小、存続時期の長短を問わず、すべて訪問してみよう、という方針をとったことである。物騒な形容をすれば「じゅうたん爆撃」とでも言うべきこの方法によって、東北というひとつのまとまりを持った地域全体の様相をまるごと視野に入れようともくろんでみる。

もう一つは、今まで検討の対象からはずしてきた書状にも目配りをしてみたことである。証文と書状の双方を検討の俎上に載せることで、大名が発給した文書全体をまるごと視野に入れようともくろんでみる。

このように二つの方向で、これまでの旅よりも視野を拡大する試みを行ないながら、行程を進めていきたい。まず大物の伊達氏を訪れ、そのあとで、二〇氏にのぼろうかという各地の諸氏をまわることとしよう。

【伊達氏】

稙宗・晴宗・輝宗

戦国末の奥羽に絢爛たる光芒を放ったあの独眼竜が颯爽と登場する以前、彼の父祖たちはどんな支配を展開していたのか。まずは、その様子から見ていきたい。

あとに二〇氏以上の奥羽大名たちが控えている、ここは一息にかたを付けてしまおう、というわけで、各当主の発給文書の量・宛先・内容分布・書式とやたら欲張って詰め込み、表40をつくってみる。

これによって稙宗・晴宗・輝宗三者の状況をうかがってみると、それぞれ多少の異同はあるものの、総じて、あい似通った特徴を呈していることが読みとれる。宛先はいずれも士宛てのものが大部分を占め、残りは寺社宛てである。内容はいずれも宛行《あてがい》・安堵《あんど》系に席巻されており、わずかに役免《やくめん》が一部に見られるのみで、起請文《きしょうもん》や名誉系は全く姿をあらわさない。年記《ねんき》の記しかたも書下年号《かきくだしねんごう》ばかりである。

こうした三者の著しい共通性が目につく反面、注意深くみると若干の変化・動きにも気づく。ひとつは書止文言《かきとめもんごん》が「仍《よって》為後日証状如件《くだんのごとし》」中心（稙宗）から「仍証文如件」中心

表40　各当主の発給文書の状況　　(単位：通)

項目＼当主	稙宗	晴宗	輝宗	政宗		
				判物	印—前期	印—後期
総数	63	52	15	21	59	114
宛先 寺社	8	4	4	0	11	2
宛先 士	55	48	11	21	40	104
宛先 郷村	0	0	0	0	8	7
内容						
起請文	0	0	0	7	0	0
名誉系	0	0	0	0	0	0
宛行系	7	24	3	5	27	20
所領宛行	5	23	3	4	23	20
宛行約束	1	0	0	1	0	0
寄進	1	1	0	0	4	0
安堵系	52	20	5	3	11	1
所領安堵	50	18	3	2	8	0
安堵	2	2	2	1	3	1
優遇系	4	6	3	0	10	5
役免	4	6	2	0	3	2
過所	0	0	1	0	5	0
伝馬	0	0	0	0	2	3
命令系	0	0	0	2	2	73
命令	0	0	0	2	2	64
掟	0	0	0	0	0	9
年記 書下年号	60	50	15	14	32	7
年記 付年号	2	0	0	5	21	104
年記 無年号	1	2	0	2	6	2
書止文言						
「仍為後日証状如件」	53	19	3	3	1	1
「仍証文如件」	8	30	1	5	25	0
「仍如件」	1	1	10	7	23	94
その他	1	2	1	6	10	19

(晴宗)、そして「仍如件」中心(輝宗)へと、しだいにシンプルなものに変っていくことである。

今ひとつは、表には載せなかったが、印判状がごくわずかずつながら進出していくことである。稙宗期に全くみられなかった印判状は、晴宗では五二通のうちに二通みえ、輝宗では一五通のうちの三通に増える。しかも、晴宗のときには日下《につか》に署名をしてから印を捺しているが、輝宗になるとより印判状らしく、署名はせず印のみを捺すようになる。

さらに、新旧両当主から並行して文書が発給される状態、すなわち「二頭政治期」の有無を調べてみると、稙宗—晴宗間には存在するが、晴宗—輝宗、輝宗—政宗間になるとみられなくなることが知られる。

以上、書止文言のシンプル化、印判状の進出、二頭政治期の消滅という三つの動きが検出できる。二頭政治期は非印判状大名に特徴的なものであったわけだから、これの消滅と印判状の進出は、ともに印判状大名的な性格が少しずつ強まっていくことを示す現象として理解できよう。非印判状大名に多い起請文や名誉系や相続安堵が全く見られない、という内容面での特徴も、この時期の伊達氏が、どちらかと言うと印判状大名的な性格の方が強かったことを示唆しており、この理解と合致する。とすると、おそらく書止文言のシンプル化なる現象も、同じ指向性を持つものなのだろう。

伊達氏におけるこのような印判状大名的な性格は、天正十二年(一五八四)に家督を嗣いだ政宗を迎えて、一挙に開花することとなる。それでは、わが独眼竜殿に御登場願うこととしよう。

政　宗

何を措いてもめざましいできごとは、政宗の治世となった途端に、判物《はんもつ》から印判状へと証文のスタイルが全面的に改められたことである。表40に示したように、判物は片隅に追いやられてしまい、内容も起請文などに限られるようになる。時期も天正期に著しく偏り、文禄以降に出されたものは、わずか二通しかない。

こうして姿を消していく判物に代って、印判状が一躍主役の座におどり出る。この印判状の使いぶりが、また実に政宗らしい。無慮二〇種に及ぼうかという多彩な印章を自在に操って、時期により用途により細かく的確に使い分けて見せてくれるのである。その精緻にして華麗な印判状の体系を追いながら、この時期の伊達政権の性格について考えてみよう。

〈前　期〉

天正十八年、豊臣の威令がついに奥羽をも律するようになり、翌十九年政宗は本拠地米沢を去って岩手山へと国替えを命ぜられる。この国替えが、伊達氏の戦国と近世を分つ転換点である。そこで、この時を境に前期と後期に二分して検討していくこととする。ただし、三通の印判状しか見られない文禄年間は、説明の便宜上、前期に含める。

さて、前期には六種の印章が用いられている。

もっとも使用例が多いのが、①（以下、印章の番号は二五〇〜二五一ページの一覧による）の「龍納」朱印で、政宗の治世の初頭以来前期を一貫して、所領の宛行や安堵など知行関係の証文に専ら用いられた。他の印が通例署名をせずに印を捺すだけだったのに比し、この「龍納」印は「政宗」と署した下に押印するのを特徴とする。

なお、ひとしく所領宛行状であっても、天正十四年九月五日に諸士に対して一斉に頒布された際に限り、②の「政宗」黒印が用いられ、また、初期に③の黒印を使ったケースが一例だけ見られる。

いっぽう、過所《かしょ》や伝馬《てんま》など交通関係の指示の場合には、天正十五年に④の「福宝」朱印、翌十六年以降文禄年間に至るまでは、威風堂々たる⑤の獅子黒印が据えられている。そして、⑥の「威伝」朱印は、他国の大名に対する外交方針をまとめた覚書を受け持っていた。

用途と時期によるこのような印種の使い分けは、じつに整然と行なわれ、ほとんど例外を見出せない。わずかに、天正十八・十九両年の安堵状に、④「福宝」と⑥「威伝」が一例ずつ見られ、当時の混乱した政治状況をしのばせるのみである。

前代まで印判状を用いるという慣行がほとんど成立していなかったにもかかわらず、かくも全面的かつ整然たる印判状発給の体制が短時日のうちにつくりあげられたことは、一驚に

①

②

③

④

⑤

⑥
⑩

⑦

⑧

⑨

⑪

⑫

⑬

⑭

⑮

⑯

⑰

⑱

価しよう。伊達氏において政宗期がになった革新性の大きさを、それは十分すぎるほど派手に物語ってくれる。

それでは、その革新性とはどんなものだったのか。さきに作成した表40を眺めながら今少し掘り下げておこう。

まず、宛先の欄を見ると、前代までは見られなかった郷村宛ての文書が姿をあらわしている。郷村宛ての文書の存在の有無が、印判状大名と非印判状大名をわかつ大きな指標であることは、既にくどいほど触れてきたところである。

つぎに、内容の分布を見ると、優遇系の文書がかなり進出してきている。なかでも過所・伝馬という、前代までほとんど見られなかったジャンルが伸びてきたのが目をひく。④・⑤といった専用の印章の存在も、このジャンルの普及ぶりを裏書きしよう。

さいごに、年記の書きかたを見ると、付年号《つけねんごう》が進出して書下年号を圧迫していくという、薄礼化現象が起きている。

郷村宛て文書の登場、優遇系の進出、薄礼化。今までの本書の考察に照らしてみれば、これら諸方面での変化が何を意味するのかは明瞭だろう。政宗に率いられた伊達氏もまた、東国の印判状大名たちが辿ったのと同じ道、印判状化によって非人格的・官僚制的で強力な支配を布く政権へと変貌していく道を、時期的には彼らより何十年も遅れながらも、元気いっぱい邁進しつつあったのである。

ただ、この印判状化があまりに劇的であったせいもあってか、命令系の文書の進出がほとんど見られない、①の「龍納」朱印は署名を記すのを原則とする、すなわち、武田氏の感状《かんじょう》印判状がそうであったように（八二ページ参照）、判物的性格をいまだひきずっている、といった不徹底な部分も一部に見られる。

さて、政宗期に遅ればせながらも鮮やかに開花したこの印判状発給の体制、そしてそれに支えられた印判状的支配は、統一政権の侵攻という荒波をかぶったのちには、どんな状態となるのだろうか。後期へと目を移そう。

〈後　期〉

そこには、豪華絢爛たる世界が待っている。何と独眼竜殿は、一二種にも及ぶ印章をにぎにぎしく披露してくれるのである。その印章群を一見してすぐ気づくのは、朱印が中心だった前期とはうってかわって、黒印ばかりとなることである。すなわち、

前期　五九通のうち　朱印四二通　黒印一四通　不明三通
後期　一一四通のうち　朱印なし　黒印一一二通　不明二通

という具合に、朱の世界から黒の世界へ、色鮮やかな転換が行なわれる。これは、さきに中括で指摘したところ（二二九ページ）との一致をみるとともに、前期と後期の間におこった変動の激しさをもうかがわせる。

では、一二種の印章を順次紹介していこう。

⑦から⑩までの四種の印章は、いずれも慶長五年の租税請取状にみえるもので、⑦・⑧は同年五月以前、すなわち政宗がいまだ長い在京生活を続けていた時期に、⑨・⑩は五年ぶりに仙台に帰国した後に用いられた。⑦は役金・役銀の請取に、⑧〜⑩は年貢金の請取に、というように、受納する品目による使い分けもなされていたようだが、それぞれ使用例が一・二例ずつしか見出せないため、詳しいことはわからない。

ただ、⑩が既に前期に登場した⑥「威伝」朱印を黒印に替えて用いたものであることが、興味をひく。前期の六種の印がすべて姿を消したなかにあって、これのみが生き延びていることは、後期初頭があらたな印判状体制を構築する上での模索期にあたり、既存の印章を臨時に用いたこと、そして、その際わざわざ朱印を黒印に改めるほどに朱印使用へのタブーが厳しかったことを示唆しよう。

⑪と⑫は、やはり慶長五年から翌六年にかけて、奉行《ぶぎょう》に対して代物の支払いを命ずる際に用いられたもので、⑫の方は鷹関係の支出専用だったようだ。⑪はつねに花押《かおう》とセットで用いられるのが新趣向であり、同時に印判状化の不十分さのあらわれとも言えよう。

慶長六年正月にいたってようやく、これらの事務処理用の地味な印とは異なった立派な⑬が登場し、役免や伝馬や命令など多方面に用いられ始める。だがこれは、早くも同年九月九日に頓挫してしまう。九月十日、政宗が再び上方の伏見へ旅立ってしまったからである。

以後、慶長八年にいたるまでの政宗の留守中の国元では、⑭に家老が連印するというスタイルの印判状が、普請《ふしん》・廻船《かいせん》など行政上のさまざまな指示を伝えるために用いられている。

こうして、慶長五・六のわずか二年ほどの間に、後述の⑮・⑯も含め、じつに一〇種もの印章がつぎつぎと起用される。うち、その後も生き残ったのは、数通の例外を除けば、⑮と⑯のわずか二種に過ぎない。まさにこの二年間は、後期の印判状体制構築のためのめまぐるしい模索期であった。

そして、この模索期を過ぎた後、多岐にわたる細かな印種の使い分けの風潮はすっかり影をひそめ、⑮が印判状の大部分を担うようになる。当初この印は、⑨・⑩のあとを受けて慶長五年十二月から翌年四月まで租税請取状に用いられていたが、その後面目を一新し、所領宛行や役免などの証文に、そして命令や掟の頒布にと、多方面にわたる伊達氏の文書発給活動をほぼ一手に引き受けるようになる。その堂々たる体軀にふさわしい活躍ぶりは、寛永十三年（一六三六）に政宗が没するまで続き、残存数も四七通と他を圧倒している。

なお、これと時期的に並行して用いられた、ひとまわり小さな⑯は、奉行に対して扶持の支払いを命ずるなど、細かな命令を伝達する場合に使われており、⑮を補う役割を果している。
⑰と⑱はともに一例ずつを残すのみ。⑱は竹木伐採を命ずるときの印として公示されたものである。
以上、一二種の印章を用いて織り上げられた後期の印判状の体系を見てきた。前期を上回

る多種多彩な印が駆使され、めくるめく思いがする。では、この体系に支えられた伊達政権の施政は、前期に比してなんらかの変化をきたしているのか否か。この点を次に問うてみよう。

再び表40に戻って、内容分布の欄を眺めれば、答えは一目瞭然である。前期にはほとんどあらわれなかった命令系の文書が、六割以上を占めるまでに進出し、全体の様相をがらりと変えてしまっている。

あわせて、文書の伝来状況を調べると、前期は伊達家に伝来したものはごく一部で、大部分は家臣の家や領内の寺社などに残されたものであるが、後期は逆に伊達家文書として伝来したものが大部分を占めることがわかる。つまり、治下の臣や社寺に宛行・安堵状などの証文を与えるという行為が、後期になるとしだいに行なわれなくなっていくのである。毛利氏においても、あるいは島津氏においてもそうであったように、それらの行為は奉行人《ぶぎようにん》機構が発給する文書に委ねられるようになっていくのであろう。結果、後期には家中の奉行人たちに宛ててさまざまな行政上の命令を下した文書がさかんに発給され、これらが伊達家の家内文書として伝来することとなるわけである。

つづいて、表40の書式関係の欄を眺めていくと、年記の記しかたが付年号一辺倒になるという薄礼化現象が生じている。書下年号一色だった稙宗・晴宗・輝宗の時代から、付年号がかなり進出した政宗前期を経て、付年号一辺倒の政宗後期へと、ここでの薄礼化の進展ぶりは快調である。細かく見ると、政宗前期には年記に干支も添えるのが通例であったのに、後期になると干支を記す習慣はなくなり、その点でも薄礼化が進んでいる。

さらに、下段の書止文言へと視線を移すと、「仍証文如件」と「仍如件」が拮抗して用いられていた前期に対し、後期は「仍如件」ばかりとなり、あらたに「者也《ものなり》」なども進出するというように、ここもまた変動の波に洗われている。さきに、稙宗・晴宗・輝宗としだいに書止文言がシンプルになっていく現象を摘出したことが思い出される。くりかえしあらわれるこの「書止文言シンプル化現象」は、どうやら印判状的な支配の進展と密接に連動しているようだ。

なお、前期には「龍納」印を中心に、署名を記してから印を捺すスタイルが過半を占めていたが、後期にはこれがほとんど見られなくなり、ただ印を捺すばかりとなる。有署名から無署名へと、ここでも薄礼化は進行しているのである。

かくて、前期と後期の間には、命令系の文書の進出と宛行・安堵系の文書の奉行人への移管、そして書式の薄礼化という、大きな変動が生じていることがわかってくる。奇しくもこれらは、ついさきごろ観てきたばかりの、毛利と島津が豊臣の勢力下に入ったときにおこした変動とそっくり同じである。したがって、西国の諸大名と同様に、ここみちのくの伊達氏も、統一政権の勢力下に入ることで、非人格的・官僚制的で強力な支配を布く政権へと変貌していったことになる。当主が国元に不在でも出される⑭の留守印の存在など、まさにその

「非人格性」を象徴しよう。

しかも、この変貌が、遅れぎみだった島津氏はもちろん、鮮やかな変身ぶりを見せた毛利氏に比べてさえ、はるかに徹底したものであったことは見逃せない。毛利・島津にあっては、命令系の文書の進出はせいぜい一・二割にとどまっており、印判状も一部にしか用いられていない。命令系の文書が大半を占め、かつ、ほぼすべてが印判状である伊達氏の迫力には及ぶべくもない。

辺境の地にあったにもかかわらず、伊達氏はなぜこれほど徹底した変身を遂げられたのか。

理由は自明であろう。既に前代から着々とその準備がなされていたからに他ならない。稙宗・晴宗・輝宗のときに助走が行なわれ、政宗の前期に躍進が遂げられて、印判状化とそれにともなう政権の変質がかなりの程度まで進行していたからこそ、統一政権の影響を受けての変貌がかくもすみやかに、かつ徹底して行なわれ得たに違いない。

とすると、我々はここにじつに貴重なケースを手にすることになる。戦国期に印判状的支配を展開した東国の大名たちは、後北条氏も武田氏も今川氏も軒並み滅んでしまった。上杉氏のみはわずかに生き残ったが、文禄期以降については発給文書が乏しくて詳しいことはよくわからない。したがって、戦国期に印判状化を達成した大名が、統一政権の影響下に入ったときにどんな道を歩むことになるのかは、さしあたりこの伊達氏のみが語ってくれるのである。

そして、従前から歩みつつあった路線にさらに強い拍車がかかるかたちとなる、という伊達氏のこの状況は、戦国期の印判状化による政権の変質と、統一政権の影響によるそれとが、著しい共通性・親近性を持つものであることを、余すところなく体現してくれていると言えよう。

壮麗な印判状の体系を堪能させてくれた上に、こんな大きなおみやげまで持たせてくれた伊達王国訪問。わが独眼竜殿には感謝の言葉もない。

表41　書状の状況　(単位：通)

	総数	うち印判	書而追あり	書止而書の「以上」
稙宗	25	5	1	0
晴宗	44	5	8	0
輝宗	49	17	10	3
政宗	535	17	355	223

書状

上首尾に勇躍、あらたな分野にちょっと手を染めてみよう。本書の今までの検討では割愛してきた書状を、俎上に載せるのである。

とりあえず、伊達の各当主たちが出した書状を集めて一覧してみると、表41のようになる。他の地域の大名たちには見られない珍しい特徴は、書状にも印章がわりあい積極的に用いられていることである。検討してみると、彼らは出家した後に印を頻繁に使うようになるようであり、また、その書式は花押を据えた書状よりも、おおむねやや薄礼ぎみである。この印判書状も、政宗のときに至るとほぼ姿を消していく。他地域の大名たちとの交流が活発になり、書状には印章は用いないという風習が入ってくるせいではないか、と推察される。

また、差出書《さしだしがき》・宛書《あてがき》・書止文言といった書式の各要素を整理していくと、「左京大夫植宗」などと鄭重に差出書が署されているときには宛書にも「進上」と上所《じょうしょ》がつき、「謹言」などという軽々しい書止文言は決して用いられない、というように、それぞれの細かな照応関係がわかってくる。整然とした書式の体系ができていたようだ。

わけても政宗の場合、幕府関係者や他大名などに宛てる書式と家臣に宛てる書式が、ほぼ截然と区別されていた。すなわち、対外向けには「松平陸奥守政宗」と官途《かんと》付きの署名を記し、宛所《あてどころ》に「様」を付して脇付《わきづけ》もつけ、「恐惶謹言」で書き止めるという鄭重な書式を用い、対内向けには「政宗」と名のみを署し、宛所も「殿」のみで脇付はなく、「恐々謹言」で書き止めるという書式を用いたのである。

もっとも、書式の各要素が整然と対応し、礼の厚薄などによって使い分けられていた、などという話は、ことごとしい分析をしてみるまでもなく、十分予想のつくことである。何かもっとおもしろいことはわからないのか。

これが意外にむずかしい。証文と違って書状の場合には、内容の類型化が困難で内容分布上の特徴がにわかに摘出できない。年記の記しかたもみな同じであるし、書止文言も似たりよったりで、書式上の特徴の変遷も容易に浮かび上がってこない。戦国大名めぐりを開始するにあたって、この扱いにくいものを検討の対象からはずした判断は、その過半がものぐさな性情に由来するものとは言え、我ながらなかなかの明察であったと変な自慢をしてみたくなるほどだ。

それでも何とかならないか、とあれこれつついてみた結果、ようやく二つばかりのささやかな現象を探りあてることに成功する。一つは、植宗・晴宗・輝宗としだいに官途を付した差出書が減少し、薄礼化の進行をうかがわせることである。同じ時期に証文の方では薄礼化の徴証は特に認められないが、書状でこの現象がおこっていることは、家臣らに対する大名の地位が、当時少しずつ上昇していたことを意味しよう。「助走」の一環である。

今一つの発見は、もっとささいなことである。表41に記したように、代が下るにしたがって追而書《おってがき》を記す率がしだいに高くなり、政宗の時には七割近くに達する。そして、追而書の書止にはしだいに「以上」が用いられるようになる。

追而書の書止文言などというマイナーな話が、どことどう結びついて生きてくるのか、それはもう少し先へ進んでから考えてみることとし、かずかずの収穫の恵みに与ることのできた伊達氏の検討を、ひとまずこれで終らせよう。何しろ、奥羽の地にはあと二一氏もの訪問先がひしめいているのだから。

植宗・晴宗・輝宗期の助走を踏まえて、政宗期に至り東国の印判状大名と同じ路線を鮮烈に開花させ、さらに統一政権の支配下に入ることを契機として、その路線をより大きく飛躍させていく。華麗な印判状の体系によって彩りながら、そんな伊達氏の姿を描いてきた。

【奥羽の諸氏】

それでは、伊達氏ほどの強い光芒は放たなかったものの、奥羽の各地にそれぞれに個性豊かな相貌を競いあった中小規模の大名たちは、このときどんな道を歩んでいたのだろうか。伊達氏と大同小異だったのか、あるいは全く異質な支配を展開していたのか。

この問いに答えるために、あるときは奇巌群れなす松島の北に奥州探題の末裔を尋ね、あるときは蔵王の威容を仰ぎみる盆地に新興の策略家を訪れ、さらには磐梯山麓に、北辺の八戸にと、奥羽の大地を縦横に駆けめぐってみる。総じて二一氏。なかには「大名」と呼ぶのはははばかられるような弱小の存在もあるが、わずかながらも文書を残していれば、訪問の対象とする。

そうしためまぐるしい旅の成果を凝縮し集成したのが、表42として掲げた大一覧表である。以下、これに沿って各氏の状況を披露していこうと思うが、あまり散漫に流れてもいけないから、全体をいくつかのグループに分けてみたい。今までの経験に照らして、分類の基

準には印判状の有無を選ぶのが妥当だろう。そこで、戦国期における印判状の使いかたを基準として、

A　戦国期に印判状を積極的に用いた大名

B　戦国期に印判状を部分的に用いた大名

C　戦国期に印判状を用いなかった大名

の三群に分類して記述を進めていくこととする。ちなみに、各群のなかは五十音順に排列しておいた。

A　戦国期に印判状を積極的に用いた大名

〈葛　西　氏〉

かなりまとまった量の文書を残しているが、証文・書状ともにほとんどを印判状が占めるという、そのいさぎよさに感嘆する。それも天文期と、伊達氏よりはるかに早い時期からそうなのである。それと引き替えなのか、みな署名を据えてから印を捺すという、判物に近い書式が用いられている。なお、証文の大部分は所領宛行状であり、かつ同日に一斉に頒布される場合が多いのも特徴である。

〈柏　山　氏〉

前記葛西氏の臣下にあたり、葛西氏と全く同様に証文も書状も印判状で出されている。有

署名であること、証文の内容が所領宛行に偏っていることも葛西氏と同じである。

（単位：通）

A				B							
最上				芦名		岩城				大崎	田村
79（54） 186（57）				64（ 7） 102（11）		45（9） 119（1）				3（0） 8（3）	21（0） 40（2）
前期		後期		判	印	前期		後期		判	判
判	印	判	印			判	印	判	印		
3	11	21	42	57	7	34	4	2	5	3	21
		1		5		4				1	4
	2			1		2					
		7		1						1	1
1	5	2	5	4	1	5			5		6
				1		3	1				2
	1		28	5		3					
		3	3	4			1				
				4		9		2			
										1	1
						1					
		2		8		2	1				
	1					1					
			1								
		1	1		1						
				1							
				×		○					×
				×		○				×	×

〈白　河　氏〉

ここでは当初判物のみが用いられていたが、天正八年（一五八〇）頃を境に、判と印をともに据える判印複合のスタイルへと切り替えられる。それと同時に花押のかたちも変えられており、もって同氏がこの変更にかけた意気込みがうかがえるようでもあるが、サンプル数が少ないためか、表42をみる限りでは内容分布上の変動ははっきりとはわからない。判印複合

表42-1　奥羽諸氏大一覧（その1）

群	A						
大名	葛西		柏山	白河		土佐林	武藤
証文（うち印）	68（66）		4（4）	18（10）		0	11（0）
書状（うち印）	26（19）		3（2）	11（0）		17（11）	24（0）
証文内容ごと	判	印	印	判	判印複合		判
総計	2	66	4	8	10	0	11
起請文		2					
感状		1					1
官途状				1			
所領宛行	2	57	4	1	3		3
宛行約束				2			
寄進		1		2	2		1
所領安堵		2			1		4
安堵							
相続安堵							
禁制							
役免				1	2		1
過所							
伝馬							
命令							
掟							
シンプル化現象	○			○			
「以上」化現象	×					×	×

となっても有署名が大部分を占めるのは、葛西氏らと同様である。ただ、書状は一貫して判物である。

〈土佐林氏〉

次項の武藤氏の臣下にあたるが、土佐林禅棟なる者が書状に頻繁に印を用いたので、彼の文書のみ挙げておく。書式面からみて、印判状は判物より薄礼の書状として扱われていたようだ。

〈武藤氏〉

印判状は用いられていないが、証文の方には通常版刻《はんこく》花押が捺されているので、印に準ずるものと考えてみた。所領の宛行や安堵が中心であり、ここでも有署名が通例である。なお、書状にはおおむねふつうの花押が用いられている。

(単位：通)

C							
南部			二階堂	畠山	留守	蒲生	
22 (15) 75 (14)			0 11 (0)	1 (0) 4 (0)	18 (0) 6 (0)	27 (9) 28 (0)	
前期	後期			判	判	判	印
	判	印					
1	6	15	0	1	18	18	9
						2	
					1		
1	1						
	3	3		1	8	2	2
	1	3			1	7	6
					1	1	
	1					1	
					2		
		5				1	
							1
						1	
			×	×	○		

〈最　上　氏〉

今までの五氏と異なり、この家は天正十八年以降も存続したので、伊達氏の顰みにならって前期と後期に分けて考察してみる。

ここでの印判状の起用ぶりもなかなか積極的である。前期、義光が山形盆地一帯に着々と威を張っていった時期に、印判状は既に発給文書の中心をなしていた。後期に入

表42-2　奥羽諸氏大一覧（その2）

群	C								
大名	秋田				石川	小野寺	相馬	津軽	戸沢
証文（うち印）	44 (23)				9 (0)	1 (0)	4 (0)	1 (0)	2 (1)
書状（うち印）	10 (1)				12 (0)	6 (0)	11 (0)	2 (0)	2 (0)
証文内容ごと	前期		後期		判	判	判	判	
	判	印	判	印					
総計	2	0	14	23	9	1	4	1	2
起請文					3				
感状	2								
官途状							1		
所領宛行			5	20	1	1			2
宛行約束					2				
寄進			2	1	1		1		
所領安堵			1						
安堵					1		1		
相続安堵									
禁制									
役免				2			1		
過所									
伝馬									
命令									
掟									
シンプル化現象					×		×		
「以上」化現象							×		

ると、判物が逆にやや増えてくるぐらいである。これは、後期に施政に参加するようになった義光の子家親が判物しか用いなかったためであるが、判物の用途は起請文や官途状に偏っており、前・後期とも印判状が中心であったといってよいであろう。この勢いは書状の方にも及び、少なからぬ印判書状が出されるに至っている。

しかし、この印判状も前期と後期ではその様相を大きく異にする。まず、印章自体が変る。証文・書状ともに、前期に頻繁に用いられていた鼎型の堂々とした黒印は姿を消し、かわって前期には一部にしか使われていなかった小ぶりの黒印が用いられるようになる。同時に、宛所へ付す敬称が「殿」から「とのへ」へと変化し、かつ、証文では年記の表記が書下年号から付年号へ、書状では書止文言が「恐々謹言」から「謹言」へと変るというように、書式の各方面で大幅な薄礼化が進行する。また、証文の出されかたもがらりとかわって、同日に一斉に頒布するやりかたがほとんどとなる。

天正十八年を境とした印章の切り替え、そして書式の薄礼化。いずれも既に伊達氏で見たのと同じ現象である。残念ながら、内容上の変動はさして明瞭にあらわれていないが、これらの共通点からみて、最上氏もまた天正十八年を境として伊達氏と同じような大きな変革を経験したと推察してよいであろう。

ただ、前・後期を通じて、有署名が大部分を占める点には変化はない。

以上の六氏がA群に属する大名たちである。総じて驚かされるのは、印判状の普及度の著しい高さである。中途から移行するのは白河氏のみで、葛西も柏山も最上も、その政権の初頭から一貫して全面的に印判状を、それも証文・書状を問わずに用いている。おそらく彼らは、政権の座に就いた途端に猛然と印判状化を敢行した政宗にとって、よき先例、よき先達であったろう。

ただ、彼らの印判状をみていくと、葛西氏のように同日に一斉に頒布するという積極的な面も見られるが、いずれも有署名を基本とするという判物に近いスタイルをとり、また白河氏のように判印複合型としたり、武藤氏のように版刻花押を用いたりといった、一種の不徹底さ、判物との中間的性格も目につく。命令系の文書や郷村宛ての文書がみえないこととあわせ、印判状的支配の開花が東国ほどには十分でなかったことを物語ろう。この点、伊達氏とよく似ているわけである。

似ていると言えば、最上氏が天正十八年を境に行なった変革が、伊達氏のそれと類似するものであったことも、この変革の有した普遍性を示唆して興味深い。豊臣の荒波をかいくぐって生き延びた家については、今後もこうした変動の有無に留意してみていこう。

B　戦国期に印判状を部分的に用いた大名

〈芦　名　氏〉

この家の印判状の用いかたは、たいへんに消極的である。数字の上で少ないのみならず、証文の場合には判印複合のスタイルをとることが過半であり、かつ、家臣の売券《ばいけん》の袖《そで》にその売買の効力を保証するための印を加えるというように、自らが主体的に出した文書ではないものに用いられることが多い。書状の方でも印はごく一部に見られるに過ぎず、総じてここでの印判状は積極的な役割をほとんど担っていない。

それでは、判物を軸とした芦名氏の支配の様相はいかに、と見てみると、内容分布の面で起請文がかなり多いことに気づく。印判状がごく一部に過ぎず、内容面では起請文が多いということから、どうやらこの支配は、本書での類別でいけば、非印判状型に分類できるのではないか、という予測が立つ。

また、同日に一斉に発給するという事例が全く見られないこと、逆に家臣の売券の袖に加判してやるというような受け身のスタイルが、二二／六四通と証文全体の三分の一にも及ぶことからみて、その施政は消極的・受動的で未成熟なものでもあったようだ。

〈岩　城　氏〉

この家は天正十八年以後も存続したので、前・後期に分けてみる。

まず前期からみると、印判状の占める重みは、芦名と同様ここでもごく軽い。そして、内容面では起請文の類が多く、文書の出されかたでは同日一斉発給が皆無であることも、芦名と同様である。しかも、新旧両当主から並行して文書が発給されるという、いわゆる「二頭政治期」が戦国期の七代の当主たちの間に三度も検出できる、というおまけがつく。この「二頭政治期」は、さきのA群の大名たちにも何例か見られるところではあるが、さして豊富でもない史料の残存状況のなかで三度も現出するとなると、やはり非印判状的性格の強さのあらわれではないかと考えたくなる。

後期になると、これらの状況は一変する。計七通という、じつに微々たる史料状況ながら、印判状が大部分を占めるようになり、そして同日に一斉に出されることが通常となっていく、という変化をうかがうことができる。その印判状の大部分は、判印複合という中間的なスタイルのものであり、かつ有署名が通例ではあるが、天正十八年を境として、この地でも印判状化による政権の変質が進行したことが、しかと確認できる。

〈大　崎　氏〉

知り得た証文はわずか三通。しかし、その内容が起請文と官途状と相続安堵、すなわち揃いも揃って非印判状的支配に特徴的なものばかり、というのは、何とも暗示的である。印判状は書状の一部に使われているだけである。

〈田　村　氏〉

ここにもまた、数少ない証文のなかに起請文と官途状と相続安堵が仲良く顔を揃えている。大崎氏での事態はあながち偶然でもなさそうだ。印判状は書状のほんの一部に見えるのみである。

B群に属するのは、以上の四氏である。印判状の著しい普及率を誇っていたA群の諸氏たちとはうってかわって、いずれもごく部分的・消極的にしか印判状を用いていない。量こそ少ないが特定のジャンルの文書を担当してしっかりした地歩を占めている、などというケースにはお目にかかれないのである。

そうした彼らの支配の形態もまた、A群と著しい対照をなす。まず内容面では、四氏ともに起請文が多く、また、芦名・大崎・田村の三氏に官途状が、大崎・田村の二氏に相続安堵が見える。ひるがえってA群を眺めれば、起請文は葛西氏にごくわずか見えるのみであり、官途状も白河氏が一例出しているだけであり、相続安堵は全く見えない。伊達氏という、当然A群に属する大物を振り返っても、起請文が少しばかり、官途状・相続安堵に至っては一通もない。

このように、起請文・官途状・相続安堵という、いずれも西国の非印判状大名たちが好んで出した文書が、遠くここみちのくのB群の諸氏の文書相の特徴ともなっている。ならば、未熟ながらも印判状的支配を開花させたA群の大名たちに対し、B群の彼らは、それとは対照的に、非印判状的支配を布いたと考えてよいであろう。

そして、彼らの支配はA群に比べて消極的で弱いものでもあったようだ。同日に一斉に同文の文書を頒布するという事例が、B群のなかではわずかに田村氏に一度見られるだけであることが、その一端を物語る。これは、A群では葛西氏を筆頭に白河・武藤・最上の各氏で、そしてもちろん伊達氏でも見られた現象であり、文書を政策的に大量に発給したことの徴証であったのだから。

ここにようやく、「じゅうたん爆撃」の効用があらわれ始めた。伊達氏を含むA群と大きく異なる非印判状的支配を布いたB群の存在の発見。仮に伊達氏のみで奥羽を代表させてしまっていたら、みごとに見逃してしまったであろうこの魅力的な世界から受ける刺激は大きい。

だが今は、話の順序として、さきにC群の訪問を済ませてしまうこととしよう。

C　戦国期に印判状を用いなかった大名

〈秋　田　氏〉

天正十八年以前、愛季の代には証文としてはわずか二通の感状しか検出できず、文書による支配はほとんど展開されていない。それが天正十八年以後、実季の代になると、一挙に印判状行政の開花を迎える。判物は秀吉の奉行人に宛てた上申文書などを中心に一部に用いられているに過ぎず、印判状が同日に一斉に積極的に頒布されるようになる。宛先に付する敬称は「とのへ」が大部分、書止文言は「者也」がほとんどというように、その書式も判物に比べてぐっと薄礼である。

このように、文書による支配がほとんど展開されていなかったところにも、ひたひたと印判状化の波が打ち寄せている。ただ、その印判状も、最上氏や岩城氏がそうであったように、大部分が有署名である点に、いささかの「未熟さ」をうかがわせる。なお、書状はほとんどが判物である。

〈石　川　氏〉

秋田氏ほどではないが、彼らもわずかな証文しか残していない。そのなかでは起請文の多さが目立つ。

〈小野寺氏・相馬氏・津軽氏・戸沢氏〉

いずれも天正十八年以後も生き延びた家ではあるが、証文の残存量がたいへん乏少なため、詳細は知り得ない。わずかに、相馬氏が前期に官途状を出していること、戸沢氏が後期になって判印複合のスタイルを起用していることが目にとまる程度である。

〈南　部　氏〉

前期には官途状が一通見えるのみなのに、後期になると、まず信直が判物を積極的に出す体制をつくり、ついで子の利直が印判状へと切り替えていく、という過程を辿って、印判状化が推進される。秋田氏とほぼ同様なわけだ。

〈二階堂氏・畠山氏・留守氏〉

二階堂と畠山の両氏は、秀吉の到来を待たずに伊達政宗に滅ぼされ、留守氏も天正十八年以後は伊達氏の家臣となっていく。このなかでは留守氏のみが比較的まとまった証文を残しているが、内容分布などで特に注意をひく点は見あたらない。

以上、駆け足でC群の諸氏一〇氏を見てきた。いずれも戦国期にはわずかな証文しか残していないが、それが感状であったり（秋田氏）、起請文であったり（石川氏）、官途状であったり（南部氏）、という具合に、起請文と名誉系に偏っていることに気づく。さきにB群でみてきた非印判状的支配の徴証が極端なかたちでここにあらわれているわけで、C群の大名たちはB群と同様の支配を、B群よりもさらに弱々しく行なっていた、と推定してよいであろう。

そんな彼らも、A群の最上氏、B群の岩城氏と同じように、天正十八年を過ぎると鮮やかな変身を遂げてみせる。秋田氏でも南部氏でも、印判状化により積極的な施政が展開されるようになったことが確認できるのである。

そこで、さいごに蒲生氏、すなわち奥羽の地にこの変動をもたらした秀吉の尖兵を訪れておくこととしよう。

〈蒲　生　氏〉

秀吉によって会津に据えられ、奥羽の諸氏ににらみをきかせていた同家のこと、さぞや派手やかに徹底した印判状的支配が繰り広げられているであろう、という予想は、いささか裏切られる。印判状は氏郷の代には用いられず、慶長期に子の秀行の代になってからようやく使われ始める。と同時に、同日に一斉に大量に頒布することが始まり、また当主ではなく奉行人の方から寄進状《きしんじよう》や安堵状が出されることも多くなり、証文を与える行為の奉行人機構への移管が進行したことが知られる。

このように結果的には無事に印判状化を完遂させていくわけだが、伊達氏を始めとする東北の諸氏をリードするまでには至らないその逡巡ぶりは、おそらくはその置かれた政治状況の困難さに由来するのではないか。政宗が建設した大帝国を強引に接収した故地に植え付けられての孤軍奮闘、加えて当主のあいつぐ早世と有力家臣間の内紛といった事情が、印判状的支配の順調な成長を阻んだのではないか、とさしあたり考えられる。

なお、書状の方では、氏郷が政宗と同様に対外向けと対内向けの書式を、差出書に官途等を署すか名のみを記すかによって使い分けているのが目につく。

A群六氏、B群四氏、C群一〇氏、そして蒲生氏。総計二一氏を歴訪する、この忙しく欲張りな旅の終りに浮かび上がってきたのは、さまざまなタイプの大名たちが混在する東北小宇宙のすがたである。A・B・Cの三群はいずれも地域的まとまりを全くなしておらず、不規則なまだら模様のごとく各地を分けあっている。

このうちC群はB群と共通する点が多く、小型のB群と性格づけてよいことが判明しているから、大きく分けて東北の大地は、伊達氏を筆頭とするA群の大名たちによる印判状的な支配と、B・C群の諸氏たちによる非印判状的な支配の、すなわち黒と白の二つの色によって染め上げられていたと見てよいであろう。

各大名を黒か白かに決定づけた要因は何であったのか。B・C群がA群に比して弱くゆるやかな支配しか布けていないことから、さきに中括で触れたような（二三五ページ）家臣層との上下関係の強弱を、その導因のひとつに数えあげることが許されよう。

また、B群のうち芦名・岩城の両氏は、常陸の佐竹氏との関係がとりわけ深く、同家から嗣を迎えて当主に仰いでいるほどである。彼らが佐竹氏の非印判状的支配に影響された可能性は充分にあろう。いっぽうA群のなかにも、葛西氏が伊達家から嗣を迎えたり、武藤氏が最上氏の傀儡化するなどのつながりを見出すことができる。こうした大名間の関係の親疎も、どちらのタイプの政権になるかを決める要素のひとつであったのかも知れない。

他にも、さまざまな偶然や意志が交錯して、その政権の進むみちに影響を与えたことであろう。さきに、初期条件の相違がその後の展開のすべてを規定してしまうとは考えたくない、という気負った発言をしたが（二三六ページ）、ここ東北での黒白混在の状況は、その何よりよい例証となっているように思える。

さて、ふたいろに染め分けられたこの世界、他の地域には類をみないこの風景は、さまざまなことを語ってくれる。

まず、印判状の存在は、単なる地域的な流行などではなく、その政権の支配の性格と不可分の関係にあるということが、最終的に確認できる。東国には非人格的・官僚制的支配、西国には人格的・個人的支配が行なわれたという状況と、印判状が東国に流行したという事実がたまたま重なったに過ぎず、もしかしたら、印判状などといううわべのことと政権の性格などという大仰なものとは連動していないのかも知れない、という危惧を、ここ東北の光景はきれいさっぱり吹き飛ばしてくれる。奥羽というひとつのエリアのなかで、互いに隣接しあい入り組みあった割拠状態にある数十氏もの大名が、印判状を積極的に用い非人格的支配を布くタイプと、印判状をほとんどあるいは全く用いず人格的支配を布くタイプとにきれいに二分される。この光景は、印判状を地域的な流行として説明する可能性を、完全に葬り去ってしまう。印判状とそれを用いる政権の性格との間は、太い因果関係でしっかりと結ばれているのである。

また、西国には印判状型の政権は育たなかったのに、東国に佐竹氏、そして東北にB・C群の諸氏、というように、東では非印判状型の政権が少なからず見られることも興味をひく。東国の大名たちがいずれも中途から印判状化を行なっていったこと、いっぽう、西国では大内氏に見られるように、ごく初期から典型的な非印判状型の支配が行なわれていたことから見て、印判状型の方が非印判状型より新しいタイプの支配形態と考えられる。とすると、東の非印判状大名たちは、周囲に巻き起こった新しい印判状化の潮流に「とり残された」存在ということになる。東北でB・C群の大名たちという多数の者がとり残されたという事態は、印判状的支配のきわだった新しさ、従来の体制との相違の大きさを物語ろう。非印判状的支配と印判状的支配の間の落差は、誰にでも手軽に乗り越えられるほどの小ささでは決してなかったのである。

だからこそ、統一政権の果した役割は大きかった。A群のみならず、B群C群の大名たちをも、つぎつぎと印判状的支配に踏み切らせていく、その影響力はすさまじい。ここで検討した諸氏のうち、戦国から近世への荒波を何とかくぐり抜けることができたのは、伊達氏以下、最上・岩城・秋田など、あわせてわずかに九氏に過ぎないが、史料乏少で詳細がわからない四氏を除き、みな例外なく印判状的支配への切り替え、ないしはその強化を遂行している。おそらくは、A群の大名の方がこの変革をよりすみやかに行ない得たであろうが、残念ながら残された史料からは各大名ごとの変革の遅速までは定かに知り得ない。

かわって注意をひくのは、用いられた印章の様相である。政宗が朱印から黒印へと色鮮やかに様変わりしてみせたことは記憶に新しい。東北全体でみると、天正十八年以前には芦名氏と大崎氏が朱印を用いているが、以後になると朱印は全く途絶え、みな黒印ばかりとなる。このように、朱から黒へと、東国・西国の対比によって知り（二三九ページ）、伊達氏で確認したのとほぼ同様の動きを示す。

同時に印章の形やそこに刻み込まれた字句もまた、前期から後期へと大きく変化する。伊達の他、葛西・柏山・土佐林・最上・芦名・岩城と、前期に用いられた印の大部分は、朱と黒とを問わず、鼎のかたちをした大ぶりのものである。刻まれた言葉も、政宗の「龍納」や「威伝」、白河氏の「威通」のような抽象的な文言が多い。もっとも、芦名氏の「止々斎」、岩城氏の「親隆」、田村氏の「清顕」と、B群の大名を中心に実名を刻した例も決して少なくはない。

後期になると、鼎形の印も抽象的なうたい文句もすっかり姿を消してしまい、秋田氏の「実季」、蒲生氏の「秀隆」など、ほとんどが実名を刻した地味なものへと落ち着いていく。ただ、ひとり政宗のみは印文未詳の大型黒印を何種か用いており、いささか傾向を異にする。

このような、抽象的スローガンから実名へという印文の変化も、さきに中括で指摘したところと一致する（二二九ページ）。これが単なる流行の違いではなく、もう少し深い示唆を含むものであろうことも、さきに考えた通りである。だとすれば、天正十八年以前のB群の大名に実名の印文が多く見られたことの意味を解くのも容易だろう。部分的にしか用いられなかったB群の印章は、その政権の性格ゆえに、判物的・人格的性格をひきずったものだったのである。

たかが印、されどこうしてあれこれと吟味していくと、実にいろいろなことを語ってくれる。

そこで、もう一つだけトリビアルなものにこだわってみよう。題して「書止文言の不思議」とでも言おうか。

さきに、伊達氏のところで、証文の書止文言が「仍為後日証状如件」のような長々しいものから「仍如件」のようにシンプルなものへと変化していく「書止文言シンプル化現象」が何度も起っていることを指摘し、この現象と印判状的支配の進展は密接に連動しているのではないか、と考えてみた（二五七ページ）。いっぽう書状の方では、追而書の書止文言がしだいに「以上」中心になっていくのが見られた（二六一ページ）。

この二つの現象の有無を二一氏について逐一調査し、表42の一番下に書き込んでみる。サンプル数が少なく判断しにくいものは、無理をせずに空欄のままにしておく。まず、シンプル化現象の方をまとめてみよう。

・戦国期に証文の書止文言シンプル化がみられる大名
　葛西・白河・岩城・留守……A群二氏、B群一氏、C群一氏
・戦国期にシンプル化がみられず、一貫して長々しい書止文言のままの大名
　芦名・田村・石川・相馬・畠山……B群二氏、C群三氏

というように、シンプル化現象の起った大名はA群に、起らなかった大名はB・C群に偏っている。A群の武藤氏が当初から一貫して「仍如件」というシンプルな書止文言を用いていることとあわせ、シンプル化現象ないしシンプルな書止文言と、印判状使用との相関関係が高いことを知り得る。印判状化すると政権が強固になるため、文書全体が薄礼化するという、今までしばしば見てきた現象を念頭に置けば、このシンプル化も薄礼化の一変種であるのかもしれない。そして、長々しい書止文言を使い続けた五氏のうち、相馬氏以外はみな中途で滅びてしまうから、天正十八年以後にはシンプルな書止文言ばかりとなる。

ついで、書状の追而書での「以上」化現象の有無を見る。

・戦国期に「以上」化現象がみられる大名

岩城

他に最上氏は中途からではなく始めから「以上」を頻繁に用いている。

・戦国期に「以上」化がみられない大名

葛西・土佐林・武藤・芦名・大崎・田村・相馬・二階堂

今度は、群との相関関係ではない。天正十八年以後も生き残ったかどうかと連動する。「以上」を当初ないしは中途から用いた岩城・最上の二氏はいずれも存続し、用いなかった八氏のうち相馬以外はことごとく滅びてしまう。なお、天正十八年以後になると、秋田・南部・蒲生の各氏も「以上」を用いるため、伊達氏らとあわせ、書状の追而書はほとんどが「以上」ばかりとなる。

伊達氏も含め、「以上」を用いた大名はなぜみな生き残ったのか。あるいは偶然の一致かもしれないが、あるいは「以上」の存在はその政権の安定度をはかる指標なのかもしれない。

どうも曖昧な話になってしまったが、伊達氏での小さな現象は決して局地的なものではなく、それと相似た性格を持つ東北の各氏にも共通してみられる、広がりのあるものだったことがうかがえよう。書式の普遍性や大名相互間の影響の与えあいの一端がしのばれる。

こうして、印文を異にし、書止文言を異にし、もちろん支配の性格も異にした二つのタイプの混在によって織りなされていた小宇宙は、豊臣の侵攻を受けて、実名を刻んだ地味な黒印、シンプルな書止文言と「以上」で結ぶ追而書、そして印判状的支配のひといろに一挙に染め上げられていく。とりどりの個性を競った時代から均質な時代へ。まさにそれは、文字通りの「天下一統」であった。

四　天下人たち

坂東の片田舎に始まり、あるときは険しい山あいに育った逞しい国へ、あるときはおだやかな海辺に栄えた豊かな国へと、それぞれとりどりの風情に親しみながら、はるばるとさまざまな国ぐにをめぐってきたこの旅も、いよいよ最終章。さて、かずかずの伝説に彩られた偉大なる天下びとたちの待望のお出ましである。

東国に典型的な印判状《いんばんじょう》大名型の政権と西国に多くみられる非印判状大名型の政権という、黒白ふたいろの対照的な支配のありかたにくっきりと塗り分けられていたこの列島の上に、強烈な個性とともに開花した天下びとたちの政権は、いったいどんな色調を帯び、そしてそれらは時とともにどううつろっていったのだろうか。既に手慣れた作業である〝文書相《もんじょそう》〟の描出を中心に、信長・秀吉・家康と順を追って見ていこう。

なお、東北の大名や豪族たちから、書状を検討の俎上に載せることの有効さを学んだので、今度も書状を含めて考えてみた。その点だけが、東国及び西国での文書相描出の作業と異なる点であり、まず概況を眺め、ついで内容ごとに分析し、さいごに年記《ねんき》や書止文言《かきとめもんごん》などの書式を検討するという、これまでさんざん繰り返してきた手順はそのまま踏襲する。同じ物差を当ててみることによって、戦国大名と統一政権との比較を可能にしたいという下心からである。

【信　長】

概　況

「天下布武」の印章で知られるように、信長の発給文書の大部分は印判状であった。だが、東国の、あるいはみちのくの印判状大名たちがひとしくそうであったように、信長もまた、その政権の当初から印判状発給の体制を取り得たわけではない。天文十八年（一五四九）、齢一六の時から、天正十年（一五八二）、四九にして本能寺に斃れるまで、現在知られているところでは千通余が残されている信長の発給文書を、判物《はんもつ》と印判状に分けて年ごとに集計してみると、表43のようになる。

これを見ると、信長の文書発給の状況は大きく次の三つの時期に画することができる。

第一の時期は判物のみを用いていた時代。永禄九年（一五六六）まで。

第二の時期は判物と印判状を併用していた時代。永禄十年から天正三年頃まで。

第三の時期は印判状のみを用い、判物はほとんど姿を消してしまう時代。天正四年以降。

すなわち、今までに訪れた印判状大名たちと同じように、信長も印判状を発給するようになったのは、政権の中途からなのである。そして、印判状を用いるようになった途端に文書の発給量が急増するのも、彼らと同じである。

表43　年ごとの残存量の推移
(単位：通)

年	判物	印判状	計
天文 18	1		1
19	2		2
20	0		0
21	5		5
22	4		4
23	3		3
弘治 1	6		6
2	0		0
3	3		3
永禄 1	8		8
2	0		0
3	2		2
4	2		2
5	4		4
6	13		13
7	10		14
8	7		9
9	5		5
10	11	12	23
11	9	39	53
12	8	40	50
元亀 1	27	23	55
2	20	18	38
3	9	27	40
天正 1	8	58	71
2	8	50	58
3	6	115	128
4	2	53	56
5	1	50	54
6	1	41	43
7	4	31	42
8	2	39	52
9	0	43	46
10	1	86	92

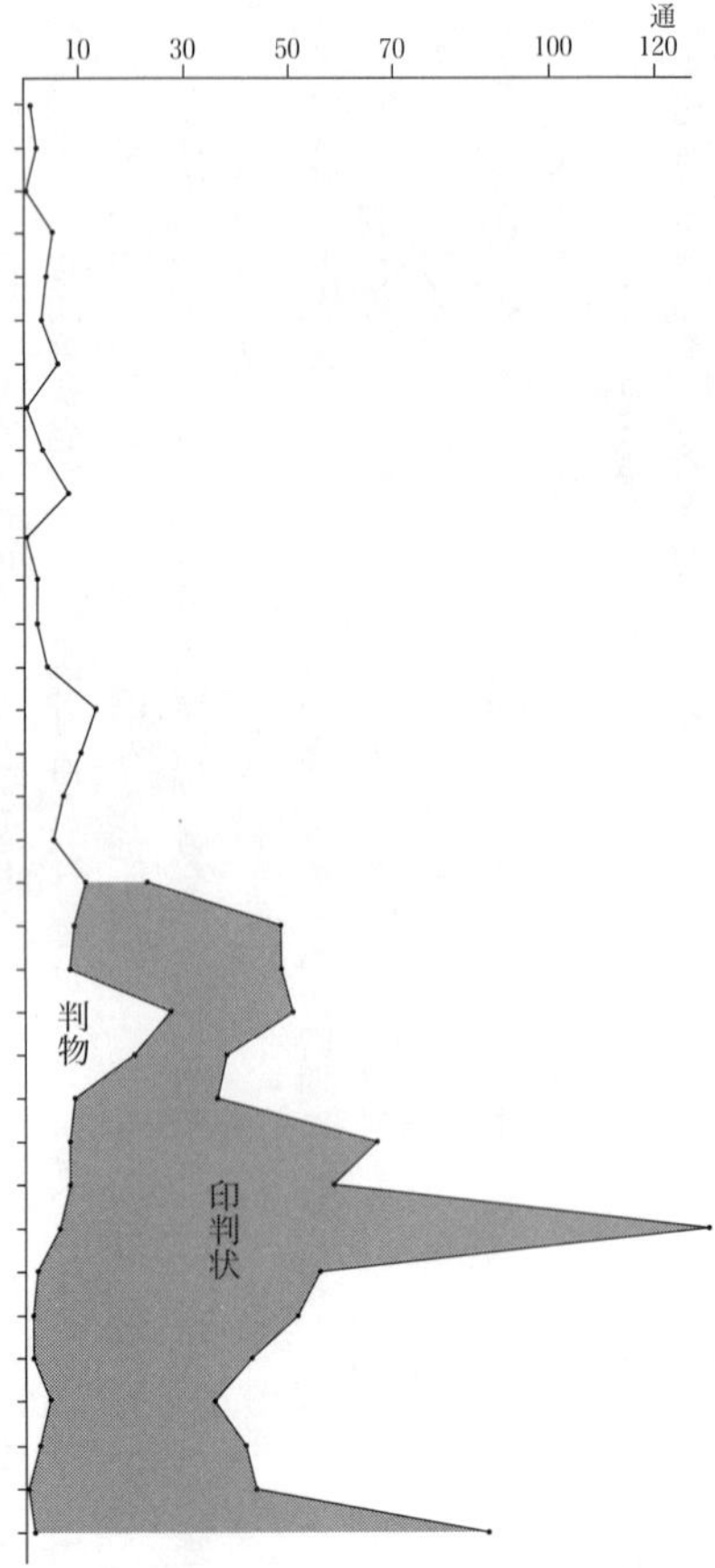

ただ、彼らと大きく違うのは、判物と印判状が逆転するまでの期間がごく短いことである。後北条氏のように何十年・何世代もかけて少しずつ印判状が浸透していく、などということは全くない。さらに、決定的に違うのは、印判状によって判物が完全に駆逐されてしまうことである。どの印判状大名も例外なく、印判状に大きく比重が傾いた後にもある程度まとまった量の判物は脈々と出し続けていたものであるが、信長の判物は天正四年以降ほぼ壊滅してしまう。

どうやら、印判状を主軸とした文書の大量発給の体制を布き、一見東国の印判状大名と近似した様相を呈しながらも、彼らよりももっとラディカルで徹底した印判状体制を構築したというのが、信長政権の特徴のようだ。

なお、表43に付随して宛先ごとの分類結果を掲げるのが、今までの例であったが、以後これは断念する。むろん信長も、東国大名同様に郷村《ごうそん》宛ての文書を盛んに出している。ただ、彼の文書の宛先は、寺社・武将はもちろん、公家や町衆や商人などなど実に多岐にわたっており、戦国大名のときのように、寺社・士・郷村の三区分でくることは到底できないのである。信長に負けずにせっせと郷村宛ての文書を出した秀吉と家康についても、同様の事情から、宛先ごとの分析は行なわないことにした。

それはともあれ、表43によって概況を眺めると、印判状大名と似ているがもっとラディカル、という印象がさしあたり得られるわけだが、この第一印象は果してどれほどあたっているのだろうか。文書の内容や書式などの具体相に立ち入りながら、その当否を見きわめていきたい。

まずは、表43にあらわれた第一と第二の時期、及び第二と第三の時期を区切る二つの転換期について検討し、この徹底した印判状化が何を要因とし、どんなふうに進行したのかを明らかにすることから始めよう。

二つの転換期

はじめの転換期が訪れたのは永禄十年(一五六七)十一月、印判状が初めて登場したときである。印判状はいったん登場するや、それまで判物一色だった信長の発給文書に破竹の勢いで浸透する。この十一月と翌十二月の二ヵ月の間に出された印判状は一二通見出されるのに対し、判物の方はわずか二通にとどまる。翌永禄十一年にもその勢いは衰えず、印判状三九通に対し、判物は九通という数字を残している。

これほど快調な滑り出しをみせた印判状が、元亀元年(一五七〇)と翌二年には判物とほぼ同数になり(表43参照)、判物と印判状の併用状態を現出させるに至るのはなぜか。ひょっとして、快進撃のゆりもどしで足踏み状況となったのか、とよくよく調べてみると、実はこれがゆりもどしなどでは全くない。

文書の内容にまで立ち入ってみていくと、永禄十二年の初めを過ぎると判物の用途はごく限られてしまうことに気づく。書状がそれである。判物は書状以外にはほとんど用いられなくなる。

すなわち、永禄十年十一月に始まった印判状化は、同十二年初めまでの一年ほどの間に、書状を残してそれ以外の分野から判物をすべて駆逐してしまったのである。後北条氏でためつすがめつ追ってみたような、まず命令系の文書から優遇系へ、そして安堵《あんど》系・宛行《あてがい》系へといった各分野ごとに少しずつじわじわと浸透していくなどという悠長さのかけらもない、したがって、どの分野の文書が印判状化に適しており、どの内容の文書は印判状化しにくかったのか、などという分析が許される余地も毛頭ない、まことに疾風のごとき迅速さであった。

書状だけはこの変化に取り残されたわけであるが、既に述べたように（五四ページ）、書状はどの戦国大名も一貫して花押《かおう》を用い続けた分野であるから、信長の印判状化の手がさしあたり及ばなかったのも無理はあるまい。

一年余にして書状以外の判物をすべて印判状に変えてしまう。それはとてつもない大変革である。後北条氏も武田氏も今川氏も上杉氏も、はたまた伊達氏も、みな何十年もかかり何代もの当主の営為の積み重ねを経て、徐々に判物の勢力を押さえ込んでいった。それをわずか一年で、しかも書状以外はほぼ完全に印判状化してしまったのだから、確かに信長政権の力量・革新性は東国の戦国大名などとはスケールが全く違うと考えてよかろう。

なにゆえにそれほどの革新性を勝ちえ、その革新性は具体的にどう発現されたのか、といった問いにとりくむことはもう少し後回しにして、この大変革の直接の契機となったとおぼしき事柄をここで指摘しておきたい。

永禄十年十一月に始動した変革の契機と言えば、同年八月に居城を岐阜に改めたことを挙げて間違いなかろう。この移城は、それまで尾張に在国していたのに対し、初めて他国に進出して隣国美濃に本拠地を移すという、画期的な意義をになったものであった。信長の意気込みは、井口城の名称を「岐阜」と改めさせたことにもうかがえる。勢力の拡大によって新しい本拠地に移ったという状況が、文書発給体制の改革に手をつける直接の契機となったであろうことは想像に難くない。

ちなみに、相田二郎氏が「織田氏幷に豊臣氏の古文書」（『相田二郎著作集2　戦国大名の印章』名著出版、一九七六年）で紹介された「政秀寺古記」（『国文東方仏教叢書　寺志部』）には、岐阜に移った信長がほどなく「天下布武」の朱印を作らせるに至る経緯が物語られている。

それによると、信長は「岐阜」の名を選定した僧沢彦を召して、「我天下をも治めん時は朱印可レ入候、兼て御朱印の字被レ為レ頼に候との鈞命」を下し、印文を選申させた。そして、無事に朱印が完成した暁に、

信長卿曰ふは、沢彦長々滞在候て辛労たるべし、慰め候はん為め、且は為二祝儀一思食

し四座に御能を可レ被二仰付一との御意なり、上下人僧俗とも柴居へ相詰め可レ致二見物一と兼日に御触れを廻しけり、角て翌朝沢彦は御座しきに金屏を立られ見物とぞ、

と能の興行が行なわれている。この昔語りがもしいささかなりとも当時の状況を伝えるものであるならば、「上下人僧俗」を集めて盛大に催されたこの時の能興行には、印判状を用いた新たな政治を開始したことの予祝・デモンストレーションの意味あいが込められていたに違いない。

　こうして岐阜移城を機に新たな局面を迎えた信長の文書発給体制は、その後しばらくして、再び新たな段階に立ち至る。さきの大変革に一つだけ生き延びた書状の分野にも、とうとう印判状化の波が押し寄せてきたのである。天正四年（一五七六）の初めを境として、以後書状の分野も印判状化し、判物が用いられることは絶えてなくなる。第二の転換期である。次に、この転換期の検討に入ろう。

　天正四年初めにくっきりとその姿をあらわしたこの書状の印判状化現象は、実は既にその三年前に開始されていた。それまで判物一色だった書状の分野に、天正元年初めより、印判状が部分的に用いられ始めたのである。

　それでは、書状の印判状化は天正元年からほぼ三年がかりで徐々に進行し、ついに天正四年初めに完全な印判状化を成し遂げるに至ったのか、というと実情はそうではない。

　天正元年から同三年に至る間の判物の書状と印判状の書状を比較してみると、その宛先に

明瞭な相違がみてとれる。判物の方は、小早川氏・毛利氏・上杉氏・伊達氏などもっぱら信長の版図の外、他国の大名に向けて出されている。これに対し、印判状の方は、家臣や京畿の寺院など領国内に向けて出されており、他国の大名宛てに出されたものは稀にしか見あたらない。

さらに、この時期に信長から何通かの書状を貰っている人物をピックアップして検討してみる。家臣である細川藤孝の場合、天正元年二月を境として、判物書状を貰うことはなくなり、以後印判状書状となる。いっぽう、他国の小早川隆景の場合には、天正三年七月まではずっと判物書状だったのが、同四年一月付のものより印判状書状に変化している。

これらの検討の結果、書状の印判状化は二段階のプロセスを経て進行したことがわかってくる。すなわち、天正元年初めにまず領国内宛ての書状が印判状化され、ついで同四年初めには領国外宛てのものも含めてすべての書状が印判状化されたのである。

領国外宛てのものの印判状化が遅れたのは、やはり、印判状の方が判物より薄礼・略式なものだという意識が、より鄭重さが要求される領国外向けの外交文書への印章の使用をためらわせたものであろう。が、そのためらいもわずか三年の間だけで、ついに信長は書状の印判状化という、戦国期の印判状大名が誰ひとりとしてその試みだに行なわなかった変革を、悠々と完成させてしまったのである。

それにしても、この水際だった潔さはどうだろう。ある時を画して一斉に整然と情容赦なく文書の様式が切り替わる。まるで、信長には少しずつ、徐々に、だんだん、などといった変化は許せないかのように。あまりの潔さにほれぼれするほどの眺めである。

こうして、信長は天正四年以降、自らの花押を文書の上に据えることを一切やめてしまう。この時期の判物の正文《しょうもん》として現在知られているものは、天正四年三月の信忠宛ての書状、及び天正八年に石山本願寺との講和に際して認めた起請文《きしょうもん》二通のわずか三通でしかない（表43の数値がこれより多いのは、「御判」「華押」などと記されている写をもカウントしているからである。これらは実はみな印判状であったと考えた方がよかろう）。

そして、花押を据えることを一切やめてしまう、というこの変革が行なわれた天正四年初めは、信長にとって、さきの岐阜移城と並ぶ大きな政治的転換の季節であった。岐阜から近江の安土への移城が行なわれたのが、まさにこの年二月のことだったのである。政権の総力を挙げて琵琶湖のほとりに築かれたこの壮麗な城館での新たな生活の始まりという事情が、発給文書のすべてを印判状化するという変革の直接の契機であったと推定して、誤りなかろう。

してみると、信長の発給文書における二つの転換期――書状以外の印判状化とすべての印判状化――は、信長の生涯における二つの転機――岐阜移城と安土移城――とぴたり一致しているわけである。こうして、新しい居城に移ったことを契機に、新たな文書発給の体制を布き、新たな統治を展開しようとする、勇ましい彼の姿が浮かび上がってくる。では、そこで繰り広げられた新たな統治とはいったい具体的にどんなものだったのか。今までみてきた東国の印判状大名や西国の非印判状大名の政治のありかたと比べて、どう位置づけたらよいのか。出された文書の内容を検討することによって、これを考えてみる作業に進むこととしよう。

内容

まずは、基本となる作業、すなわち判物と印判状のそれぞれを、今まで戦国大名たちの文書について行なってきたのと同じ基準で内容ごとに分類するという作業から入ろう。ただし、判物の方はさしあたり永禄九年（一五六六）以前に発給されたものに限っておく。永禄十年以降、すなわち印判状化が進行し、書状のみにしか用いられなくなった時期の判物を数値のなかに含めると、印判状との比較がしにくくなると予想されるからである。

結果が表44である。信長の文書相の基本となる内容ごとの分布状況は、さて、どんな面構えを示しているか。

判物の欄に目をやって一驚するのは、従来どの大名においても判物がもっぱら用いられていた起請文、感状《かんじょう》・官途状《かんとじょう》といった名誉系、そして相続安堵の文書が全く見あたらないことである。これらの文書は、毛利・大友・島津といった西国の非印判状大名たちにあっては、その発給文書の中核を占めるものであり、後北条・武田・今川といった東国の印判状大名たちにあっても、判物が受け持つ分野としてそれなりの分量を占めるものであった。それが信長の判物には全く姿を見せない。

起請文や名誉系の文書を盛んに出すという非印判状大名の文書の一大特徴が、彼らの支配のありかたが個人的・人格的でゆるやかだったことのあらわれであることについては、既にくりかえし論じてきた。逆に、これらの文書を少ししか出さなかった印判状大名の支配のありかたは、非人格的・官僚制的で強力な支配と位置づけ得ることについても、既に何度となく指摘してきた。

とすると、これらの文書を全然出さなかった判物時代の信長政権の支配のありかた

表44　内容ごとに分類　（単位：通）

	判物（永禄9年以前）	印判状	朱印状	黒印状	計
起請文	0	0	0	0	2
名誉系	0	19（ 2%）	10	9	23（ 2%）
感　状	0	19	10	9	23
官途状	0	0	0	0	0
宛行系	13（18%）	99（12%）	94	3	117（11%）
所領宛行	11	73	70	1	87
宛行約束	1	9	7	2	10
寄　進	1	17	17	0	20
安堵系	27（38%）	143（17%）	138	5	186（17%）
所領安堵	17	97	94	3	124
安　堵	10	43	41	2	59
相続安堵	0	3	3	0	3
優遇系	19（27%）	131（16%）	129	1	167（15%）
禁　制	12	122	121	0	148
役　免	5	6	5	1	14
過　所	2	3	3	0	5
伝　馬	0	0	0	0	0
命令系	1	134（16%）	112	20	159（15%）
命　令	1	128	106	20	150
掟	0	6	6	0	9
書　状	11（15%）	269（33%）	54	204	405（37%）
計	75	819	559	244	1093

は、非印判状大名のそれと大きく異なることはもちろん、どうかすると印判状大名よりももっと徹底した非人格性を秘めていたのかもしれない。栴檀は双葉より……の喩えではないが、その政権の初期にして既にこうした徴候をみせていることに注目しておきたい。あわせて、これまた印判状大名の特徴である優遇系の多さが、やはりこの判物時代に既に見てとれることも、その〝早熟ぶり〟の一環と考えてよいかもしれない。

ちなみに、宛先ごとの分布をみると、永禄九年以前の判物の時代において信長が郷村や商工業者等に出した文書は八／七五通、一一％であり、印判状の時代になってからは九九／八一九通、一二％である。郷村宛てにも文書を発給するという印判状大名の特徴が、信長の場合には判物時代から既に見られるわけである。

このように、政権の初期の判物しか用いなかった時期に既にいくつかの印判状的徴候をみせるのが、信長の特徴である。とは言え、いまだ命令系の文書の登場がみられないという決定的な表徴が存在することから考えて、全体としては、後北条氏が到達したような非人格的・官僚制的な支配とはかなり距離があったと判断するのが妥当であろう。

さて、続いて表44の印判状の欄に目を移そう。印判状が判物にとってかわるようになってから、発給文書の内容にどんな変化が生じたのか。

最大の変化は命令系の文書が登場し、それが全体のかなりの部分を占めるようになったことである。しかも、子細に検討すると、永禄十年に印判状の時代に突入するのと同時に命令系の文書が頻発されるようになることが確認できる。後北条氏や武田氏で見てきたのと同じように、やはり、印判状の起用は命令系の文書を発給できる体制を構築することがいちばんのねらいであり、成果でもあったわけだ。

また、書状の占める割合が全体の三分の一に増加しているのも目をひく。勢力範囲が拡大し、接触し交渉を持たなければならない相手が急増したのが、その原因であろう。この書状の増加に押されて、宛行・安堵・優遇の各分野の文書のパーセンテージがみかけの上では低下しているが、文書の発給量全体が飛躍的に増えているのだから、実際にはこれらの文書も判物の時代よりはるかに旺盛に発給されていたことはもちろんである。

このようにして、信長もまた、東国の印判状大名たちと同じように、印判状化によって命令系という新しいジャンルの文書を発給する体制へと移行し、新しい施政を開始したのであった。その新しい施政とは、本書で今までにみてきた印判状大名・非印判状大名双方の文書の内容分布と、この、命令系が新登場するいっぽうで起請文や名誉系の文書はほとんどみられないという信長の状況とを比較して推察すれば、後北条氏や武田氏が実現したのと同様の非人格的・官僚制的で強力な支配を、さらに徹底させるという性質のものであったと言うことができよう。

そのことは、たとえばそれぞれの文書が発給されたきっかけ・理由といったような些細なことについての統計をとってみても、追認することができる。

この文書発給の理由については、さきに、後北条氏のところで、印判状化にともなって所領宛行状などから戦功を理由とするものが消えていくことにより主従関係が変質したと予測したり（五五ページ）、あるいは武田氏のところで、先判《せんぱん》の存在を理由とした安堵状を印判状でなく判物で出したことに勝頼政権の保守性をみたり（八四ページ）、というような利用のしかたをしてきた。

今、信長の文書のそれぞれが出された理由が、各文書の文面にどうあらわされているかを調べてみると、いくつかの特徴が浮かび上がる。

まず、判物・印判状ともに戦功によって所領を宛行《あてが》ったり安堵したりした例がほとんどみられない。どこそこの戦闘でしかじかの戦功を立てたからこの所領を給する、というかたちでの戦功を媒介とした個別的な主従関係のとり結びかたは、印判状化した後の後北条氏と同じように、信長政権も行なわなかったようだ。

また、これも判物・印判状ともに、先判あるいは先印によって、つまり受取人が既に帯している証文に拠って安堵することを謳ったものも非常に少ない。勝頼が安堵の際に父信玄の証文を盛んにひきあいに出したのとは、ずいぶん様子が違う。何代も続いた各地の戦国大名と違って、拠るべき先代の証文をろくに持たないという事情もあろうが、「先判」の権威などを認めない革新性の反映でもあろう。

今一つ目をひくのは、印判状で出された書状の二一七／二六九通、つまり八割かたが、相手からの音問に答えて返事として出されたものだということである。これまた、返書《へんしょ》として しか書状を出さないという信長の姿勢の高さのあらわれとして読むことができる。

このように、文面にあらわれた発給の理由を眺めてみても、革新的で強い姿勢で臨んだ信長の姿が仄見えてくる。

という具合に、今までの本書での経験を活かしながら、東国の印判状大名のとった路線の延長上にあり、それをさらに推し進めたものとして、信長政権の支配のありかたを理解してきた。東国や西国の大名の文書を素材として行なってきた試行錯誤をいったん定式化した上での作業であったため、いたって気楽に暢気に、信長の発給文書を一通も例示することなしに、非人格的で強力な支配などという大それた判定を下すまでに至る仕儀となった。

それはそれで、決して的外れだったとは思わない。けれども、よくよく表44を睨んでみると、戦国大名との単純な比較ではうまく解釈できない点も発見される。

それは、優遇系のなかみである。さきに中括を行なったときに、印判状大名は優遇系の文書を盛んに発給しているのに、非印判状大名はほとんど出していないという事象をとりあげ、そのことの意味を考えてみた。そして、禁制《きんぜい》・役免《やくめん》・過所《かしょ》・伝馬《てんま》と、優遇系に属する文書のそれぞれを順に検討した結果、これらの文書を盛んに出した印判状大名の政治は、充実した徴税システムを有し、交通路の統制にも積極的にとりくむ苛烈さと、その代償に家臣に必要経費＝伝馬を支給してくれたり、在地を軍隊の乱暴から保護してくれたりする親切さとをあわせもつ、官僚制的で強力なものだったと位置づけてみた（二二七ページ）。

ところが、表44を眺めると、確かに禁制はかなりの量が出されているが、役免・過所はごく少なく、伝馬に至っては一通も見出すことができない。ここにさきの戦国大名での読解を機械的に当てはめると、信長政権は徴税システムをろくに有さず、交通路の統制・整備にもあまり意を払わなかった、その点では西国の非印判状大名なみの消極的な政権ということになってしまう。

むろん、ことの真相は少しく異なる。たとえば、信長が道路の整備を命じた文書は何通も残っており、彼が領国内の人と物の流れの助成や統制にひとかたならぬ配慮を払っていたことは明らかである。ただ、どんどんと他の大名を制圧してふくれあがっていく統一政権であったため、狭い分国内を対象としていた戦国大名とは異なり、その版図をおおう伝馬制度の網を自らの手で構築するところまではいかなかったのだろうと推察される。

同じようなことは、徴税システムについても言えそうだ。確かに信長には役免を伝えた文書はあまりみられず、また従来の研究史を参照しても、彼がたとえば後北条氏の段銭《たんせん》・棟別銭《むねべつせん》のような、まがりなりにも領国一円を賦課の対象とする税制を布いたというようなことは知られていない。そもそも、諸大名の分国を連合・再編成することによって成立した統一政権に、そのようなかたちでの集権的な税制システムなど望むべくもないことは、豊臣から幕藩体制へと続くその後の歴史がよく教えるところである。役免の文書がわずかしかないからといって、信長を西国の非印判状大名たちと同列に論ずることはできないゆえんである。

このように、戦国大名と統一政権という、規模・レベルの異なる二つのものの比較であるだけに、機械的な対比ではうまくいかない点が部分的に出てきてしまう。けれどもやはり私は、本書での戦国大名遍歴によって培ってきた定式にしつこくこだわりたい。これが、戦国大名と統一政権を同じ場に載せて論ずるために私の貧しい頭脳が案出した、さしあたり唯一の方法だからである。なるべく恣意的解釈に陥らないように自らを戒めながら、道程を進めていきたいと考えているので、どうかよろしくおつきあい願いたい。

さて、言い訳もとりあえず済んだところで、表44から導き出される課題をあとひとつだけ手早く片付けて、この項目を締めくくることとしよう。

それは、朱印状と黒印状はどう使い分けられたのか、という課題である。信長は「天下布武」の印章を朱印と黒印の両様に用いているが、その使い分けの基準は何だったのか。

表44を眺めやると、両者の内容分布ははっきりした対照を示している。朱印の方は宛行系・安堵系・優遇系のほとんど、及び命令系の大部分を占め、書状には部分的にしか用いられていない。逆に黒印の用途はほとんどが書状で、あとは命令系に少し、宛行・安堵・優遇系に用いられることはめったにない。「黒印を捺した文書は、従前の判物に代る印判状ではなく、平常の書状と云うべきものが多い。しかるに朱印に至っては、判物に代る印判状に捺してあるのが極めて多い」という相田二郎氏の指摘（前掲「織田氏幷に豊臣氏の古文書」三

四ページ）の通りである。

したがって、朱印は宛行・安堵・優遇・命令の各分野に、黒印は書状に、という使い分けがなされたということで概ねよいとは思うが、いささか気になるのは、主として書状の分野で部分的ながらも両者が併用されていることである。

そこで、朱印で出された書状と黒印で出された書状とはどう違うのかをあれこれ比較してみると、次のようないくつかのささやかな相違が発見できる。

・書止文言を比較すると、朱印は「恐々謹言《きょうきょうきんげん》」が、黒印は「謹言」が多く、朱印の方が厚礼である。

・返事として出されたものが朱印の場合は半分程度であるのに対し、黒印の方は九割近くにのぼる。

・本文の終りに「猶佐久間右衛門尉可ㇾ申候」というように副状を発給した家臣の名が記されているものは、朱印が四割、黒印が三割ほどで、朱印の方がやや多い。

書式が厚礼で、返事として出すものは少なく、副状発給者が明記されている——どうやら朱印の方が黒印よりもややあらたまった場合に出されたと考えてよいようだ。

なぜ、そうなったのか。黒印よりも朱印の方が厚礼であるという一般的な通念のせいでもあろうし、また、一時的な伝達に使われる書状よりも永続的な効力を期待される宛行系以下の証文にもっぱら捺され続けてきた朱印が、そのうちに書状のなかでもあらたまった場合に

表45　年記の記しかたごとに分類（単位：通）

	判物		印判状	計
	永禄9年以前	元亀元年以後		
①―A	0	0	2	2
①―B	1	0	0	1
②―A	16	7	177	219
③―B	40	2	218	273
⑤―B	0	0	1	1
⑥	18	80	413	578
A（書下年号）	16	7	179	221
B（付年号）	41	2	219	275
計	75	89	819	1093

は用いられるようになったのでは、とも想像される。

ともあれ、書状の分野を中心に若干の併用状態がみられるものの、概ね黒印は書状、朱印はそれ以外、という使い分けの状況を確認したところで、先へ進むこととしたい。内側の内容の検討をひとまず終えたので、今度は外側―書式の話である。

書式

いきなり結論からいこう。年記・書止文言・署名・宛先に付ける敬称の四つの要素に着目して信長の文書を整理してみると、二つのことがわかる。一つは、信長の文書の書式は大別して三つのパターンに分けられること、そして今一つは、時期が下るにしたがって薄礼化・尊大化が進行することである。

まず、三つのパターンの話。これは年記と書止文言の記しかたに顕著にあらわれる。表45に見えるように、信長の文書では年記の記しかたは三種類しか用いられていない。「天正三年九月日」のような書下年号の②―A、「天正参十一月七日」のような付年号の③―B（この③―

Bは後北条氏のときと違って干支を記さない）、及び「十月廿五日」のような無年号の⑥、である。

この三種の記しかたは、それぞれの文書の内容に応じてきれいに使い分けられており、書止文言もまた、各グループごとに専用のものがほぼ定められていた。

すなわち、判物の場合は、

・書　状……年記⑥……書状系の書止文言
・禁　制……年記②―A……「仍下《よってげ》知《ち》如件《くだんのごとし》」
・その他……年記③―B……「仍状如件」

という具合であり、いっぽう印判状の場合は、

・書状・命令……年記⑥……書状系か「候也《そうろうなり》」
・禁制・掟……年記②―A……「仍下知如件」か「仍執達《しったつ》如件」か「者也《ものなり》」
・その他……年記③―B……「状如件」か「仍状如件」か「候也」

というあんばいである。判物も印判状も、書状か禁制かそれ以外の宛行・安堵状などかという同様の基準によって、年記・書止文言が同じように使い分けられている。両者の相違と言えば、印判状の方が書止文言の種類がいささか豊富になっていることくらいである（表46参照）。

発給文書全体が、このように三つのパターンにほぼ整然と分けられる、すなわち、禁制な

ら年記はこれで書止はこれというように、どんな内容の文書かによってどの書式を用いるかがきっちり定められている、という事態に遭遇するのは、本書のなかで今がはじめてである。整然と秩序立って画一的に文書を発給するシステム。そこには、今までに類を見なかったような強い求心力・統制力が働いているのが認められ、まことに信長らしいという思いに誘われる。むろん、さきに伊達氏を始めとする東北の諸氏で、政権の初期の特徴としてみられた「仍為後日証状如件」のようなくだくだしい書止文言など、薬にしたくても見られない。

表46　書止文言ごとに分類　（単位：通）

	判物		印判状	計
	永禄9年以前	元亀元年以後		
書状系	15	75	189	337
恐惶謹言	0	1	8	12
恐々謹言	13	69	78	194
謹　言	1	5	82	99
如件系	57	8	312	403
仍状如件	36	1	30	71
状如件	0	1	189	200
仍如件	8	1	11	22
仍下知如件	9	3	48	66
仍執達如件	1	1	31	36
也など	3	6	316	348
候　也	0	4	237	255
者　也	2	2	51	59
計	75	89	819	1093

さて、次に薄礼化の話に移ろう。これは、書止文言・署名・宛先に付ける敬称の三つの要素にわたって現象する。

まず、書止文言をみると、年月の経過とともに以下のような変化が生じている。

・書状・命令……ほとんどが「恐々《きようきよう》謹《きん》言《げん》」だったのが、天正四年（一五七六）初めに「謹言」「候也」中心へと変化し、翌五年初めに「候也」へと一本化される。

・禁　制……永禄九年（一五六六）までの判物の時代には「仍下知如件」、その後印判状時代になって元亀三年（一五七二）までは「仍執達如件」、翌天正元年以降は「仍下知如件」が用いられ、天正十年に「者也」が集中的にあらわれる。

・その他……判物の時代には「仍状如件」だったのが、印判状に移行するとともに激減して「状如件」にとってかわられる。そして、天正四年初めに「仍状如件」はとうとう絶滅し、かわりに「候也」が部分的に進出してくる。

このように並べてみると、どの分野でも着々と書式の薄礼化・尊大化が進行したことが見てとれる。書状では「恐々謹言」から「謹言」そして「候也」へと、禁制では「仍下知如件」や「仍執達如件」から「者也」へと、そしてその他の宛行状や安堵状では「仍状如件」から「状如件」「候也」へと。これらはいずれも鄭重な書きかたから略式の書きかたへの変化と位置づけてよいだろう。

なお、禁制で元亀三年―天正元年を境として「仍執達如件」から「仍下知如件」へと切り替わるのは、この時に信長政権が将軍足利義昭と訣別して自立の道を歩み始めたからである。所領安堵状などの文面から「任㆓御下知之旨㆒」と義昭の意を奉ずることを示した文言が姿を消すのもちょうどこの元亀三年末である。いずれの変化も、義昭と信長が最終的に決裂する天正元年七月より半年ほど早めに起っており、軍事的に決裂する以前に文書の上での義昭―信長体制は既に終焉を迎えていたことが知られる。

次に署名の記しかたの変遷を見よう（表47参照）。

・書状以外の文書が判物から印判状へと切り替えられた永禄十年を境に、「上総介信長」のように丁寧に名を署することはほとんど行なわれなくなる。

・印判状時代になってから、禁制にはもっぱら「弾正忠」が用いられていたが、それも天正三年までで姿を消し、以後の禁制には署名は記されなくなる。

・同じく天正三―四年を境として、宛行状や安堵状は「信長」とある有署名のものから無署名のものへと変化し、以後「信長」と署されるのは主として書状だけとなる。

すなわち、ここにも丁寧な署名から名のみの簡略な署名へ、そして無署名へという薄礼化の進行がみてとれるのである。

おしまいは宛先に付ける敬称の変遷ぶりである（表47参照）。

・判物の時代には、敬称を付ける時には原則として「殿」しか用いられなかった。が、永禄十年以降の印判状の時代になると「とのへ」の進出が始まる。

表47　署名・敬称ごとに分類　（単位：通）

	判物（永禄9年以前）		印判状	
署　名				
有署名	58		542	
「上総介信長」など		14		8
「信長」		44		489
「弾正忠」		0		45
無署名	17		277	
敬　称				
「殿」	43		319	
「とのへ」	2		112	
なし	30		388	
計	75		819	

・天正四―五年頃を境として、その進出は急激に本格化し、「とのへ」が「殿」とほぼ肩を並べるまでにいたる。

これまた、薄礼化の着実な進行である。

以上、書止文言・署名・敬称の三つの要素にわたって、薄礼化が着々と進行した様相を見てきた。こうした薄礼化の進行が、その政権がしだいに充実・強大化していくあらわれであることについては、既にいくつもの大名を材料として繰り返し述べてきたので、改めて言うまでもない。

今ここで注目したいのは、それぞれの薄礼化がいつ生じたか、ということである。実はこれが、さきに二つの転換期として挙げた時期とぴたりと一致しているのである。

第一の転換期、書状以外の文書が印判状化した永禄十年には、宛行系や安堵系の文書の書止文言が「仍状如件」から「状如件」中心に変化し、「上総介信長」のような丁寧な署名が姿を消し、そして「とのへ」の進出が始まる。

つづく第二の転換期、書状に至るまで印判状化した天正四年初めには、書状等の書止文言が「恐々謹言」から「謹言」「候也」へと変化し、宛行系や安堵系から「仍状如件」が消滅し、禁制は「弾正忠」から無署名へ、宛行・安堵系も「信長」から無署名へといずれも署名を記すことが行なわれなくなり、そして「とのへ」の進出が本格化する。

このように整理してみると、禁制に「者也」が進出するのは天正十年になってから、というようないささかの例外はあるが、ほとんどの薄礼化の諸現象が永禄十年と天正四年の二つの転換期に集中して生じていることがわかる。岐阜移城を機に行なわれた証文の印判状化、安土移城を機に行なわれた書状の印判状化は、ともにその背後に書式の大はばな薄礼化・尊大化をもともなっていたわけである。このとき断行された変革の規模と意義の大きさがしのばれよう。

しかも、さきほど信長の印判状化のプロセスを「ある時を画して一斉に整然と情容赦なく文書の様式が切り替わる」と形容した（二九四ページ）のと同じように、この薄礼化もまた、少しずつ徐々に進行するのではなく、ある時期に画然とためらうことなく実施されている。「脱皮」とでも名づけたくなるような鮮やかさだ。これは、戦国大名たちの発給文書の書式が、その政権の充実にともなって徐々に薄礼化・尊大化していったのとは全く異なる特徴である。

昨日まで鄭重な書式をもって遇していた相手に、今日からはまるで掌をかえしたように尊大な書式で臨む。性急ともとれるほどのこの急激な変革ぶりの背後には、なみはずれて強靭な意志・積極的な意欲が存在したに違いない。ここでもまた、いかにも信長らしいという嘆声を漏らしたくなってしまう。

以上、概況・内容・書式と型通りの手順を踏みながら、信長の〝文書相〟を観察してきた。その結果、東国の印判状大名と近似しているが彼らよりももっとラディカル、という概況を見たときの予想がめでたく的中することとなった。初期の判物時代からかなり印判状的な様相を見せていた信長の文書は、二度にわたる印判状化の進行＝脱皮によって、命令系の文書を旺盛に出し、尊大な書式を用いる非人格的・官僚制的で強力な政権へと変身を遂げる。ついには、文書に花押を据えることを一切やめてしまうなどという、従来の戦国大名を見てきた眼には過激とも無謀ともうつるような徹底した地平にまで到達するのである。安土城のあるじが発給する文書は、書状をも含めて、もはや信長という人格のにおいがほとんど感じられない、無機質で画一的な天下布武の印章ばかりとなってしまったのだ。

ここで思い出されるのは、信長には自筆の文書がほとんど見られないということである。信長が自ら筆を執って認めた文書として現在知られている確実なものは、細川家に残された天正五年十月二日付の書状（『増訂織田信長文書の研究』下巻七三八号文書）のみであり、千通余に達する文書を残した人物としては異常な少なさである。自ら筆を執って文書を認めるという行為に対して、きわめて消極的だったと考えざるを得ない。このことも、印判状化の徹底と同じく、信長がその発給文書から自らのにおい・ぬくもりを消し去ろうという強い意志を抱いていたことの証左と言えよう。

強い意志によって厳しく統制されたこの変革の徹底ぶり、仮借のなさは、文書を受け取る側にあった人びとにはどう受けとめられたのだろう。彼らにとって決して気持ちのよい、歓迎されるべき変革ではなかったのではないか。惟任日向守の胸中にきざした叛意の遠因もあるいはこのあたりにあるのでは、などと口走ったら考え過ぎと叱られるだろうか……。

勝手な想像はさておき、型通りの作業が続いていささか単調となってしまった叙述に、さいごに少し視点を変えた分析を添えてから、この訪問を締めくくることにしよう。

「御《ご》判銭《はんせん》出すべからず」

天正二年春（一五七四）、松永久秀の降伏によって信長の勢力下に置かれることになったばかりの大和でのできごとである。戦乱の世から奈良興福寺大乗院を懸命に守ってきた同院の門跡尋憲のもとに、またしても厄介な問題が舞い込んだ。地元の有力武将である筒井順慶が大乗院の内衆に対して礼銀を上納するよう要求してきたのである。

尋憲は承伏しない。「去年十一月ニ、寺門奈良中朱印礼とて、自二筒井一銀子申懸砌、信長へ被二仰届一処、筒井、林佐渡守（秀貞）折帋以、御内衆之儀可二相除一由被二申付一、不レ出」（「尋憲記」天正二年二月二十二日条、『大日本史料』第十編之十九　天正元年是歳条所引、以下この一件についての関連史料はすべて同書に収録してある）――昨年十一月に既に内衆は免除するようにとの信長の許可をとりつけてある、と反論する。だが、筒井の側も強硬で、礼銀を出さなければ譴責使を派遣するぞと恫喝をかけてくる。

困った尋憲は知己である三条西実澄のつてを頼って、当時大和多聞山城に滞在していた細川藤孝に助けを求めた。信長麾下の有力武将である彼に後ろだてを頼めば、順慶めもおとなしく引き下がろう、という思惑である。

藤孝はみごと期待に応えた。三月五日、筒井からの譴責使が派遣され、内衆の居所に押し入って質物を取るなどの狼藉を働いている、という尋憲からの急報を受けるや、即座に使者を送って譴責使を追い返し、さらに順慶に対してその不法を詰り厳重に抗議してくれたのである。

効果てきめん、尋憲の喜びもひとしおである。翌六日に、「既譴責候て被レ失二御面目一候処ニ、以二御使者一譴責被二相立一、重而厳重御使者被レ立、及二夜中一候ニ一段被レ入二御情一御馳走段、外聞旁以御本望候、弥無レ別様ニ被二仰届一御馳走頼思召」――譴責使がやってきて当方の面目丸つぶれであったのに、追い返して下さり、その上強硬な抗議を夜中に至るまで申し入れて下さって、まことにありがたい、今後ともどうかどうか宜しく、と鄭重に礼を述べ、さらに盛大に贈り物をした。樽二荷、饅頭三〇、豆腐一〇丁、木綿一反などである。藤孝からも「銀子儀弥厳重ニ可二申付一候、可二御心安一」――いよいよ厳重に注意を致しますから御安心召されい、との返事が届き、一件は落着したかに見えた。

ところが喜びも束の間、三月七日に事態は急旋回する。順慶から直接藤孝に対して、どうしても銀子を徴収させてくれという要請が行なわれ、これを受けた藤孝が「是非トノ儀候者無二是非一」――どうしてもと言うのならやむを得ない、として銀子の徴収をあっけなく了承してしまったのである。

　さあ、藤孝に裏切られた尋憲の憤りはひととおりでない。

「抑沙汰限之兵部《（藤孝）》大夫申分候、厳重ニ申、又今更相違候て一事両方之申事陵爾共候、既礼以下迄請取一過之上、如レ此申事比興々々、都鄙兵部大夫失二面目一次第共也」――既に礼物まで受け取って落着したのに、このように態度を豹変させるとは全くけしからぬ。都鄙＝世間に対して、藤孝は面目を失ってしまったぞ。

　丸い頭から湯気を立てて怒ってはみたものの、もはやなすすべはなく、三月九日に内衆たちは泣く泣く銀子を上納したのであった。

　以上が、事件の顚末である。統計的な処理が中心の本書にあって、珍しく具体的なエピソードであるため、つい力が入って叙述がくだくだしくなってしまったが、一連の経過のなかに、中世の人びとが紛争・トラブルを解決するために講じた方法の特徴の一端がうかがえよう。筒井に責められた尋憲は、個人的なコネを頼って有力者の藤孝に援助を求める、という方法を選択した。信長からの折紙＝証文を楯に論陣を張るだけでは到底勝ち目はないとの判断からであろう。法的な正当性の主張よりも政治的な力関係によって解決をはかろうとしたのである。権門の威を借りる、中世でさんざん行なわれたことである。

　ここで目を引くのは、尋憲が怒りのあまり口走った「都鄙兵部大夫失二面目一次第共也」のひとことである。礼物を受け取っておきながら違約した藤孝は世間に顔向けができなくなる。ということは、藤孝が礼物を受け取ったことは、世間の皆が知るところであったことになる。

このとき贈られた豆腐や饅頭などの礼物の総額は米に換算して二石二升六合、尋憲の計算によると筒井より内衆に賦課された銀子の総計六貫六八五文の一八％にあたっている（「尋憲記」三月十七日条）。手土産などという額ではない。まさに今風に言えば賄賂である。

ただ、今風の賄賂と違うのは、そこにうしろぐらさが微塵も感じられない点である。贈った側も贈られた側も罪悪感など毛ほども持っていない。それどころか、賄賂を貰ったらきちんとそれに報いるのが道義であり、それをしないと世間の笑いものだ、というのだ。賄賂が堂々と社会的な認知を勝ちえているのである。賄賂というよりは、口きき料・手数料とでも呼んだ方が、彼らの心性に近かろうか。

ところで、こうした手数料をしっかり受け取っておきながら、藤孝が一夜にして態度を一変させたのはなぜなのか。筒井の恭順をつなぎとめておこうという政治的な配慮のゆえか、あるいは、興福寺のような権門にも例外は認めず一般寺院なみの扱いをした方が今後の施政がやりやすいと考えたのか。当の尋憲ですら知り得なかったその間の事情は、今となっては知る由もない。

ただ、ふっと思いついたのは、もしかしたら信長政権は、手数料を貰うことと引き替えに相手を優遇する措置を講ずるという、この、現代人には奇異にうつるが当時ごくあたりまえのこととして行なわれていた慣行を破りたかったのかも知れない、ということである。さきに、伝馬制度が敷かれたことの意義について、「受益者から手数料を取らず、政権の財政から直接に俸給や経費の支弁を受ける『官僚』の萌芽」（二二六ページ）という評価をしてみたことが想起されたからである。

そう考えたとき、にわかに輝きを増してくるのが、「御判銭・取次銭・筆料等、一切禁制事」あるいは「御判銭・取次銭・筆耕等、不レ可レ出レ之」などという文言が付記された信長の禁制である。この種の文言は、信長政権の末期、天正十年三月武田氏を攻め滅ぼした折に、甲斐・信濃の各地に一斉に大量発給された禁制群に限って見られる。三月日付で出した禁制一九通のうち八通、四月日付の方は二七／三三通もがこの文言を有している。禁制を発給し、在地を保護するという恩恵を施しながらも、それに対する手数料・代償は一切受けないというのである。

それまでの信長は、当時の大小の政権がみなそうしていたように、文書を発給するたびごとに相手から礼銭＝手数料を取っていた。たとえば、天正元年越前の三田村三助は所領安堵の朱印状を貰ったことと引き替えに「其方本知之御知行之御朱印出候間、朱印銭早々被二相調一可レ有二御越一候」（『増訂織田信長文書の研究』上巻六六四ページ）と朱印銭を催促されているし、天正七年には大和の薬師寺が禁制朱印状の礼として「上様（信長）江金子壱枚・御かたひら弐ツ上申候、取次へ金子五両、又筆号（耕）銭銀子壱枚」を出している例が知られる（『同』下巻四三六ページ)。

これは同時に一斉に占領地に頒布された禁制などの場合も同様で、天正元年八月日付の禁制を貰った越前の西福寺は、「制札之事相調候、御礼物被レ持、早々引渡し可レ申候」(『同』補遺一四〇ページ)と礼物を要求されているし、天正三年九月にはさきほどのエピソードの主人公であったわが尋憲も朱印銭を支払って禁制一通を発給してもらっている(『同』補遺一七一ページ)。そう言えば、筒井が奈良の寺院に賦課してきた銀子の名目も「朱印礼」であった。

このように、文書を発給することと引き替えに朱印銭・取次銭などの名目で手数料を徴収することは、当時ごく普通のことであった。文書の受取人すなわち受益者に、取次料・筆耕料などその文書の発給にかかる経費等を負担させることで、文書発給システムの維持、ひいてはそれに携わる奉行人たちの生計の保障が行なわれていたのであろう。

それを信長は廃止せよと言う。手数料を廃止し、文書を無償で給付するようになれば、そのシステムの維持には別の財源が必要になる。小は紙や筆を購入することから、大は奉行人や書記たちには俸禄を支給することまで、政権の手で賄わなければならなくなる。そのためには、徴税システムを強化して、従来よりもっと多くの財貨を政権のもとにプールしておくことが必要となろう。

こうして、重税を課するかわりに文書を無償で発給してくれる——従来よりもより苛烈、で、かつより親切な政権への胎動が始まる。手数料を廃止することは、一見ささやかな改革のように見えて、実は政治のしくみ、さらには政治の理念の大きな転換につながっていく画期的な変革なのである。

してみると、まさにこの時にあたり、禁制の書止文言が「仍下知如件」から「者也」へと簡略化する（三〇八ページ）のも偶然ではなかろう。代価を支払って獲得するものから無償で下賜されるものへと、文書の性格が変ったのにともなう書式の変更であったに違いあるまい。

本能寺の数ヵ月前にようやく、信長はこうした変革の端緒につくことができた。すべての発給文書の印判状化に成功し、非人格的・官僚制的な支配を力強く推し進めつつあった彼にとって、それは新たな高みへの挑戦であったろう。あの疾風のごとき勢い、前人未踏の大変革に挑む颯爽とした気概は、さいごまで彼とともにあったのである。

これで、信長のもとを辞することとしたい。強靱な意志のもとにみごとに統制された変革の鮮やかさに目をみはり感嘆することが多く、まことに感銘深い訪問であった。徹底した印判状化、命令系の文書の急増、書式の尊大化、そして御判銭の廃止。印象に残ったシーンを指折り数えあげてみれば、信長政権の支配のありかたを、東国の印判状大名の路線上にあり、それをはるかに徹底させたものとして位置づけることに、もはやためらいを感ずる必要はないだろう。印判状型の支配と非印判状型の支配という、当時の列島上に存在した二つの典型的な統治パターンのうち、信長は前者の路線を選択したのであった。

なぜそうなったのか。既に考えてきたように、印判状型の支配は大名と家臣の間の較差が大きく、家臣たちに対して大名が強い態度で臨み得るという状況のもとに成立する。東国の諸大名たちと同様、信長の膝下にあった家臣団もそれほどの規模を備えていなかったのであろう。と同時に、あの変革の鮮やかさからみて、家臣団の統制、あるいは在地の統治にあたって、信長がなみなみならぬ統率力を発揮し、強烈な影響力を行使していたことは間違いあるまい。

では、その強力な統率力はどうやって培われたのか。無責任に空想するならば、おそらくは、なまじ順境に置かれなかったことが幸いしたのではないか。兄弟たちのあいつぐ離反、杖と頼む宿老の裏切り、強大な外敵の侵入などなど、まるで狙い討ちのようにつぎつぎと襲ってくる試練を、自らの才覚で何とか乗り切っていくなかで、家臣や領民に対する圧倒的な優越を勝ちとっていったのだろうと推察される。

そうした内側の状況とともに、もう一つ外側からの影響もあったに違いない。信長が岐阜移城とともに敢然と始動させた印判状体制は、彼の発明にかかるものではない。後北条・武田・今川・上杉と、東国の諸大名たちが既に着々と構築しつつあったものである。また、西隣美濃の斎藤義龍も印判状を用いて過所を発給しており（「神宮文庫所蔵文書」『岐阜県史

史料編　古代・中世四』九九五ページ)、「すでに関東の戦国大名後北条氏・今川氏・武田氏などにおいては、十六世紀初頭にうちだされた戦国大名を特徴づける諸政策が、美濃においては、萌芽的ではあるが、義龍の代にいたってやっと見られる」(勝俣鎮夫「美濃斎藤氏の盛衰」『岐阜県史　通史編　原始・古代・中世』一九八〇年、のち『中部大名の研究』〈戦国大名論集4〉、吉川弘文館、所収)という評価を受けている。

境を接し、あるいは交渉のあった国々で、印判状化による体制の変革が少しずつ進行しつつあったことは、信長政権にとって学ぶべきよき先達、よき教訓とうつったことであろう。さきほど東北の大地を旅した折に、大名間の関係の親疎によって印判状大名になるか非印判状大名になるかが決定される、つまり交流の深い相手が印判状大名ならその大名も印判状化するというような例がままあるのを目にしたことが想い出される(二七七ページ)。

わけても、東の境を接し、凄絶な衝突を幾度となくくりかえした宿敵今川氏からの影響・感化は少なからざるものであったろう。さきに訪れたように、今川氏は東国の大名たちのなかでまっさきに印判状の導入に踏み切り、後北条氏や武田氏に比べて徹底度はさがるものの、「如律令」の印章を中心にしだいに印判状化を推進させつつあった。信長と矛を交えたのは、そうした印判状化がかなりの進展をみせた頃にあたる。圧倒的に優勢な大軍を率いて領内を蹂躙しにきた恐るべき今川の力をまのあたりにし、その支配のありかたに熱い関心を寄せる若き信長の姿を想像するのは容易である。

では、彼はどうやって敵国の支配についての情報を入手したのだろう。遍歴する商人たちからか、回国する御師たちからか。

あれこれ空想していると、あの木下藤吉郎がゆくりなく姿をあらわす。そう、彼は主君信長が岐阜に移った頃から、すなわち信長政権が印判状体制に移行した頃から、急速に頭角をあらわしたのであった。そして彼は、信長に仕える前に、確か今川義元の麾下の武将松下之綱なる者に仕えていたのではなかったか。一次史料によっては全く裏付けられていない、しかしどの所伝も口を揃えて語るこの著名な伝説が、何やら急に意味ありげに思えてくる。むろん、積極的な証拠が何もあるわけではないが、もしかしてひょっとすると、今川と信長を結ぶ情報の流れのどこかに、ひそやかに彼の姿が息づいていたのかも知れない。

閑話休題。都合よく豊太閤殿下がご登場あそばしたところで、彼の文書の物語へと話を進めることにしよう。

【秀　吉】

弾正忠の呼称にふさわしい粛正将軍のもとを辞してほっとしたのも束の間、次なる訪問先はこれまた底知れぬ魅力と凄みをたたえた太閤どのである。気おくれする心を励まして訪れてみよう。信長という凜冽たる個性のもとに動き出した巨大な歯車は、彼という傑出した操り手を得たことで、その勢いをますます加速させていく。それがどこへ向かおうとしているのかを、彼の発給文書の面構え、すなわち〝文書相〟を調べることを通じて、是非とも見定めてみたいからである。

あいもかかわらず、概況・内容・書式の三ステップを刻んでいくことにしよう。

概況

短い治世の間にすさまじい量の文書を発給した秀吉。その痕跡を求めて勤め先の書庫のなかを右往左往し、ようやく四〇〇〇通ほどをかき集めることができた（なお、この蒐集作業が終了した後に、三鬼清一郎氏の努力と執念による『豊臣秀吉文書目録』（一九八九年三月刊）の刊行をみた。私の拙ないコレクションは氏の高い到達点には及ばないが、氏のリストを手がかりにもとの文書を捜しあてて、内容や書式の各要素を一通一通調査していくには相当の時日と手間が必要となる。全体の動向をうかがうには、私のコレクションでも何とか間にあうだろう。そんな判断から、手もとの材料だけで分析を進めることにした。ちなみに、豊臣政権の性格を見極めるのが目的なので、信長のもとでの一部将に過ぎなかった本能寺以前の時期のものは対象外とした）。

さて、例によって判物と印判状に分けて年ごとの統計をとってみることから始めよう。表48を御覧いただきたい。

表48　年ごとの残存量の推移　　（単位：通）

年	計	判　物	印判状	同日一斉頒布 組	通
天正10*	63	54	0	4	11
11	196	180	6	10	73
12	237	140	87	14	39
13	287	79	194	27	130
14	175	62	106	13	42
15	255	29	217	28	88
16	150	33	114	15	65
17	153	10	131	17	101
18	475	16	436	26	279
19	147	2	138	14	84
文禄 1	309	0	293	35	165
2	294	3	271	38	164
3	118	0	109	14	68
4	148	1	147	20	104
慶長 1	37	2	33	3	6
2	104	1	100	11	68
3	100	1	96	16	63
年未詳	896	73	772	——	
計	4144	686	3250	305	1550

＊は6月3日以降のみを対象とする。

まず、いちばん左の合計通数の欄をざっと追っていくと、年間数百通を記録するというその大量発給ぶりに今更ながら驚かされる。本書のここまでの遍歴のなかで、いまだかつてなかった事態である。それとともに目を引くのは、その大量発給が政権の当初から一貫して行なわれていることである。信長にしても、あるいは各地の戦国大名たちにしても、その政権の発展にともなってしだいに発給文書の量が増えていくという経過をひとしく辿った。ところが、秀吉の場合は彼らとは異なり、天正十年（一五八二）六月に政局の主導権を握ると即座に大量発給の体制が布かれている。これは、徐々に勢力を蓄えていくというのではなく、信長の突然の死という空白を利していきなり政局の中枢に躍り出た彼の立場の如実なあらわれとして読むことができよう。

では、そうした大量発給の体制において、印判状はいかなる位置を占めたのか。次の判物と印判状の欄に目を移そう。印判状が本格的に用いられるようになるのは天正十二年からであるが、その時点で既に全体の三分の一以上を占めており、翌天正十三年には七割かたが印判状化する、という具合に、その進出はさすがに戦国大名風情などより段違いに迅速である。ただ、天正十八年頃まで判物も根強く残り、判印併用期間が七年ほどにわたっているところは、信長が書状以外の分野における印判状化をわずか一年余で完遂させてしまった神速ぶりよりは、やや見劣りがする。その状況の詳細、すなわちさっさと印判状化したのはどの分野で判物がしぶとく残ったのはどの分野か、については、のちほど内容の検討のところで触れよう。

ところで、秀吉の文書を眺めていると、同じ日にほとんど同じ文言で何通も、あるいは何十通もの文書が一斉に出されるという事態にしばしば出くわす。そこで、そうした同日一斉頒布のケースをせっせと拾い上げて、その概略を表のいちばん右に記してみた。結局、全体の半分近くの文書がこうした同日一斉頒布によって出されたものであることが確認できる。さきほど、年間数百通が現存するというあまりの大量発給ぶりに目をまるくしたが、その大半が一斉頒布だったわけで、印刷機でも備え付けているかのように、日夜大量の画一的な文書を吐き出し続けた秀吉の政庁の旺盛な仕事ぶりが目に浮かぶ。

こうした仕事は、小さな印刷機とも言うべき印章の助けを借りた印判状の得意技である。現に、印判状体制にほぼ切り替えられた天正十三年には同日一斉頒布の割合がぐっと上昇しており、印判状の起用がこの一斉大量発給のシステムを支える頼もしい柱となったことを物語る。もっとも、子細に見ると、印判状が起用される以前にあっても、判物による一斉発給が少なからず行なわれていることがわかる。どうやら、政権の初期から大量発給システムを始動させた秀吉は、印判状が普及する数年後まで待てなかったようだ。

印判状を基本とした、類をみない大量一斉発給の体制。表48から読みとれることを要約すると、さしあたりこんな風になろうか。前例のないこうした体制の到来が意味するものは何なのか。概観の吟味はそろそろ切り上げて、いよいよ内容の検討へ踏み込んでいくことにしよう。

内容

いつもの手順で秀吉の文書の内容分布をはかってみると、表49のようになる。戦国大名とも信長とも大きく異なる状況が、ここに現出する。

まっさきに目につくのは、命令系の呆れるばかりの多さである。全体の三四％、書状を除いた部分で計算すれば一四二二／(四一四四－一四九〇)通＝五四％と、半分以上が命令系で占められているわけで、後北条氏をも信長をもはるかに凌駕する氾濫ぶりである。それにひきかえ、西国の非印判状大名を特徴づけていた起請文も名誉系も、さらには相続安堵状もほんの僅かしか見られない。したがって、秀吉の至った地平は、西国大名流の人格的支配からははるかに遠く隔たり、東国大名流の非人格的・官僚制的支配を信長よりもさらに徹底して推し進めた位置にあったことになる。かつて二二〇ページで描いたような円グラフにするならば、命令系の黒い翼に覆われて、白の名誉系の部分が吹っ飛んでしまった、やたらに黒々しい色あいのグラフとなるはずだ。あのとき「時代は、白から黒へ、あらがいがたい激しさで動きつつあった」と、我ながら気恥ずかしくなるような表現をしたが、ここに至って、その黒への接近がクライマックスに達した観がある。

本書での経験の蓄積のおかげで、と胸を張ってよいものかどうかわからないが、ともかくこうして表49を一見しただけで、秀吉政権の性格についてあっさりと結論が出てしまう。けれど、せっかくこのために厖大な作業量をつぎ込んだのだから、もう少し粘ってみよう。非人格的・官僚制的支配の徹底とは、あるいは「黒への接近」とは、具体的にはどのようなあらわれかた

表49　内容ごとに分類　(単位：通)

	判物	印判状	計
起請文	2	0	2
名誉系	7	38	48 (1%)
感状	7	38	48
官途状	0	0	0
宛行系	121	424	557 (13%)
所領宛行	99	257	365
宛行約束	9	5	14
寄進	13	162	178
安堵系	34	49	84 (2%)
所領安堵	20	37	57
安堵	14	11	26
相続安堵	0	1	1
優遇系	75	311	390 (9%)
禁制	62	255	321
役免	13	54	67
過所	0	2	2
伝馬	0	0	0
命令系	159	1213	1422 (34%)
命令	138	1075	1252
掟	19	112	141
通達	2	26	29
書状	251	1109	1490 (36%)
計	686	3250	4144

表50　内容分布の年ごとの変遷　（単位：通）

年＼内容	計	感状	所領宛行	宛行約束	寄進	所領安堵	安堵	禁制	役免	命令	掟	書状
天正10	63	1	15	1	2	3	1	4		9		22
11	196		37	1	1	8	6	30	9	21	5	59
12	237	3	12	2	2	4	3	20	6	76	3	98
13	287	1	33	2	44	4	2	17	2	70	19	81
14	175	3	10	1	12	2	1	1		67	8	57
15	255	4	29		1		1	10		86	8	107
16	150	1	21	5	5	2	1	3	3	32	19	40
17	153		11		22		1	18	36	28	3	23
18	475	5	24		11	30	3	197	1	73	14	100
19	147	2	42		33	3			3	31	12	12
文禄 1	309	2	5	1	3		1	18		183	31	60
2	294	8	8		3		2	1	2	178	10	74
3	118	2	27		11				1	38	3	29
4	148		54		22					26	2	30
慶長 1	37		5		3					14	1	11
2	104	12	8				1	1		59	1	18
3	100	2	21	1	1					50		17
年未詳	896	2	3		2	1	3	1	4	211	2	652
計	4144	48	365	14	178	57	26	321	67	1252	141	1490

をしたのか、漠然とした言い方で満足せずに掘り下げてみることとしたい。そのために表50を用意する。

表50は内容の分布を年ごとに集計したもので、これによって時の経過とともにどのような変遷が生じたかを知ろうという魂胆である。これを睨みながら、それぞれの内容の文書がどんな消長を辿ったかを整理していくと、天正期と文禄期以降とでは、少なからず様相が異なっていることに気づく。ほぼ天正末年頃を境として、姿を消していくジャンルがいくつもあるのである。

それは、宛行約束・所領安堵・

安堵・禁制・役免の五者である。安堵系と優遇系を中心とするこれらの文書は、いずれも天正末期までにほとんど姿を消してしまう。その結果、文禄以降、秀吉の発給する文書は所領宛行・寄進・命令・掟・書状、つまり宛行系か命令系か書状のいずれかにほぼ絞られることとなり、はなはだバラエティーに乏しいものとなる。

この大きな変化は何を意味するのだろうか。多様な内容のものから単調で画一的なものへ、すなわち多彩から単色へと文書の用途が定式化・固定化していくことは、おそらく政権の整備・安定を物語るものと読み解いてよいのだろうが、ではなぜその際に安堵系と優遇系が消滅するのか。

安堵系も優遇系も、受取手に何らかの利益をもたらす文書である。当然、受取手からの個々の要請に応ずるかたちで出されるのが通例であったろう。してみると、秀吉政権はそうした下からの要請に応じて文書をいちいち発給するという行為をしだいに行なわなくなった、それがこれらの文書の消滅となって現象した、ということではないだろうか。

なお、消滅した五つのジャンルのうち、ひときわ量の多い禁制について一言しておこう。禁制は主に戦時に軍隊の非法から在地を保護するために出されるものである。よって、天正十九年（一五九一）の奥羽平定をもって国内での戦闘がおおむね終了した時点で、その使命をほぼ終えるのは考えてみれば当然であり、受取手からの要請云々などという大仰な説明を付け加える必要はないかのように一見みえる。しかし、天正十一年賤ケ嶽、十二年小牧・長久手、十五年九州平定、と軍事行動の規模は年々拡大するにもかかわらず、禁制の量は一貫して減り続けており、この動向に反するのは天正十八年の関東に対する大量発給だけである。二〇〇通にも及ぼうというこの空前の大量発給を例外視するのはやや問題もあろうが、国内での戦闘が終了する以前から禁制の発給は減少に向かいつつあったと考えた方がよさそうであり、とするとやはり、受取手からの要請云々という説明が必要になってくるように思う。

さて、安堵系・優遇系がその姿を消していくいっぽうで、受取手に利益をもたらす文書のなかで唯一生き残った宛行系にも、大きな変質が生じていた。その大部分が同日に一斉に頒布されるものとなっていたのである。所領宛行の二五二／三六五通＝六九％、寄進の一五〇／一七八通＝八四％を同日に一斉に頒布されたものが占めている。かつて後北条氏で同日一斉頒布が広汎に行なわれるのを目撃したが、それとても全体の一五％程度にとどまり、これほどの高率は前例がない。これは何を意味しているのか。

この現象の意味づけもまた、受取手の要請というファクターを使うことによってみえてくる。同日一斉頒布ということは、受取手からの個々の要請に応ずるのではなく、政権の側の政策的判断で文書の発給が行なわれるということに他ならない。この秀吉の時代に至って、宛行系の文書は個々の申請に応じて個別に出されるものから、政策的に一斉に頒布されるものへと、その性格を大きく転換させたことになるわけである。その結果、あの郡に領地を持っている領主は全部代替地を与えて立ち退かせ、あそこを直轄地化してしまおう、というような思い切った政策の実施がはじめて可能となるのである。

かくて、安堵系・優遇系の消滅と宛行系の一斉頒布化という二つの現象の根は同じところにあることがわかる。それは、文書が受取手の申請に応えて個別に出されるのではなく、政策的に一斉に頒布されるようになるという変化である。その結果、承認や保護をいちいち個別に与えることがなくなって安堵系・優遇系が姿を消し、支配制度の根幹にかかわる宛行系だけが一斉頒布化して生き残る。

私には、これはじつにただならざる事態、容易ならざる大変革に思えてならない。中世という時代を律してきた当事者主義の発想、文書の獲得と保持はその文書によって利益を得る者自身の手によって行なわれるというしくみが、ここに至ってとうとう崩壊する。文書はもはや受取手の努力と執念の結晶ではなくなってしまい、政権の側からばらまかれるものに成り下がる。命令系の文書の進出というかたちで東国大名から信長へと受け継がれてきた、じわじわとした蚕食の動きは、秀吉のもとで優遇系・安堵系そして宛行系へと飛火して一気に爆発炎上し、その結果、文書発給の主導権は完全に政権の側に移り、受取手の要請は聞き届けられなくなってしまう。政権側から見れば、依頼のあるたびに場あたり的にお墨付を与えるのではなく、全体を見渡した政策的配慮・政治的判断のもとに文書による指示を発令できるようになるわけだ。中世への訣別、そう形容するにふさわしい光景ではなかろうか。

ところで、この大変革のかげでちょっと目をひくのは、文禄・慶長期になって感状がその健在ぶりを発揮していることである。名誉系すなわち西国の非印判状大名型の支配を体現するはずの感状がどうしてこんなところでふんばっているのか。あるいは、大変革の奔流に抗して生れたわずかな反発の渦巻ででもあろうか。

こうしたささやかなゆりもどしらしきものは、別の側面からも検出できる。それは、三〇〇ページで信長について行なったように、それぞれの文書が発給されたきっかけ・理由について集計してみたときである。戦功によって所領を宛行ったり安堵した例は初期にちょっとしか見られない、先判・先印によって安堵した例もごくわずか、書状の一一三七／一四九〇通と八割かたが返事として出されたもの、というように、予想通り信長の時と同様の現象がつぎつぎと確認できるわけだが、政権の末期になるとやや様子が違ってくる。返信ではなく秀吉の方から先に出した書状が急増し、かつ戦功を謳って所領を宛行ったケースがちらほらと顔を見せる。たとえば、加藤嘉明に対して、「其方事先年於二江北一柴田合戦刻、一番鑓ヲ仕候付而」（慶長三年五月三日秀吉朱印状、東京大学史料編纂所架蔵影写本「近江水口加藤文書」二）と、一五年も昔の賤ケ嶽での戦功までも今更ながらにとりあげて所領を宛行っている例などがそれである。朝鮮出兵の失敗、そして自らの命脈の終末を迎えた秀吉が弱気になっている姿がうかがえるが、弱気になったときの彼が縋ったものが感状や戦功を謳った宛行状であったことは興味深い。空前の大変革を成し遂げた彼が、西国大名型の支配への傾斜をわずかに見せた一瞬である。

以上、信長よりさらに徹底した非人格的・官僚制的支配、というこの項の冒頭であっけなく出てしまった結論に具体的な陰翳をつけるために、年ごとの変遷の表を出発点に行なってきた私の模索は、天正末期に生じた大変革とそのあとのわずかなゆりもどしを見出すことによって、何とか報われたようである。やはり粘ってみるものだ。なお、じつはあと一つ二つ陰翳をつける手だての目星がついているのだが、それは「内容」というこの項の範疇をはみ出してしまうので次項に譲ることとして、さいごに宿題をひとつ片付けておこう。

さきほど概況を眺めたときに、秀吉は印判状化を完遂するのに約七年かかっていると指摘した。では、印判状はどの分野から浸透しはじめ、どの分野がさいごまで判物の牙城として頑張ったのか。東国の印判状大名たちと同様に、やはり命令系から順に印判状化が進んだのか、信長と同様に書状が印判状化に立ち遅れたのか。検証してみよう。

とりあえず、ある程度まとまった量を残している所領宛行・寄進・禁制・命令・書状の五つの分野について、表51を作成してみる。順に見ていくと、所領宛行では印判状の進出が鈍く天正十六年頃までかなり判物が残るのに対し、寄進は天正十三年に一斉に印判状に切り替えられる（天正十六年に判物が一時復活しているのは、聚楽第への天皇行幸を機に出されたという特殊な背景によるものである）。禁制も同じく天正十三年を境に印判状化するし、命令ではさらに早く天正十二年には半分が印判状化している。さいごの書状も命令と同様に早

表51　内容ごとの印判状化の進行状況　（単位：通）

年＼内容	計		所領宛行		寄進		禁制		命令		書状	
	判物	印判状	判	印	判	印	判	印	判	印	判	印
天正 12	140	87	12		2		18		39	37	47	43
13	79	194	19	13	4	39	7	10	7	60	24	49
14	62	106	5	5		12		1	17	48	33	20
15	29	217	4	25		1		9	8	78	16	86
16	33	114	9	11	4	1	2	1	4	28	8	30
17	10	131	1	10		22		18	3	19	4	14
18	16	436	1	23		11		196	3	66	6	79
天正19年以後	10	1187	2	169	1	74		20	1	562	4	211
計	686	3250	99	257	13	162	62	255	138	1075	251	1109

くから印判状の進出をみたが、判物の方もなかなかなくならずに判印併用状態が天正十八年頃まで続いていく。詳しく見ると、毛利や上杉といった他国の大名に出す書状は判物、家臣や寺社宛ての書状は印判状といった使い分けが当初なされており、しだいに大名宛てにも印判状が進出していくというプロセスを辿っている。

すなわち、すみやかに印判状に切り替えられたのは寄進・禁制・命令の三者、遅れたのは所領宛行・書状の二者である。前三者について印判状化の時期をさらに絞ってみると、寄進は天正十三年後半に、禁制は同年三月と四月の間に一斉に印判状に切り替えられ、命令は天正十二年の後半から既に印判状の進出が著しい。並べると、命令・禁制・寄進の順に印判状化が進行し、しばらくして所領宛行、さらに遅れて書状と続いたわけである。

命令―禁制―寄進―所領宛行―書状。この順は後北条氏などでみた印判状化の進行の順序ときれいに一致している。また、戦国大名たちにはついにできなかった書状の印判状化にあたってはさすがの秀吉も少し手こずっているが、その際に他国の大名宛てのものの印判状化の方により苦労しているところは、信長とよく似ている。もって、この印判状化が東国大名や信長におけるそれと同質の現象であることが、あらためて確認できよう。

顧みれば、信長は書状以外の分野の印判状化を一年余で一息に完成させ、その後書状も領国内宛てと領国外宛ての二段階に分けて一挙に印判状化を断行してみせた。「まるで信長は徐々にという変化など許せないかのように」とあのとき嘆声をあげたほどの潔さであった。

それに比べると、秀吉はずいぶん趣が違う。各分野に順々に印判状化を進行させ、書状の印判状化も少しずつ進めている。短時日の間にすべてを印判状で塗りつぶしてしまう、という結末は同じではあるが、そこに至るまでのプロセスに一斉にか段階的にかという相違が読みとれるのは、両雄の個性の問題としてみても、両政権の性格の問題としてとらえても、なかなか興味津々たるものがある。仮に後者の問題として考えるならば、さきに指摘した政権末期のゆりもどし現象とも相俟って、規模の大きな変革につきものの若干の躊躇・たゆたいでもあろうか。

憶測は措いて先へ進もう。さきほど中断した「陰翳をつける」作業を、項をあらためて再開することにしたい。

文書の宛先、文書の値段

前項で得た最大の収穫は、受取人の個別の申請に応えて文書を下賜するという中世以来のやりかたをやめ、政策的意図により一斉に大量頒布するという体制へ切り替える、という大きな変革が秀吉政権の手によって断行されたのを知り得たことであった。このような大きな変革は、おそらく文書の内容だけではなく、文書が発給されるに至るまでのもろもろの手続きなどにも影響を及ぼしているだろう。とすると、安堵系や優遇系が消え命令系に席巻されるといった内容上の変化を追うだけではなく、中世以来行なわれてきた文書発給の手続き・慣行がどんな変容を蒙ったかについても、目配りしておく必要があるのではないか。このように考えて、ここに文書発給の周辺をみるための場を設けた。さしあたり、二つの方向からアプローチを試みたい。

ひとつめは、文書が誰に与えられたか、という問題である。文書は宛所《あてどころ》に記された受取人に与えられるに決っている、そう思いがちであるが、中世ではそうとは限らなかった。たとえば次のような文書である。

伝馬五疋可レ出候、鉢形へ被二召寄一まい〱に被レ下、可レ除二一里一銭一者也、仍
如レ件、
(天正十六年)
戊子　　　　　　　　　　　　奉之
十二月十八日　□(「常調」印)　宗悦

小田原より
鉢形迄宿中

（「相州文書」『神奈川県史』資料編3　九四二〇号文書）

これは後北条氏が小田原から鉢形までの道筋にあたる各宿に対して、舞々の通行のために伝馬五疋を出すように指示したものだが、舞々の家に伝来しているから、宛所の「小田原より鉢形迄宿中」にではなく、舞々に与えられたものであることがわかる。この文書によって伝馬使用という利益を得る〝受益者〟舞々自身が、後北条氏に申請して文書を発給してもらい、それを携帯して行く先々の宿場の役人に提示することで伝馬使用の権利を享受したわけである。これが、文書はその文書によって利益を得る者のもとに伝来する、という言いかたによってよく知られた中世の文書発給の通例のありかたであった。

ところが、秀吉の場合は随分様子が違う。たとえば次のような文書である。

幸若被二差上一之間、伝馬四疋分可二申付一候也、
（天正十八年）七月十六日　○（秀吉朱印）
（小早川隆景）羽柴筑前侍従とのへ
（吉川広家）羽柴新城侍従とのへ

（『小早川家文書』四五九）

これは小早川隆景・吉川広家の両人に対して、芸人幸若の通行のために伝馬四疋を手配する

よう指示したもので、さきほどの伝でいけば幸若の家に伝来するはずの文書であるが、そうではなく宛所の小早川の家に伝わっている。すなわち、この文書は幸若が秀吉に申請して得たものではなく、秀吉から小早川らに対して直接出された指令であることがわかる。文書の発給・伝達は、この文書によって利益を得る〝受益者〟幸若の預り知らないところで行なわれているわけである。

もう一組例を挙げよう。

当年寅歳之御扶持給六貫文、来廿日を切而、佐枝・恒岡両人前より可レ請二取之一者也、
仍如レ件、
戊寅（天正六年）
十二月八日 □（虎印）
内山弥右衛門尉殿

（「内山文書」『神奈川県史』資料編3 八四七〇号文書）

これは後北条氏が内山弥右衛門尉に対して当年の扶持六貫文を給付する旨を通知したもので、内山家に伝えられている。今度は宛所と伝来が一致しているから話は簡単で、この文書は扶持を受ける内山弥右衛門尉に与えられたのである。

いっぽう、秀吉も同じような扶持給付の通知を出している。

米百石、中村孫平次（一氏）ニ遣候、可レ然□□（渡之カ）申候、

天正十年
　九月十七日　　　　　　　　秀吉（花押）
　　杉原七郎左衛門尉（家次）
（「足守木下家文書」『ねねと木下家文書』一一七ページ）

これは中村一氏に米一〇〇石を給付する旨を通知したものだが、杉原氏の親族である木下家の文書として伝来していることから、文書を与えられたのは担当奉行の杉原家次であって、扶持を受けた中村一氏ではないことがわかる。さきほどの幸若の例と同じように、ここでも〝受益者〟の関与しないところで文書の発給・伝達が行なわれている。

この二組のケースは決して珍しいものを拾ってきたのではない。交通保障や扶持給付に関わる、これと似たような事例を片端から丹念に調べていくと、秀吉にあっては、ここに挙げた後北条氏の二通の文書のように受益者に文書が与えられたケースの方がむしろ珍しく、大部分は小早川や杉原のような所轄の奉行人に与えられていることが判明する。受益者に対してではなく、奉行人によって構成される官僚機構に直接文書が渡される――文書の流れがここで大はばに変更されているわけである。

こうした文書の流れの大はばな改変が、受取人の申請によるのではなく政策的意図によって文書が発給される体制へ、という例の変革と密接に連動して生じたものであることは疑いを容れない。受取人＝受益者の申請に応えて出した文書なら受益者の手に渡さなければなるまいが、政権側の発意により政策的意図で出す文書にはそんな義理は生じない。むしろ、所轄の奉行人に直接流した方が能率的・合理的にことが運ぶであろう。こうした事情から、政策的意図によって大量に頒布された文書の群れが、個々の受益者の手を煩わすことなく、官僚機構のなかを所轄の奉行人に向けて整然と流れていくというシステムが、しだいにかたちづくられていったのではないか、と推測される。どうやら、利益を得る者のもとに伝来する、というあのうるわしい中世文書伝来の法則は、ここについに終焉を迎えたようである。

いささかややこしい話になってしまったが、趣旨をお汲みとりいただけただろうか。第一のアプローチとして文書が誰に与えられたかという問いを試みた結果、受益者ではなく所轄の奉行人へ向けて滔々と流れる新たな文書の流れが観察できたわけである。中世にはほとんど見られなかったこの新たな流れが、著しい台頭をみせたことの意義は注目に価しよう。

さて、第二のアプローチとして設定した問いは、文書は購われるものであったのか否か、という問題である。さきに信長を訪問した際に、「御判銭出すべからず」という一節を特に設けて、文書発給の際に手数料が支払われたかどうかを検討し、信長は政権の末期にこの手数料を廃止して無償で文書を配布するという画期的な政策の採用に踏み切ったことをみた。その同じ問いをここで秀吉にもぶつけてみようというわけである。果して彼は、亡君信長の遺業を引き継いで文書の無償配布を断行しただろうか。

残念ながら、と言ってよいのかどうか、次のような文書が目にとまる。

御制札御判銭掟

一、上之所者、永楽銭三貫弐百文宛可レ上之事、
一、中之所者、同弐貫弐百文宛可レ上之事、
一、下之所者、同壱貫弐百文宛可レ上之事、
此外ニ取次銭以下不レ可レ出レ之、

（中略）

天正十八年八月　日　◯（秀吉朱印）
石田（三成）治部少輔とのへ

（東京大学史料編纂所架蔵影写本「本法寺文書」一）

これは、天正十八年（一五九〇）、関東から奥羽へとその版図の拡大事業の真っ最中にあった秀吉が、在地に与える「制札」＝禁制の値段を定めたものである。明らかにここでは秀吉の禁制は有償であり、信長が本能寺の直前に手をつけた無償配布政策は後退してしまっている。

けれども、有償か無償かという二者択一の問いをひとまず離れて考えてみるならば、禁制のいわば法定価格を定めるというこの行為は、御判銭を統制し制限していこうという動きの第一歩と評価することも可能である。「此外ニ取次銭以下不レ可レ出レ之」と、法定以上の額を徴収することが禁じられていることからもうかがえるように、在所を上中下の三ランクに

分けて価格をきっちり定めてしまえば、奉行人の恣意の入る余地はなくなり、御判銭を払う受取人の負担は大幅に軽減されよう。

しかも、私のみるところ、この一貫文から三貫文という価格はそうとう廉価と考えてよいようである。信長のところで紹介した例では、大和薬師寺が禁制に対して支払った代価は「金子壱枚、御かたひら弐ツ、金子五両、銀子壱枚」であった（三二七ページ）。これが永楽銭何貫にあたるのか正確な換算値は知り得ないが、秀吉の法定価格よりはるかに高額であることは確かである。さらに遡って戦国大名の事例を探してみると、越前の朝倉義景が敦賀の善妙寺に寺領安堵状と禁制の二通を与えた際に、「御一行并制札」の礼銭として三一貫四〇〇文の代価を徴収した、という事例が見出せる（元亀四年四月十八日周厳覚書、「善妙寺文書」『敦賀市史　史料編』第一巻二三九ページ）。

こうしたいくつかの数値と引き比べてみると、秀吉の設定した価格はかなりの安値と考えてよさそうである。すなわち、法定価格を定めて奉行人の恣意を抑制したという点と、廉価な価格設定を行なったという点の二点において、秀吉は受取人の負担を大幅に軽減したと判断されるのであり、とすると、この一片の掟書は、信長のめざした無償配布政策へ向けての一歩前進と評価できるわけである。

どうやら前途はそれほど暗くない。意を強くして、もう一人証人を喚問することにしよう。その名は多聞院英俊、大和多聞院に住した僧侶で、天文八年から慶長元年まで、すなわち信長と秀吉の治世をほぼすっぽりカバーする時期にわたって日記を書き残してくれた貴重な証人である。

彼の日記をひもといていくと、信長の代には、文書を出してもらうときに礼銭をたんまり搾り取られるのがつねであったことがわかる。たとえば天正四年の彼は、松井友閑を介して信長からもらった「城州三郡寺社領」安堵の朱印状の代価として「大儀」な「朱印銭」をふっかけられ、「物入沈思々々」と愚痴をこぼしながらもやむなく「金一両二文目」を捻出して支払いを済ませている（『多聞院日記』同年十一月十八日、同二十四日、十二月六日条）。また、天正九年には大乗院尋憲が金子三枚を持参して安土へ赴き、信長の朱印状を購ってきたことがみえる（同年十二月三日、同十日条）。類例は他に幾つもみられ、この時期の文書は紛れもなく代価を支払って購入するものであった。

ところが、秀吉の代になると状況は一転する。日々のできごとが詳細に書きとめられている彼の日記をいくら調べても、文書の代価として礼銭が支払われた例を見出すことができない。たとえば天正十八年には、かつて没収された寺領を返してもらえることになり、それまでの八〇〇〇石から一挙に一万五〇〇〇石を領するようになるという大きな恩恵に浴したにもかかわらず、秀吉に対して礼銭の類が献上された気配が全くない（同年十二月十五日、同二十九日、翌天正十九年三月十八日条など）。他に、秀吉から英俊の周辺に対して朱印状が出されたことが何度かあるが、いずれに対しても礼銭は支払われていない。

あまつさえ、次のような記事が目にとまる。

一、去年検知ニ礼ヲ仕タル曲事トテ、国中庄屋衆卅七人籠者了ト、

（天正十五年八月一日条）

ここでは、検地に際して礼銭を出したのは曲事であるとして、庄屋衆が籠舎という処罰を受けている。礼銭を支払った形跡をいくら捜しても見つからないはずである。秀吉の統治下では、〝おかみ〟の恩恵を得るために礼銭を支払うという行為は、曲事として処罰の対象になっていたのである。賄賂を受け取っておきながら裏切った細川藤孝に対し、丸い頭から湯気を立てて怒ったあの尋憲の憤り（三一五ページ）は、既に時代遅れのものとなっていたわけだ。

こうして、多聞院英俊の口から、信長から秀吉へと政権が交替した際に、購われるものから無償で配布されるものへと文書の性格が大きく変化した、という心強い証言を引き出すことができた。さきほどの御判銭掟の位置づけとあわせ、秀吉が文書発給の際に手数料を徴収するという慣行の縮小・廃絶に踏み切ったことが、ここに明らかになったのである。

そしてこのこともまた、受取人の申請ではなく政策的意図による文書の発給へ、という例の変革に連動しておこったことは間違いない。仲介者を頼んでの申請という手だてによって得た文書ならば、受取人は発給者に対しても仲介者に対してもそれ相応の礼銭を支払わなければなるまいが、政策的意図のもとに頒布された文書にはそうした義理は何ら生じないだろ

う。文書の出しかたが変ったことにより、礼銭支払いというしくみは不要となったわけだ。

以上、第一・第二と二つのアプローチを重ねて、政策的頒布へと文書の出しかたが変革されたことに付随してどんな現象が生じたのかを調べてきた。その結果、二つの変化が検出される。一つは受益者でなく所轄の奉行人に文書が渡されるようになるという変化、今一つは礼銭を支払う必要がなくなるという変化である。文書の出しかたの変革にともない、発給の手順や手続きも新しい事態に対応したものへと変更されていったのであった。このときの変革が文書発給の体制を根こそぎつくりかえる、まことにドラスティックなものであったことがうかがえよう。

ところで、この手続きの変更は、文書の受益者の側に立ってみれば、改善と評するに足る内容を備えている。文書をもらう際に、礼銭を支払わなくてよくなったし、文書を手にして自ら所轄の奉行人のもとへ赴いて厄介な折衝をするというような苦労もしなくてよくなった。つまり、政権のサービスが向上して、従来よりずっと親切な政治が行なわれるようになったわけである。自力救済という名の自由を手放すことと引き換えに人びとが得た果実のひとつがここにある、と言ってよいのではないか。そのかわりに、政権に対して自らに有利な文書の発給を請求する、というルートは閉ざされてしまう。信長を訪問した際に感じた「従来よりもより苛烈で、かつより親切な政権への胎動」（三一八ページ）は、どうやらしっかりと秀吉に引き継がれているようだ。この変動をまのあたりにして、たとえばあの尋憲はどう思っただろう。過重な負担から救ってくれる福音として歓迎しただろうか、それともこんなお仕着せの果実はいらないからもとの自力救済に戻せ、と言って怒っただろうか……。

内容の検討をするなかでめぐりあった大きな変革が、文書発給の手続きに及ぼした影響をみるための寄り道がずいぶん長くなった。そろそろ本道に戻り、三ステップめの書式の検討にとりくむことにしよう。

書式

秀吉の文書の書式、すなわち年記・書止文言・署名・宛先に付ける敬称の四つの要素を整理してみると、二つのことがわかる。一つは内容によって三つのパターンに分けられること、そして今一つはある時期を画して薄礼化・尊大化が生ずることである。この二つの特徴は、既に三〇五ページで検討した信長の書式のそれと全く同じである。そこで、この信長との異同に留意しながら、秀吉の書式の所見を手短にスケッチしていこう。

まず、三つのパターン。これは年記・書止文言、そして竪紙《たてがみ》か折紙《おりがみ》かの別の三つの要素にあらわれる。

すなわち、
・書状・命令……年記⑥……書止文言は書状系か「候也」……折紙
・禁制・掟……年記②―A……「仍下知如件」か「者也」……竪紙

・その他……年記③―B……「状如件」か「候也」……折紙
（ただし一部に年記②―A及び書止文言「者也」の進出がみられる）

というように、内容によってどんな年記の記しかたをし、どんな書止文言を用いるかがほぼ整然と決っていることが確認できる（なお、三つのパターンをあらわす煩雑な表をわざわざ示すほどの必要を認めないので、年記と書止文言についての基本的データだけを表52・53として掲げておいた）。

この使い分けかたは、内容の区分のしかたも年記の選びかたも、信長のときと全く同じで

表52　年記の記しかたごとに分類
（単位：通）

	判　物	印判状	計
①　―　A	2	11	15
①　―　B	1	0	1
②　―　A	132	655	813
②　―　B	11	12	23
③　―　B	143	445	597
⑥	385	2111	2621
A（書下年号）	134	666	828
B（付 年 号）	155	457	621
計	686	3250	4144

表53　書止文言ごとに分類　（単位：通）

	判　物	印判状	計
書状系	241	167	507
恐惶謹言	22	3	27
恐々謹言	186	91	298
謹　　言	27	46	82
か し く	6	17	84
如件系	185	49	245
仍状如件	7	2	9
状 如 件	72	16	92
仍 如 件	45	5	53
仍下知如件	46	10	58
也など	255	3019	3367
候　　也	140	2324	2508
者　　也	63	510	589
也	4	69	77
計	686	3250	4144

あり、わずかに書止文言の一部に相違がみられるだけである。細かなことを言えば、「その他」の一部に年記②—Aが進出するというようなささやかな特徴まで信長と一致する。秀吉が信長のじつに従順な後継者であることが読みとれよう。彼は、信長が構築した整然と画一的に文書を発給するシステムを、そっくりそのまま受け継いだのであった。

それでは、後継者としての彼は、亡君の何をどう発展させたのか。薄礼化現象のなかから読みとってみよう。

秀吉の文書の薄礼化は、これまた信長と同じく、書止文言・署名・宛先に付ける敬称の三つの要素にわたって現象する。ただ、いくつかの段階に分けて薄礼化を進行させた信長と違って、ある時期を画してもろもろの要素が一斉に雪崩をうって薄礼化するのが大きな特徴である。その時期とは、他でもない天正十三年（一五八五）七月十日、彼が晴れて関白という輝かしい座に昇ったときであった。

この一大薄礼化現象の具体相をみていくと、書止文言はこの時を境に以下のような変化をみせる。

・書状・命令……書状系から「候也」へ。
・禁制・掟……「仍下知如件」から「者也」へ。
・その他……「状如件」から「候也」へ。

そして、署名と敬称は図12のように変化する。関白就任時を境に、有署名—「殿」から無署

図12　署名—敬称ごとに分類

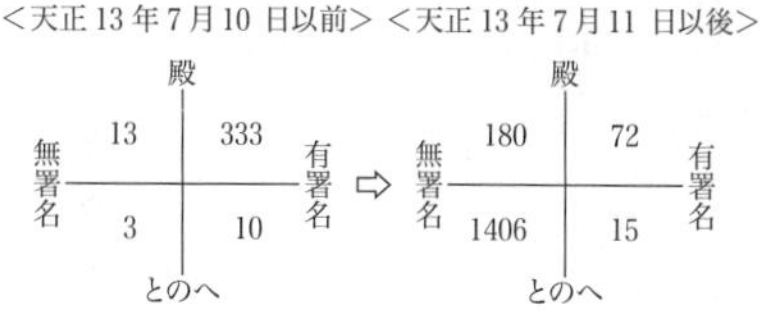

名—「とのへ」へと一挙に変更が行なわれたことがみてとれよう。

ついでに付け加えておくならば、変更後も無署名—「殿」というスタイルが少なからず残っているから、署名より敬称の変化の方がやや鈍かったこともわかる。こうした図をみると、ついあの懐かしい毛利氏での作業を思い出してしまうが、有署名—「殿」から無署名—「とのへ」へと大変動が生じたあのときも、署名より敬称の変化の方がやや立ち遅れていた（一四七ページ図6）。宛先に直接付けられる敬称の方が、署名よりも薄礼化への抵抗感が一般に大きいのであろう。

さて、関白就任時を境に三つの要素にわたって一挙に薄礼化が進行する様相をみてきたわけだが、これを信長が行なった薄礼化と比べてみると、秀吉の至った地平は信長の敷いた路線をさらに徹底して推し進めたところにあることが如実にわかってくる。整理してみよう。

・書止文言

書状・命令……信長が書状系を廃して「候也」へと一本化したのは天正五年とその政権の後期になってからだが、秀吉はこれを天正十三年に早くも実現してしまう。

禁制・掟……信長は「仍下知如件」をずっと使い続け、末期の天正十年にようやく「者也」に変えたが、秀吉はこれも天正十三年に実現してしまう。

その他……信長は「仍状如件」から「状如件」へと変化させ、そのあと「候也」を部分的に進出させるにとどまったが、秀吉は当初から「仍状如件」などほとんど用いておらず、「状如件」から「候也」への変化も天正十三年に全面的に遂行してしまう。

・署　名

信長は書状の分野から署名を消すことは最後までできなかったが、秀吉はすべての分野を天正十三年にさっさと無署名化してしまう。

・敬　称

信長は「とのへ」の進出はせいぜい全体の半分程度にとどまったが、秀吉はほぼ全面的に「とのへ」化を実現する。

このように通覧してくると、信長が中途まで推進した路線を秀吉がしっかり引き継いで完成へと導いたことがよくわかる。細部に至るまでのそのきれいな一致ぶりは、両者の緊密な関係をあますところなく物語っていよう。

かくして、「候也」か「者也」、無署名、「とのへ」と、さしあたりはこれ以上薄礼化しようがないという極限にまで秀吉は登りつめたのであった。しかもそれは、関白就任を機に一挙に行なわれた。もって、天正十三年七月という時点が彼の政権の飛躍にとって大きな意味を持ったことを知り得る。

ここで目をひくのは、信長の至った地点にまで秀吉が到達するのに、約三年というタイム・ラグがあることである。彼は天正十年六月に覇権を手中にするが、信長の到達点をスタートラインにしてただちに前進を開始したのではない。天正十三年七月に至るまでの三年間、書状系や「仍下知如件」や「状如件」を用い、有署名—敬称「殿」を用いるという、信長が既にクリアした段階をあらためてなぞる準備期間を経て、はじめて信長の上に出ることができたのである。そう言えば、印判状の使用についても同様の状況がみられた。信長が既に判物廃絶を達成したにもかかわらず、秀吉は再び判物からスタートし、やはり三年ほど経たのちに、ようやく印判状への切り替えを遂行するのである。

これはきわめて興味深い事態である。今まで秀吉の信長の継承者としての立場をくりかえし強調してきたが、その「継承」が天正十年六月をもってすんなり行なわれたわけではないことを物語るからである。三年という短い期間ではあるが、判物・厚礼の書式という段階をあらためて踏まなければ、彼は亡君の到達した印判状・薄礼の書式を継承し、さらにそれを推進することができなかったのだ。

ここに我々は、信長という生身の肉体が滅びたときに、本能寺の炎とともに消え去ってしまったものが確かに存在することを感得する。だから、秀吉はすぐに信長の到達点を引き継ぐことができず、信長がその生命とともに持ち去ってしまったものを埋めるために三年の時日を費やさなければならなかったのである。

生命とともに持ち去られるもの、それは人格的という形容を冠するにふさわしいものであろう。とすると、非人格的支配を展開した信長政権にあっても、なお信長という個人の人格に負う部分が不可欠の要素としてあったことになる。秀吉の三年をもって埋め得るものであったことからみて、この要素をあまり大きく評価することはできないが、示唆的な発見と言えよう。

なお、これはほとんど蛇足であるが、せっかく見出したので報告しておきたい。天正十三年七月の大雪崩の前に小さな雪崩がおこっていたという話である。

それは、書止文言と署名の二つの要素にみられる。書止文言では、書状系のそれが、天正十一年までは「恐惶謹言」も少なからずあったのに、十二年には「恐々謹言」が大部分に、そして十三年には「謹言」中心に、というように、ぐんぐん薄礼化していくのが観察できる。

いっぽう、署名の方では、「羽柴筑前守秀吉」という鄭重な書きかたが天正十一年までで姿を消し、ついで「羽筑秀吉」「筑前守秀吉」「筑前守」も天正十二年になくなって、シンプルな「秀吉」ばかりになる、というかたちで薄礼化が進行している。

またしても毛利氏の追憶になってしまうが、かの地でも天正十六年の大変化が生ずる以前に、ゆるやかな薄礼化が書止文言と署名のところでしずしずと進行していたことが思い出される。助走から飛躍へ、双方とも似たようなプロセスを辿ったわけだが、毛利氏の「飛躍」

は秀吉というあとおしを得てはじめてなしえたことが、両者の運命を厳しく分っていると言えようか……。

もう一つ、今度は蛇足でないつもりの話を披露しよう。秀吉の文書を見ていると、書状や命令を伝えたものの末尾に「猶長束大蔵大輔・木下半介可レ申候也」というように、その文書を取り次ぐべき人の名が記されていることがしばしばある。この「取次《とりつぎ》」の人名を整理していくとどんなことがわかるか、という話である。

取次は一名のものから五人もの名が連ねられているものまで、さまざまであるので、まずその分布をみると、

四一四四通のうち取次の名が記されているもの一四六三通

うち一名　九八一通
　二名　三五〇通
　三名　一〇二通
　四名　二八通
　五名　二通

となる。

内容は書状が九四七通、命令が四五一通と、この両者でほとんどを占める。書状は一名の場合が多く、命令は単数と複数が半々くらいである。

つぎに年代の経過による変遷を追っていくと、書状に取次の名があらわれる割合はだんだん増えて、天正十五・六年頃には大部分に記されるようになるのに対して、命令の方は文禄期に入ってから急激にその割合が増える。いずれにしても、時期が下るにつれて取次が記されることが多くなるわけで、これは奉行人制度の充実の反映と言えようか。

いちばん気になるのは、誰がどの文書を取り次ぐかがどうやって定められたのか、という厄介な問題である。何百人もの人間が、それもさまざまな組みあわせで登場するこの取次の世界に、何らかの法則性は秘められていないのか。

まっさきに思いつくのは、受取人との関係である。たとえば後北条氏の取次＝「奉者《ほうじゃ》」を検討すると、誰を取次にするかは受取人が誰のところに文書発給の斡旋を頼みにいくかによっておおむね決っていたことがわかる（拙稿「文書と真実・その懸隔への挑戦――戦国大名後北条氏を素材として――」『史学雑誌』九〇―一〇、一九八一年、のち『後北条氏の研究』〈戦国大名論集8〉吉川弘文館、所収）。とすると、日頃のつきあい・人脈などによって縁故の深い奉行人のところに頼みにいくことになるだろうから、受取人が誰かによって取次者がおのずと決ってくるであろう。秀吉の場合は受取人の申請によって文書を出すことはやめてしまったが、受取人と取次者とのあいだのこうした個人的な縁故関係は生きていたのではないか。

調べてみると、案に相違して、受取人と取次者の相関関係は著しく希薄であることが判明する。ある受取人が一人ないし数名の取次とだけ関係しているというケースはほとんど見出せない。たとえば、毛利輝元は石田三成・浅野長政・施薬院全宗・木下吉隆・熊谷直盛・藤堂高虎……とじつに二〇名近くの取次とつきあっている、という具合であり、同じ人が取次名の記された文書を五通以上もらっている場合で、一人の取次に偏っているという例は一つも見られない。秀吉にあっては、受取人によって取次者が誰になるか決る、というような状況はほとんど皆無であったのだ。

それでは、誰が取り次ぐかを決定した要素は何か。あれこれ試みてみると、複数の取次者が名を連ねている場合、その組みあわせにかなり整然とした法則性がみられることに気づく。

たとえば取次二名の場合。一方が石田三成なら相方はほとんど増田長盛である。木下吉隆と山中長俊のペアも揺ぎない団結を誇る。長束正家には木下吉隆、浅野長政には山中長俊というように、五奉行クラスの大物が相手とする実務官僚がほぼ固定化していることも興味深い。

取次三名の場合にも、そのチーム編成は並びかたも含めてかなり固定的だ。石田―大谷吉継―増田ないしは石田―増田―大谷、あるいは増田―前田玄以―長束というような事例が、幅をきかせている。さらに取次が四名に増えると、前田・石田・増田・長束の四者でほとんどが占められ、オーダーも前田―石田―増田―長束か前田―増田―石田―長束のことが多い。

このように、誰と誰が組んで、かつどういう順序で名を連ねるかについて、かなり高い法則性を見出すことができる。とすると、誰が取次になるかは臨機応変・場あたり的に決るのではなく、かなり制度的に固まっていたことになる。さきほど受取人と取次者の照応関係が読みとれなかったのも、むべなるかな。取次者が誰になるかは、受取人とは全く関係なく、この整然とした取次システムによって決定されていたのである。

このシステムは具体的にどう運営されたのか。それぞれの文書にその取次者が割り振られた具体的な理由は何か。輪番制か担当制か。そうしたことの解明にまでは、手持ちの材料ではちょっと立ち入れない。けれども、取次者の組みあわせの法則性の高さと受取人との相関関係の希薄さという、ここで明らかにした二つの徴証から考えて、この取次システムが受取人の事情とは関係なく動いていたこと、すなわち、誰が取次になるかは受取人ではなくシステムによって、言い換えれば政権の側によって決定されていたことは確かであろう。

受取人ではなく政権の都合によって取次が決定される――どうやらまた一つ、秀吉の例の変革の尻尾をつかまえたようだ。受取人の申請ではなく政策的に文書を配布するようになるという変革が、取次者の立場を、受取人の依頼を受けた仲介者から政権の統制のもとにある官僚へと変化させたのであろう。後北条氏のような戦国大名段階とは大きく一線を画する秀吉の位置は、取次者の状況というこのささやかな一事を以てしても鮮明となる。ここで敢えて寄り道をしたゆえんである。

秀　次

概況・内容・書式と順を追って、秀吉の文書相を観察してきた。気ままに道草を楽しんだおかげもあってか、予想以上の収穫が得られたように思う。かなりの長逗留になったことだし、そろそろお暇しようかとほくほく顔で帰り支度をしていると、草葉の陰から呼びとめる声がする。私のところにもお立ち寄りになりませんか。秀次である。

そうであった。短期間とは言え、彼は秀吉から関白職を受け継いで国内の統治にあたったのであった。彼が関白に在任している間も、秀吉は太閤として大いばりで文書を頒布し続けている。とすると、これは毛利氏のような西国大名に特徴的だったはずの「二頭政治」ではないのか。非印判状大名の特徴である二頭政治がみられるということは、秀吉政権を印判状大名の路線の延長上に位置づけることの障害になるのではないか。たいへんだ、これは是非とも秀次殿にお目通りを願わなければ。

というわけで、秀次の文書相を表54にあらわしてみた。これを眺めると、判物と印判状及び同日一斉頒布の欄から、秀吉と同様に印判状による大量一斉頒布の体制が布かれていたことがうかがえる。しかし、何よりも目をひくのは、一番左の合計欄により、文禄元年（一五九二）と同二年の二ヵ年しか本格的な文書の発給が行なわれていないのを知り得ることであ

表 54　秀次の文書の状況　(単位：通)

年	計	判　物	印判状	同日一斉頒布		内容			
				組	通	所領宛行	命令	掟	書状
文禄 1	88	6	75	13	49	6	13	21	38
2	103	5	95	13	64	6	17	0	73
3・4	15	1	10	2	4	3	4	0	4

この表は三鬼清一郎氏編『豊臣秀吉文書目録』に付された秀次の発給文書のリストをもとに作成したものである。

る。しかも、視線を右に移して内容欄を見ると、文禄元年と二年では文書の内容に大きな変動がおこっている。二年になると、掟が姿を消し書状が倍増する。詳しく見ると、文禄二年の四月頃を境に命令も姿を消して、あとは書状ばかりとなることがわかる。

秀次は天正十九年（一五九一）の末に関白に就任してから、文禄四年の七月に切腹に追い込まれるまで、その職にあった。ところが、発給文書をみる限りでは、その在職期間のなかばにも達しないうちに、命令や掟を発するという行為をやめてしまう。かわりに秀次の奉行人がせっせと文書を出した、などという形跡も認められないから、秀次政権は文禄二年なかばをもって、政庁としての機能をほぼ喪失したと考えざるを得ない。

なぜこうなったのか。思いつくのは、ちょうどこの期間に秀吉が名護屋に出陣していることである。朝鮮遠征のための秀吉の名護屋出張は、間に若干の中断を挟んで、文禄元年三月から二年八月に至るのである。九州の前線に秀吉の政庁が移動するのにともなって、京都で留守を預かる政庁が必要になる。秀次が負わされたのは、こうした留守政権の役割ではなかったか。

とするとこれは、非印判状大名に特有の二頭政治とは全然別物である。だいいち、あらわれかたが全く違う。非印判状大名における二頭政治は、新しい当主が旧当主の領域をじわじわと蚕食してしだいに旧当主を凌駕するに至る、という経過を辿るものであるが、秀次は文禄元年に突然表舞台に登場する。朝鮮出兵という非常時に際して、京都に留守政権として分出されたという事情を考えれば、彼の立場はむしろ後北条氏が分出した支城主に似ていよう。支城主＝〃小さな当主〃の創出が可能なのは、印判状大名の特徴のひとつであったことが思い出される（一七二ページ参照）。

したがって、秀吉―秀次という体制は、秀吉政権を印判状大名型に分類する際に何ら障害となるものではなく、逆に、〃小さな秀吉〃の創出を行なったという点において、その妥当さを補強するものとも言えるのである。

なお、三鬼清一郎氏は、秀次政権は国家公権にかかわる事項を管掌し国制的原理にもとづく支配を行なったのだから、封建的ヒエラルヒーのトップに立つ秀吉とは異質の権力である、と主張している（「人掃令をめぐって」『名古屋大学日本史論集　下巻』吉川弘文館、一九七五年）。しかし、私には両者の支配原理を異質とするほどの相違は認められなかった。たとえば氏は、秀次が継馬・継夫制のような交通体系に関わる文書を出したことをもって、彼の支配が国制的原理に根ざしていたことの徴証としているが、同時期の秀吉もさかんに交通関係の指示を出している。また、両者の命令や掟書を見比べても、特に著しい相違は見られない。ここから国制的云々という議論を展開するのはむずかしいのではないか。

悲劇の青年関白へのお目通りもかなった。そろそろこの長逗留を切り上げよう。

じつに、かかえきれないほどの収穫をもたらしてくれた今回の訪問であったが、実を言うと、ここを訪れる前に私が秘かに抱いていた予想は、少しく異なるものであった。東国で育まれた印判状大名の統治システム、西国を中心に培われた非印判状大名の統治システム、両者が秀吉のもとで融合して新たなものが誕生したのではないか、正―反―合の発展というストーリーがつくれたらいいな、告白すると、そんなたわいない夢を思い描いていたのである。

そうした下心のもとに秀吉のあれこれを観察すると、わずかながら非印判状大名に近い特徴が見出せないでもない。一つは、自筆の文書の異常な多さである。かつて、信長がその文書から人格的においを徹底して消去したことを指摘したとき、自筆の文書をほとんど全く残していないことを傍証に挙げた(三一二ページ)。それにひきかえ、秀吉の自筆文書はやたらに多く、一九三八年刊行の『豊太閤真蹟集』(東京大学史料編纂所編)に盛られたものだけでも一〇〇通の余を数える。もっとも、その大部分は北政所を初めとする身内に宛てられた消息類だから、数の多さを額面通り受け取ることはできないが、信長との姿勢の違いは読みとれよう。

もう一つは、天正十六年頃から羽柴という姓を麾下の大名や武将たちに気前よくばらまいたことである。結果、「羽柴安芸宰相」だの「羽柴土佐侍従」だのといった、ことごとしい呼称が大名たちの間に蔓延するようになる。これは、非印判状大名の官途状宛行にやや似た行為と言えるのではないだろうか。

また、さきに内容の検討をした折に、政権末期のささやかなゆりもどしとして、感状と戦功を謳った宛行状の発給が行なわれたのを目にしたことも、あわせて思い出される。

こうしたいくつかの徴候からみて、秀吉はわずかながらも西国の非印判状大名の影響を蒙ったのではないか、と推測することができる。だが、それは正―反―合という私が思い描いたストーリーとはほど遠く、滔々と流れる大河の表面に生じた小さな渦巻のごときものに過ぎなかったと言わざるを得ない。

かくて、予想はあえなく裏切られたものの、この訪問で得た収穫はそんなさかしらなストーリーよりも段違いに豊かでスリリングなものであった。

まず、各方面にわたる探査の結果、秀吉は信長の路線を忠実に引き継いで、それをはるかに徹底させたことが判明した。しかもそればかりでなく、受取人の申請を受けて文書を出すという中世以来の慣行をやめ、政策的に一斉に大量頒布する体制へと切り替える大変革を行なったことがわかってきた。この変革は、文書伝達のルートや発給の手続きや取次人の立場まで一新してしまうほどの目ざましいもので、まさに当事者主義への訣別、中世への訣別と形容するに足る内実を備えている。東国の印判状大名たちによって営々と培われ、信長に受け継がれて充分な栄養を与えられたものが、今ここにとうとう全面的な開花をみるに至ったのである。

政権の中核とも言うべき文書発給の場において、当事者主義への訣別という一大変革が遂行される。それは、政権の基本的な姿勢そのものが、当事者主義を廃して積極的に在地へ介入するようになったことの何よりの証拠である。自由放任から管理統制へ、より親切でより苛烈な政府へ。太閤検地・刀狩・度量衡の統一……豊臣政権を華やかに彩るかずかずの革新的な政策は、みなこのポリシー・姿勢の変更の結果として説明できよう。在地から差し出してくる帳簿で満足せずに、検地竿を担がせた奉行人を現地入りさせたり、自力救済のシンボルである刀を携帯するのを禁じたり、と政策によってそのあらわれかたはさまざまであるが、みなこの当事者主義への訣別という基本姿勢から派生した現象として理解できるのである。この時をもって、「行政」という概念が高らかに呱々の声をあげたのだ、と考えておそらく誤りないであろう。

ちなみに、あの悪評さくさくたる朝鮮出兵もまた、この変革の産物のひとつだったと言えよう。在地からの要求や期待とは全く無縁に、為政者の胸先三寸によって空前の大遠征が強行される。当事者主義の時代には、ありえなかった事態である。

では、このあとやってきた家康は何をしたのか。秀吉がここまでみごとにつくりあげたものに、何を付け加えたのか。あるいは「織田が搗き羽柴が捏ねし天下餅」を座して食するだけだったのか。いよいよ、さいごの訪問先である東照宮へと旅立つことにしよう。

【家　康】

ついに終着駅。物悲しい汽笛を響かせ安堵の溜息を白く吐きながら、列車は静かに止まる。

いにしえ人を眠りから呼び覚まし、概況は、内容は、書式は、と手慣れた問いを投げかけるのもこれで最後。気を引き締めてとりかかることにしよう。

概　況

わが東照大権現殿は、弘治二年（一五五六）元服したての一五歳から元和二年（一六一六）七五歳の大往生まで、じつに六〇年の余にわたって文書を出し続けた。まずは、判物と印判状に分けてその残存数を一覧すると、表55のごとくになる。

この表によって、判物と印判状の位置関係がどんな変遷を辿ったかを追っていくと、印判状が何段階もの画期を刻みながら進出していったようすが読みとれる。整理してみると、

・弘治二年から永禄十一年（一五六八）まで……印判状は弘治二年に一例みられるのみ。

表55　年ごとの残存量の推移　(単位：通)

年	計	判物	印判状	同日一斉頒布 組	同日一斉頒布 通
弘治2	1		1		
3	1	1			
永禄1	2	2			
2	3	3		1	2
3	6	6			
4	14	13			
5	6	6			
6	11	7			
7	19	17		1	2
8	6	6			
9	10	9			
10	2	2			
11	11	11			
12	37	29	5	2	5
元亀1	6	5	1		
2	8	5	1		
3	5	3	1		
天正1	14	12	1	2	4
2	16	9	4	1	2
3	9	6	1	1	2
4	2	1	1		
5	5	4	1		
6	3	2	1		
7	9	7	2		
8	8	6	2		
9	21	15	5	4	11
10	232	50	179	32	124
11	122	38	80	13	60
12	92	84	4	1	2
13	49	39	7	3	17
14	19	10	7	1	3
15	8	3	4		
16	20	12	7		
17	133	3	129	1	127

年	計	判物	印判状	同日一斉頒布 組	同日一斉頒布 通
天正18	52	41	9	1	2
19	261	50	194	5	224
文禄1	40	12	28	5	24
2	25	15	7	2	4
3	17	11	3	1	2
4	14	12			
慶長1	6	3	2		
2	11	9	1	1	3
3	40	30	2	5	13
4	89	51	5	11	38
5	313	200	96	27	140
6	44	11	32	3	25
7	132	19	109	14	101
8	78	4	72	8	56
9	53	5	48	6	30
10	32	3	27	4	11
11	34		31	5	13
12	11		10	1	3
13	30	4	24	6	15
14	41	2	38	6	21
15	42	3	36	5	20
16	23	2	12	3	16
17	40	3	37	5	18
18	51	6	43	9	30
19	71	12	57	11	51
元和1	94	13	79	6	73
2	7		7	1	4
年未詳	151	79	59	—	
計	2712	1026	1512	214	1298
I期	92	83	1	2	4
II期	143	104	26	10	24
III期	1543	673	764	109	783
IV期	783	87	662	93	487

これは、おそらく若年ゆえに印章が用いられたものだろう。あとはみな判物。

・永禄十二年から天正九年（一五八一）まで……印判状が部分的に進出。

・天正十年から慶長五年（一六〇〇）まで……印判状は本格的に進出するが、判物の方がまさる年もあり、安定しない。

・慶長六年から元和二年まで……印判状がつねにほとんどを占めるようになり、判物は部分的使用に落ち込む。

という具合になる。歳月をかけて徐々に、といった進出のしかたではなく、ある時期を画して一挙に次の階梯へという動きをみせるのは、信長や秀吉と同様に背後に強い政治意志が存在したことを伝えてくれる。

では、それぞれの年はなぜ画期となったのか。はじめの永禄十二年については、よくわからない。あるいは前年の信長の上洛が刺激になって、印判状の起用に踏み切ったのだろうか。あとの二つは推測が容易で、天正十年は信長の没後に甲信を経略して領土を大膨張させた年であるし、慶長六年はむろん前年の関ケ原での勝利により天下人の座を掌中におさめた年である。

このように、印判状の進出ぶりを目安にすると、六〇年余の歳月を四つの時期に区分することができる。第Ⅰ期判物時代、第Ⅱ期印判状の部分的進出、第Ⅲ期印判状の本格的進出、第Ⅳ期印判状化の完成、というわけだ。

ちなみに、天正十年甲信経営を機に印判状を本格的に起用するにあたって、家康は当初、日下《にっか》に奉行人の名を記した奉書式《ほうしょしき》のスタイルを採用した。程なくこのスタイルは廃れてしまうが、これは他ならぬ武田氏の愛用した書式であった。家康は武田の故地を統治するにあたって、旧主の書式を踏襲したわけである。ならば、このとき家康が印判状の本格的起用に踏み切ったことにも、印判状大名武田氏の大きな影響を認めてよかろう。東国大名から家康への直接の影響関係がうかがえる、貴重な一シーンである。

さて、さきの四区分法を用いて、表55からもう少し情報をひきだしてみよう。今度は、発給量の多寡、及び秀吉に特徴的だった同日に一斉に文書を頒布するという行為は家康ではどうなっているか、の二点について観察してみる。すると、

Ⅰ・Ⅱ期……発給量は年に一〇通前後と少量で、同日一斉頒布もあまりみられない。

Ⅲ期……数百通に及ぶ年が出るなど、発給量は激増。同日一斉頒布も頻繁にかつ大量に行なわれるようになるが、全くみられない年もあるなど、ムラが激しい。

Ⅳ期……発給量は二ケタ台へと減少。同日一斉頒布の方はシェアをさらに伸ばし、大部分の文書が一斉発給となるに至る。

という推移がみてとれる。期ごとに集計した数値を表の末尾にまとめておこう。

こうして、表55のなかから、着々と印判状化を遂行し、発給量を増やし、同日に一斉頒布するしくみも整えていく家康の姿があらわれてくる。彼は東国大名型の成長を順調に遂げつ

つあったわけだ。同日に一斉頒布された文書は彼の場合、全体の一二九八／二七一二通＝四八％に及び、秀吉の記録した三七％という数字さえも大きく凌駕するに至る。もって、彼が到達した地点の高さをうかがえよう。

だが、東国大名から信長・秀吉へと引き継がれた路線をさらに発展させたのが家康だという、うるわしい予定調和的な結論を導くには、気がかりな点がいくつかある。ひとつはⅣ期になって文書の発給量が大幅にダウンすることである。天下人になり全国に号令する立場にのしあがった途端に、文書の量は増えるのが自然なのに、なぜ減るのか。もうひとつは、印判状化の完成期にあたるⅣ期になってもなお、八七／七八三通と判物が一割以上も頑固に居座り続けることである。信長も秀吉も一息に吹き飛ばしてしまった判物を、なぜ家康は後生大事に抱え続けたのか。

やはり、狸親父どのは一筋縄では縛れない。内容の検討に進んで、その正体をさぐっていくことにしよう。

内　容

まずは、全体の状況から眺めていこう。表56がそれである。ここには、起請文や名誉系はごく僅かしか出さず、宛行系と書状をたくさん、そして安堵・優遇・命令系をそこそこ出している姿が映っている。起請文や名誉系の少なさからみて、紛れもなく東国の印判状大名の

表56　内容ごとに分類　(単位：通)

	判　物	印判状	計
起請文	22	0	26 (1%)
名誉系	41	8	54 (2%)
感　状	36	8	49
官途状	5	0	5
宛行系	169	599	821 (30%)
所領宛行	90	218	345
宛行約束	5	5	10
寄　進	74	376	466
安堵系	110	204	323 (12%)
所領安堵	70	185	263
安　堵	39	18	58
相続安堵	1	1	2
優遇系	26	257	290 (11%)
禁　制	16	82	102
役　免	9	27	38
過　所	1	122	124
伝　馬	0	26	26
命令系	111	239	365 (13%)
命　令	100	37	151
掟	9	180	189
通　達	2	22	25
書　状	522	175	748 (28%)
計	1026	1512	2712

陣営に属していることがわかる。ただ、気になるのは命令系の伸びが今一つのことである。信長なみの健闘を見せてはいるが、秀吉の威勢のよさには及ばないのが、やや引っかかる。

同じような割り切れなさは、それぞれの分野における判物と印判状の比率を通覧してみたときにも感ずる。印判状の占める割合が高いのは、宛行系・安堵系・優遇系・命令系の四者、逆に低いのは零パーセントの起請文をはじめ名誉系・書状とはっきり二極分化している。この分かれかたは、今まで各地の大名でさんざん見てきたところと同じ傾向を示すのだが、本来ならば印判状化の尖兵としてもっとも高い印判状化率を誇るはずの命令系が首位を優遇系に譲っており、なかでも「命令」と名づけた細目の成績が芳しくない。

今一つ伸びを欠き、かつ印判状の進出ぶりも芳しくない、という命令系にまつわるこの割り切れなさは、何に由来するのか。そんな疑問への答えも捜しながら、次の分析にかかろう。秀吉のときに行なったのと同じように、時の経過によりどう変遷するかを調べてみたい。そのため、さきほどの時期区分にしたがって、Ⅰ期からⅣ期までの動きをあらわした表57を作成する。

表57　内容分布の期ごとの変遷　（単位：通）

	Ⅰ期	Ⅱ期	Ⅲ期	Ⅳ期
起請文	8（9%）	4（3%）	14（1%）	0
名誉系	1（1%）	4（3%）	36（2%）	13（2%）
感状	0	4	32	13
官途状	1	0	4	0
宛行系	32（35%）	42（29%）	388（25%）	359（46%）
所領宛行	23	33	176	113
宛行約束	3	2	5	0
寄進	6	7	207	246
安堵系	31（34%）	34（24%）	236（15%）	22（3%）
所領安堵	18	23	205	17
安堵	13	11	31	3
相続安堵	0	0	0	2
優遇系	9（10%）	20（14%）	112（7%）	148（19%）
禁制	7	7	79	9
役免	2	10	25	1
過所	0	1	2	121
伝馬	0	2	6	17
命令系	1（1%）	6（4%）	266（17%）	88（11%）
命令	0	5	128	14
掟	1	1	135	52
通達	0	0	3	22
書状	6（7%）	27（19%）	460（30%）	112（14%）
計	92	143	1543	783

これによって各分野の状況を順にみていくと、

・起請文……Ⅰ期に多く、その後どんどん減ってⅣ期にはゼロになる。

・名誉系……つねに僅かしか占めない。官途状がⅢ期までで終了。

・宛行系……Ⅳ期になってぐっとその割合を増やし、全体の半分近くを占めるに至る。ただし、宛行約束はⅢ期までで終了。

・安堵系……Ⅰ期からⅢ期までしだいに減っていって、Ⅳ期にはついに急降下し、ほとんど姿を消してしまう。
・優遇系……Ⅳ期にやや増加するとともに内訳が急変、それまで禁制・役免が中心だったのが急に姿を消して、過所・伝馬の天下となる。ちなみに過所は、そのすべてが海外に渡航する船舶に与えられた許可状である。
・命令系……Ⅰ期からⅢ期までぐんぐん伸び続けるが、Ⅳ期にやや減少。
・書　状……やはりⅠ期からⅢ期まで増加し、Ⅳ期に減少。
というような観察結果が得られる。

これらを整理すると、大きく分けて二つの変動が生じたことがわかる。

ひとつめは、Ⅰ期からⅢ期までを通じて着々と進行した変動である。起請文が多く命令系がほとんどないというⅠ期から出発して、徐々にその関係が逆転し、Ⅲ期には命令系がしっかりした地歩を築くに至る。東国の印判状大名と同じプロセスを辿っているわけだ。

ふたつめは、Ⅲ期からⅣ期に移った途端に生じた変動である。起請文、官途状、宛行約束、安堵系、優遇系のうちの禁制・役免などが、つぎつぎとその姿を消してしまい、残るのは宛行系、過所・伝馬、命令系、書状とははなはだ寂しい顔ぶれとなる。貿易船に与えた過所の存在といった家康固有の事情によるささやかな相違を除けば、秀吉が天正期から文禄期に入るときにみせたのと、そっくり同じ変化である（三二八ページ参照）。これが、受取人の要請に応えて文書を発給する中世以来の体制への訣別を意味する大変革の表徴であることは、既に秀吉訪問の際に詳しくしつこく述べた。

すなわち家康は、関ケ原以前のⅠ期からⅢ期まではじっくりと着実に東国の印判状大名型の発展の道を歩み、関ケ原に勝利して天下人の座についたⅣ期に入った途端に、一挙に秀吉なみの飛躍を遂げたわけである。

では、秀吉の大変革のもう一つの表徴であった宛行系における同日一斉発給のようすはどうか。調べてみると、宛行系の同日一斉化は既にⅢ期に達成されており、Ⅲ期とⅣ期をあわせて所領宛行の一九四／二八九通＝六七％、寄進の方はじつに四二六／四五三通＝九四％が同日一斉発給という値を呈している。家康は、政策的意図により文書を発給するという体制の構築に、Ⅲ期から既に手をつけていたことが知られる。

Ⅰ期からⅢ期までは印判状大名としての成長過程を辿り、さらにⅢ期に宛行系の同日一斉化という部分的な下地をつくっておいて、Ⅳ期に鮮やかに秀吉なみの大変革を演ずる。表57の検討からは、こんな家康の姿があぶり出されてくる。印判状大名としての旗幟がいよいよ鮮明になるとともに、さきに秀吉の一大特徴として強調した例の大変革を、家康もまた行なっていることが確認できたのは、心強い収穫と言えよう。

だが、気がかりがひとつ。すくすくと成長し続けてきた命令系が、Ⅳ期になって一転減少傾向に向かうことである。秀吉のときには大変革のあとにわがもの顔に闊歩していたこのジャンルが、どうして家康ではしぼんでいってしまうのか。

あちこち手がかりを捜してみると、『徳川家康文書の研究』の著者で、家康と生涯にわたる深い親交を結ばれた中村孝也氏が、魅力的な証言を遺しておられるのにいきあたる。氏は、同書下巻之一（日本学術振興会、一九六〇年）の自序において、関ケ原後は「関原役以前にくらべて、文書の性格・品類・数量等が、著しく変つてゐる」と指摘され、「極めて重要な事項についてすら、側近の臣僚に命じて処理せしめ、家康自身の文書が作製せられずして了ることが多くなつたため、その面目の躍動するごときものに接し難くなつた」と嘆ぜられ、さらに知行関係の史料も「直接の署判をもつてするものが減少し、奉行の名をもつてするものが非常に多くなつてゐる」と観察されているのである。

そう、命令系の文書は消滅したのではなく、家康の手を離れて奉行のもとに下りていったのではないか、これが私の推測である。印判状化―非人格化という傾向がさらに徹底し、文書発給という行為は当主の身辺からいっそう遠のいて奉行人の手に、すなわち官僚機構の手にそっくり委ねられるに至ったのではないか。

家臣の発給した文書は残りにくく実態がつかみにくいため、このことを具体的に検証するのはむずかしい。しかし、その後の江戸幕府の文書発給の体制をみると、法令や布達のほとんどは老中の名によって交付されており、命令系の文書はおおむね将軍の手を離れて、官僚に委ねられていることが確認できる。この体制の淵源を家康のⅣ期に求めるのは、それほど的外れではないように思う。

なお、中村氏が一言触れられた「知行関係の史料」については、今少し具体的なことが判明する。Ⅳ期の初年にあたる慶長六年（一六〇一）には、氏の言葉通り、彦坂元正・大久保長安・伊奈忠次といった奉行人たちが単独あるいは連署で出した所領宛行状や寄進状が頻出する。目をひくのは、そのなかにしばしば「重而御朱印申請可ㇾ進候」――家康の朱印状をのちほどお送りします、という断わり書きが記されていることである（『徳川家康文書の研究』下巻之一、一六・三八・四〇・五〇・五三ページなど）。奉行の発給文書はあくまで暫定的なものに過ぎないという意識が文書の受取人たちの間に根強く、それを宥めるために付け加えられた文言であろう。ところが、この約束が守られて、後日改めて家康の朱印状が下付されたケースは、一例も見出すことができない。どうやら家康政権は、こうしたその場しのぎの虚言を動員してまで、宛行状・寄進状の発給主体を奉行人に移管しようという腹づもりだったようだ。

しかし、この覚悟は敢えなく挫折し、翌慶長七年以降、再び宛行状・寄進状は家康の名のもとに出されるようになる。数字を示すと、

慶長五年に出された家康の所領宛行状は二〇通、寄進状は一三通、
同六年には　二通、　五通、
同七年には　二七通、　八三通、

という具合に、慶長六年のみに大きな谷間ができているのが読みとれる。あわせて、「重而御朱印申請可レ進候」という断わり書きのある奉行人の発給文書も、以後は二・三の例外を除いて見られなくなる。

このように、宛行系を奉行人の手に移管しようというもくろみがわずか一年で潰えてしまったのは、たぶん文書の受取人たちからの反発が予想外に大きかったからではないか。かつて、毛利（一五五ページ）・島津（二〇三ページ）・伊達（二五六ページ）で、豊臣の体制下に入って程なく、宛行系の文書が当主の手を離れて奉行人の管下に移るのを見たことが思い出される。この点に限っては、彼らの方が家康より一歩先んじていたことになる。家康が遅れをとったのは、天下人という立場上、彼の名に対する受取人の執着が思いのほかに強かったせいでもあろうか。

それはともあれ、この事態にさきほど命令系について行なった推測を重ねあわせると、慶長六年に覇権を掌中にするとともに、家康は宛行系と命令系の文書を奉行人に移管しようと試みたが、宛行系については翌年断念し、命令系のみが何とか移管を果したということになろう。

文書発給を奉行人の手に部分的に移管する、それは判物を印判状に変えるという変革の延長線上にあるものとして、理解できる。花押を印章に変えることによって当主の人格的な影を薄めた文書は、さらに奉行の名で発給されるようになることで、よりいっそう当主のなまみの身体から遠い、非人格的なものに変化する。

このように考えてくると、まさにこの奉行への移管という行為こそが、家康が秀吉を越えて獲得したあらたな到達点だったことに思い至る。戦国期を通じて営々と積み重ねられてきた文書の印判状化の努力、文書を非人格的・官僚制的なものに変化させていこうといういとなみは、とうとう文面から当主の表徴を消し去るところまで行きついたのだ。以後、従来はほんの補助的な役割しか果していなかった奉行人の文書が、一躍主役の座に就く。結果、江戸幕府の性格について検討しようとする際には、将軍の出した文書だけではなく、老中や目付たち官僚の出した文書も必ず視野に入れることが求められるようになる。当主の文書をせっせと集めてその政権の性格を占おうという本書の方法が、もはや通用しない世界になっていくのである。

かくて、家康が秀吉をどのように越えたかがみえてくるとともに、さきほど概況のおわりで抱いたⅣ期に文書の発給量が大幅にダウンするのはなぜかという不審の念、及び表56で内容の分布を概観したときに感じた命令系の伸びが今一つという懸念も、Ⅳ期に命令系が奉行人の手に移されるという解答を得て、めでたく氷解する。

けれども、まだ残っている疑問もある。Ⅳ期になっても頑固に判物が居座り続けるのはなぜか、そして命令系のくせに印判状の進出が芳しくないのはなぜか、という問いである。こちらは、各分野における印判状化の状況を調べてみれば、何とかなるのではないか。そろそ

表58　内容ごとの印判状化の進行状況

（単位：通）

内容＼期	Ⅱ期		Ⅲ期		Ⅳ期	
	判	印	判	印	判	印
宛行系	39	2	64	284	41	313
所領宛行	31	1	32	117	10	100
寄　進	7	0	31	163	31	213
安堵系	25	8	48	182	7	14
所領安堵	18	5	31	168	4	12
優遇系	5	12	10	99	1	145
禁　制	1	5	7	70	1	7
命令系	2	3	98	156	8	78
命　令	2	2	93	24	3	9
掟	0	1	3	132	5	47
書　状	22	0	405	27	13	92
計	104	26	673	764	87	662

ろ次の作業にうつろう。

今度は表58を作成し、ある程度まとまった量を残している分野について、その印判状化のプロセスをⅡ期からⅣ期までに分けて観察してみる。順に検討していこう。

・所領宛行……Ⅲ期になったときに判物から印判状に切り替えられる。ただ、いくらか判物も残るので、どんな場合に判物が用いられたかを調べてみると、Ⅲ期の初頭に若干見られる他は、慶長五年の関ケ原と元和元年（一六一五）の大坂夏の陣に際して戦功に応えて宛行った場合であることがわかる。すなわちこの分野は、Ⅲ期の初頭までに印判状化するが、戦功に対する宛行の場合にのみ判物がひきつづき用いられたわけである。

・寄　進……ここもⅢ期になったときに判物から印判状に切り替えられるが、その後も判物が部分的に残る。判物が用いられたのは格の高い寺社に宛てる場合だったようだ。たとえば、天正十九年（一五九一）十一月に関東の諸社寺に一斉に寄進状が与えられた際、通常はみな印判状だったが、鶴岡八幡宮・円覚寺・建長寺・香取社などには

「正二位源朝臣」とれいれいしく署判した鄭重な書式の判物が給された、といった具合である。

・所領安堵……Ⅲ期になったときに印判状に切り替えられる。判物はその後数年やや残るだけでほぼ消滅し、所領宛行や寄進のような残りかたはしない。
・禁　制……Ⅱ期の冒頭、すなわち印判状の起用がはじまった途端に印判状に切り替えられる。
・命　令……Ⅲ期まで判物が主流であり、Ⅳ期になってようやく印判状化する。
・掟……………Ⅱ期に既に印判状化している。
・書　状……Ⅳ期になった途端に一斉に印判状に切り替えられる。信長・秀吉のときには、家臣宛てから印判状化が始まり、のちに大名クラス宛てに及ぶという段階的な進行ぶりが認められたが、ここでは一気に印判状化が終了する。

これらを表に挙げなかった部分も加えて整理してみると、

・起請文と名誉系は印判状化しない
・宛行系と安堵系はⅢ期に印判状化するが、宛行系の方には部分的に判物が残る
・優遇系はⅡ期に印判状化
・命令系のうち、掟はⅡ期に印判状化するが、命令の方はⅣ期まで遅れる
・書状はⅣ期に印判状化

となる。すなわち印判状化の波は、優遇系・掟→安堵系→宛行系→命令・書状という順序で及んでいったわけだ。命令が遅いのを除けば、後北条氏や秀吉で見てきたのと全く同じ順である。しかも、Ⅲ期で東国の印判状大名と同じく宛行系まで印判状化し、Ⅳ期で信長・秀吉と同じく書状にも印判状を及ぼす、という歩みは、さきほど表57からあぶり出した、Ⅰ期からⅢ期までは印判状大名なみ、Ⅳ期に秀吉レベルへ飛躍という像ときれいに照応する。

そうしたなかにあって、家康の独自性として印象に残るのは、命令の印判状化が遅いことと宛行系の一部に判物を残したことの二点である。ことに、戦功に対する所領宛行と格の高い寺社への寄進に限って判物を残す、という後者の措置が目をひく。Ⅳ期の家康は、秀吉なみの変革を演じた上に、さらに命令系の奉行への移管という秀吉を越えた地点にまで踏み込んでいる。そうした彼が、信長・秀吉がやすやすと達成し、後北条氏ですらその政権の末期には実現し得ていた宛行系の印判状化を、完遂させられなかったとは考えにくい。明らかに彼は、やむをえずではなく、意図的に判物を残す道を選択したのだ。先達の信長や秀吉のようにすべてを印判状化して判物を完全に払拭するのではなく、わざわざ部分的に残存させる措置をとったのである。

なぜそんなことをしたのか。おそらく彼は、判物に托された主君と家臣との個人的・人格的つながりを部分的に残そうと意図したのではないか。体制は印判状からさらに奉行人発給の文書へと、非人格的・官僚制的な方向へしっかり舵をとりながらも、その片隅に西国の非印判状大名のような人格的支配の要素を少しだけ残しておこうと考えたのではないか。専制者秀吉ですら、その末期にささやかな西国大名型へのゆりもどしを経験している。また、家康自身も宛行系の奉行人への移管を試みて、手痛い敗北を喫したばかりである。何も無理してすべてを印判状で塗り潰すことはない。官僚制的な体制はしっかりできてきているのだから、部分的に判物を残存させた方がかえって好ましい効果が得られるのではないか。家康の胸中をこんなふうに察してみたい。Ⅳ期になっても感状が判物としてほそぼそと発給されていたりするのも、同じ配慮にもとづくものだろう。また、やや状況は異なるが、Ⅲ期に命令の印判状化にためらいをみせたのも、強引な印判状化に必ずしもこだわらないこのような彼の判断のあらわれではないか、と推測される。

こうして、概況を眺めて感じたⅣ期になぜ判物が一割も残るのか、という疑問と、表56で気になった命令系の印判状化に今一つ勢いがないという懸念にも、とりあえず決着がつく。

敢えて判物的要素を残すみちを選ぶ――あとから来た者の余裕と智恵と言えようか。この家康の決断のおかげで、判物という文書形態は近世にも生きのびることを許される。たとえば、代替わりのたびごとに大量に発給される江戸の将軍たちの所領安堵状の一部、格の高い受取人に宛てられたものには、判物が用いられていくのである。もし、信長や秀吉の子供たちが近世の世を統べることになっていたら、プライベートな場はともかく、オフィシャルな文書の世界からは判物は駆逐されてしまったであろうに。判物にとっては幸運であった。

以上、表56によって全体の状況を、表57によって時の経過による変遷を、表58によって印判状化の進みぐあいをと、秀吉のときと同じ手順を踏んで、三葉の表を手がかりに内容の検討を重ねてきた。その結果、二段階の発展プロセスを経て巣立っていった家康の姿が立ちあらわれてくる。

第一段階はⅠ期からⅢ期まで、すなわち関ケ原以前。起請文が減り命令系が増えるという変化を見せ、かつ命令系・優遇系から安堵系・宛行系へと印判状化が分野ごとに順次進行していく。東国の印判状大名としての成長である。

第二段階はⅣ期、すなわち関ケ原以後。受取人の要請によるのではなく政策的意図による文書の頒布が通例となって安堵系や優遇系が脱落し、かつ書状にまで印判状化が波及する。秀吉なみの飛躍である。さらに、命令系を奉行人に移管するという、秀吉を越えた前進をも獲得し、ついでに判物的要素を敢えて部分的に残すという余裕をも披露する。

かくて、親愛なるわが征夷大将軍閣下は、本書での長い旅路をあたかもおさらいするかのように、東国型の印判状大名としての成長と天下人としての飛躍を一身に体現し、両者の連続性を雄弁に語ってみせてくれる。あわせて、当主の文書を蒐集して政権の性格を分析するという本書の方法に終焉を宣告する、という〝落ち〟まで付けてくれる。旅のしめくくりに、まことにふさわしい訪問となった。

ところで、さいごに触れた判物的要素の一部保存という施策に関わって、連想することがひとつある。判物専門だった西国の非印判状大名たちの特徴として、名誉系の多さなどとともに「二頭政治期」が現出するということがあった。いっぽう、家康もその晩年に世子秀忠とあい並んで統治を行なっている。これも西国的要素残存策の一環と考えられないか、そんな連想である。

そこで、このときの事情をもう少し詳しく見てみると、慶長十年に征夷大将軍の座を秀忠に譲った家康は、同十二年に駿府に移住する。しかし、それを機に文書の発給量が減るとか内容が変わるとかいうような変化は特に認められず、駿府退隠後も、宛行状や寄進状を与えたり貿易船に過所を給したりといった行為が従来通り続けられていく。ただ、同一案件について、家康と相前後して秀忠からも文書が出されているケースが、しばしば目につくようになる。たとえば、慶長十三年に稲葉紀通に対して与えた父の跡を嗣ぐことの許可（『徳川家康文書の研究』下巻之一、五三五～五三六ページ）、あるいは慶長十四年東寺や高野山に下した法度（同書五八七～五九〇ページ）など、ほぼ同じ趣旨の文書が父子双方から別々に出されている。

これがもっとも顕著なのは、慶長十九年の大坂冬の陣の際に、諸士に感状が与えられたときである。一例を挙げておこう。

於㆓大坂仙波表㆒、蜂須賀阿波守手、紛㆑夜切出之処、合㆑鑓刻〔則〕追㆓崩敵㆒、剰蒙㆑疵之条、無㆓比類㆒仕合粉骨之至、御感思召候也、

十二月廿四日　　御書判(家康)
稲田修理(示植)亮とのへ

今度於二摂州大坂仙波表一、松平阿波守陣所、敵入二夜討一之刻、合レ鑓即時追崩、剰被レ疵之条、無二比類一働、感思召候也、
慶長弐拾
正月十一日　　御判(秀忠)
稲田修理亮とのへ

（同書八八三〜八八四ページ）

同一の戦功に対して、父子のそれぞれから感状が出されている。このときの感状の大部分はこうした形態をとっているから、戦功を褒するという行為は、家康と秀忠のそれぞれが別個になすべきものと認識されていたわけである。毛利氏でも似たような事態が一時期おこったのを、目撃したことが思い出される（一三九ページ）。

いっぽう秀忠は、このように父と足並みを揃えて出す場合だけではなく、独自にさまざまな文書を旺盛に発給しており、その内容も父と大きな相違はなく、単に「御朱印」としか記されていない写の文書を前にした研究者が、これはいったい父の出したものか子の出したものか、としばしば困惑するほどである。

このような状況は、後北条氏の当主が世嗣に家督を譲って引退するとともに、さっさと文書を発給する仕事から手を退いてしまったのとも、あるいは、秀吉が後継者に選んだ関白秀次に留守政権としての一時的・暫定的な権限しか与えなかったのとも、全く異なる。むしろ、新旧双方の当主が、並行して競い合うように文書を出すという点で、西国大名流の二頭政治にはるかに近い。

印判状大名の系譜に連なるはずの家康政権において、なぜこのような事態がおこったのか。家康は、どんなもくろみのもとに、この二頭政治状態を招来したのか。

忖度するに、おそらく彼は、先人信長・秀吉のさいごの失敗を目のあたりにし、自らの掌中に握った権限を、後継者に円滑に引き継がせるにはどうしたらよいか、真剣に悩んだに違いない。その果てに、一挙に全権限をまるごと手渡すのではなく、西国大名のように徐々に権限を委譲していくやりかたを最善と判断して、これを採用したのではないか。根拠は何もないが、判物的要素の一部存続という施策をとった彼ならば、やりそうなことだと思えてならない。

さて、話を本筋に戻して、さいごの作業である書式の検討にとりかかることにしよう。

書　式

例によって、年記・書止文言・署名・宛先に付ける敬称の四つの要素をとりあげ、その変遷を追ってみると、二度にわたって薄礼化現象が生じていることが読みとれる（表59・60・図13参照）。

一度めはⅡ期からⅢ期にうつるときに生ずる。その諸症状を列挙すると、

・年　記……主流が①—Bから②—Bへと簡略化。

表59　年記の記しかたごとに分類

（単位：通）

	Ⅰ期	Ⅱ期	Ⅲ期	Ⅳ期	計
①　—　A	14	11	55	220	300
①　—　B	39	77	170	9	295
②　—　A	2	5	120	406	533
②　—　B	11	12	391	54	468
③　—　B	7	3	41	1	52
⑥	19	35	613	83	893
A（書下年号）	16	16	181	632	846
B（付 年 号）	57	92	608	65	822
計	92	143	1543	783	2712

表60　書止文言ごとに分類　（単位：通）

	Ⅰ　期	Ⅱ　期	Ⅲ　期	Ⅳ　期	計
書状系	10	34	556	43	729
恐惶謹言	1	3	10		15
恐々謹言	9	30	505	9	621
謹　　言			32	7	46
か し く			6	1	16
如件系	76	105	853	368	1407
仍 如 件	67	99	458	202	830
状 如 件	2	2	323	156	483
仍下知如件			46	2	48
也など	6	4	131	372	574
候　　也			77	76	207
者　　也	3	3	28	145	181
也			11	124	138
計	92	143	1543	783	2712

図13　署名—敬称ごとに分類

・書止文言……書状系は「恐々謹言」ばかりだったのが、一部に「謹言」が進出。
如件系は「仍如件」ばかりだったのが、「状如件」との併用に。（なお、「状如件」の方が「仍如件」より薄礼の書式であることは、簡略な年記の記しかたが専ら用いられていることなどから、確かめられる。）
也など、すなわち「候也」や「者也」が新たに進出。

・署名と敬称……それまで有署名及び「殿」が大部分だったが、無署名及び「とのへ」が部分的に進出。

となる。細かくみると、年記の①—Bから②—Bへの変化と書止文言の「仍如件」から「状如件」への変化は、所領安堵の分野ではすみやかに進行したのに、所領宛行はややもたつき、寄進ではあまり現われない、というように、内容により薄礼化の進みぐあいに差があったことも知り得る。

二度めはⅢ期からⅣ期にうつるときにおこる。

・年　記……それまで付年号中心だったのが、書下年号ごとに②—A中心へ。これは薄礼化ではないが、書式の変更として挙げておく。

・書止文言……書状系が姿を消して、かわりに也などが台頭し、如件系と肩を並べるに至る。

・署名と敬称……無署名及び「とのへ」が主流の座につく。

比べてみると、一度めより二度めの方が、ずっと大きな変動である。なお、I期とII期の間にも、「松平蔵人家康」というように姓や官途を付した鄭重な署名から、「家康」という名のみのシンプルな署名へ、という薄礼化が見てとれる。よって、I期からIII期まではなだらかな薄礼化、IV期になるときにドラスティックな薄礼化が生じたと言ってよかろう。前項で検証した、印判状大名としての成長から天下人としての飛躍へという、二段階の発展プロセスとぴったり対応する結果である。

ところで、ここであらためて図13を見直してみると、無署名―「殿」というスタイルが、III期のみならずIV期にも少なからず存在したこと、すなわち署名より敬称の変化の方が鈍かったことに気づく。さきほど秀吉で、また遠くは毛利氏で出会ったのと同じ事態である。しかし、目を年記・書止文言の分野に転ずると、信長や秀吉との共通性よりも、むしろ相違点の方が際立っている。確かに、書状系が消えて也などが台頭するというかたちで薄礼化が進行する点は共通する。けれど、その也系の台頭も、秀吉がすべての分野をこれで塗り潰したのとは違って、如件系との拮抗状態を保つにとどまっているし、「候也」より「者也」

や「也」の方が威勢がよいことも相違する。信長や秀吉がさかんに愛用した年記③―Bも、ここではわずかしか顔を見せない。また、信長・秀吉に共通する大きな特徴として、書状・命令と禁制・掟とその他というように、内容によって三つの書式パターンを使い分けることがあったが、ここではそれに類することは全く行なわれていない。

たとえば禁制。信長も秀吉も、これには年記は書下年号である②―A、書止文言は「仍下知如件」を用いるのをつねとした。しかし家康は、所領宛行状などと同じように、年記は付年号の①―Bか②―B、書止文言は「仍如件」を主に用いており、大きくスタイルを異にする。ちょっと興味深いのは、その家康が、慶長五年の関ケ原戦役の直後に近江や山城の諸所に禁制を頒布するに際して、突如、年記②―A、書止文言「仍下知如件」という書式を一斉に一時的に採用してみせたことである。中央の秀吉式のスタイルを意識的に真似てみたのだろう。もって、家康のスタイルが信長から秀吉へと引き継がれたそれとは別の系統に属することがわかる。そして、このときの他には、秀吉式への接近を試みた形跡はなく、独自の道を歩んでいったのである。

以上、書式の検討により二つのことが判明する。一つは、内容の変化に照応して、なだらかなものとドラスティックなものとの二度の薄礼化が生ずること、今一つは信長―秀吉式とは別系統のスタイルをとっていることである。前者によって、前項でみた家康の発展プロセスが追認できるとともに、後者によって、信長・秀吉の大きな影響を受けつつも、ある程度の独自性を保ったようすがみえてくる。この独自性が、西国的要素の部分的存続などという彼独特の政策につながっていくのではないか。

そのことに関わって、一つだけ報告しておきたいことがある。彼が用いた印章の印文についてである。

みちのくで独眼竜将軍が上演してくれた、あの絢爛豪華さには少し及ばないが、家康も確認されているだけで一〇種もの印章を賑々しく取り揃えて披露してくれる。登場年代とともに列挙してみると、

①印文未詳黒印　弘治二年（一五五六）、一五歳のときに一例だけ
②「福徳」朱印　永禄十二（一五六九）～文禄三年（一五九四）
③「無悔無損」壺形黒印　天正十九（一五九一）～慶長三年（一五九八）
④「忠恕」朱印・黒印　慶長四～五年
⑤A「伝馬之調」朱印　天正九～十七年
　B「伝馬朱印」朱印　慶長六～十九年
⑥「源家康」朱印・黒印　慶長七～十三年
⑦「恕家康」朱印・黒印　慶長十一～元和元年（一六一五）
⑧「源家康忠恕」朱印　慶長七～十九年
⑨龍黒印　慶長十四年と同十九年の二例のみ

となる。①から⑤AまではⅢ期以前、⑤B以後はⅣ期と、Ⅳ期になったときにそれまでの印章をすべて棄てて一新しているのが、印象的だ。

ところで、これらについては『徳川家康文書の研究』において中村孝也氏が丁寧に整理され、さらに『新修徳川家康文書の研究』において徳川義宣氏が⑨を追加しておられるが、それぞれがどのように使い分けられたのかまでは触れられていない。

そこで、簡単に検討しておくと、狭い用途に限定して用いられたのが、③・⑤・⑧・⑨、③は書状、⑤は伝馬、⑧は貿易船への過所、⑨は受取状である。残る②・④・⑥・⑦は、これら書状・伝馬・過所以外の用途、所領宛行や寄進や禁制などに幅広く用いられている。ただし、⑥の黒印はもっぱら書状にあてられており、⑦の黒印にも書状が多い。

この内容ごとの使い分けの状況に、さきほど列記した登場年代を加味して整理すると、

・所領宛行等の幅広い分野……Ⅱ・Ⅲ期は②のちに④、Ⅳ期は⑥の朱印のちに⑦の朱印・黒印双方

・書　状……Ⅲ期は③、Ⅳ期は⑥の黒印のちに⑦の黒印

・伝　馬……Ⅱ・Ⅲ期は⑤A、Ⅳ期は⑤B

・船過所……Ⅳ期に⑧

という具合になる。

独眼竜将軍に負けずに多様な印章をこまやかに使い分けた家康の姿を紹介したいがため

に、つい説明に手間どってしまったが、注目したいのは、Ⅲ期以前とⅣ期とで印文に大きな違いがあることである。たとえば、質量ともに中核をなす所領宛行等の幅広い分野においては、②・④から⑥・⑦へと変化するが、②の印文は「福徳」、④は「忠恕」、⑥は「源家康」、⑦は「恕家康」である。抽象的・象徴的なスローガンを刻んだものから、「家康」という実名を彫り込んだものへと変化している。書状でも③「無悔無損」から⑥・⑦へと同様の変化をたどるし、Ⅳ期に初登場する船過所という分野の専用印⑧にも「源家康忠恕」と実名が入っている。すなわち、Ⅲ期以前には実名印は皆無だったのに、Ⅳ期になると⑤Bと⑨の僅かな例外を除いては、みな実名印に衣替えという鮮やかな変化が見てとれるのである。

抽象的なスローガンから具体的な実名へ。発給者の若々しい心意気が伝わってくるような意匠を凝らした魅力的な印章から、そっけない実名印へ。これは既に何度か見た光景である。東国の印判状大名は輝かしい理想や逞しい動物を彫り込んだ華やかな印章を競い合ったのに、西国の非印判状大名が豊臣期以降あらたに用い始めた印章はおおむね地味な実名印であった（二二九ページ）。東北の大地でも、スローガンを刻んだ大ぶりの鼎形印が姿を消して、小型の実名印となる（二八〇ページ）。家康の印章の変化もまた、こうした全国的な動向と揆を一にするものであり、かつ、その影響力の大きさから考えて、各地の大名たちをリードするものでもあっただろう。

では、彼はなぜこの実名印路線を選んだのか。実名印が抽象印に比してより花押に近い、人格的意味あいを残したものであることについては、かつて指摘した（二三〇ページ）。とすると、西国的要素の部分的存続をねらった家康は、印章のなかにも花押に近い要素を盛り込んで、その非人格的な性質を若干薄めようと意図したのではないか。例によって根拠は何もないけれど、これが長広舌を費やしてここで披露してみたかった憶測である。

そして、判物の部分的残存と同じく、この家康の選択も彼の子孫たちに忠実に受け継がれたため、江戸の将軍たちの印章は、秀忠が「忠孝」印を用いたのをさいごに、「家光」「家綱」「綱吉」……と、みな実名だけの凡庸なものになってしまう。あたかも、未来に果てしない夢を托した戦国の心意気の終焉を告げるかのように。

とうとう、さいごの訪問先をも辞するときが来た。ここで恵まれた収穫も、旅の掉尾を飾るにふさわしくずしりと重い。

いくつかのアプローチを重ねて浮かびあがってきたのは、二段階のプロセスを経て発展していく家康の姿である。第一段階では東国の印判状大名としての成長を、第二段階では天下人としての飛躍を遂げる。この飛躍ぶりは、命令系の文書を奉行人の発給に変更するという一歩前進は獲得したものの、それ以外はおおむね秀吉なみである。あらためて、秀吉が勝ち得たものの巨大さが身に沁みる。この点では、家康は「天下餅」を座して食する役回りを演じたとの印象が強い。

だが、一方で彼独自の政策も打ち出している。判物的要素を片隅に残存させて、天秤の針が印判状的支配一辺倒に振り切れてしまうのを防ごう、というたくらみである。宛行系の一部に判物を残したこと、あるいは意図的に「二頭政治期」を創出したり、印章に実名を彫り込んだり、といった施策も、このもくろみに包摂されるのではないかと推察される。

老獪と評するに足るこれらのひねり技をも弄しながら、家康は東国の大名たちが営々と切り拓き、信長・秀吉が受け継いで思い切りよく拡張した印判状の大道、すなわち非人格的・官僚制的支配による統治の道を悠々と歩き、幕藩制という、二六五年も続く化物のごとき官僚システムをまんまと招来しおおせたのであった。

どうも話が息苦しくなってきた。少し見晴らしのよいところへ登って、来し方を顧み、行く末を占うことにしようか。

黒と白と——旅のおわりに

　思えば、じつに楽しい旅であった。おぼつかない第一歩を不安とともに踏み出したあの日から七年。新しい目的地に着くたびにつぎつぎと未知の世界が開け、目をまるくしたり感心したりしているうちに、もう感想記を書く段になってしまった。黒っぽい姿をみせる東国の印判状《いんばんじょう》大名たちの群れ、白く浮かびあがる西国の非印判状大名たちの集団、黒白が混在する東北の不思議空間、そして漆黒の威容を誇る天下人の堂々たる行進。黒と白がぶつかり織りなす壮麗な史劇の余韻が、まだ心に熱い。

　ところで、この黒の王さまと白の女王さまの物語、黒の王さまの勝利で幕が下りたわけだが、果してこれは必然の帰結だったのだろうか、白の女王さまに勝機は全然なかったのだろうか。それともこの結末は、いくつもあった可能性のなかのひとつがたまたま選ばれたに過ぎないのだろうか。黒軍に勝利をもたらした天下人たちの歩みをたどりながら、このことを考えてみよう。

　まず信長。今川義元のお歯黒首をみごとに掻いて一躍勇名をはせた彼が、上洛して畿内を制圧下に置いたのちに主に精力を注いだのは、本願寺・長島などの一向一揆を除けば、どちらかというと東の方であった。天正元年（一五七三）、越前の印判状大名朝倉氏を滅ぼして北国を版図に加えたのちは、天正三年の長篠の戦など武田氏攻めに大きな力を割き、ついに天正十年、自ら大遠征軍を率いてこれを甲斐天目山に滅亡させることに成功する。その間、西国の毛利氏とはぎりぎりまで正面衝突を回避する努力が重ねられた。天正元年には、拙者は但馬をとるから貴殿は因幡をとり給えという、あたかも独ソ間のポーランド分割協定のごとき取引まで行なわれている。天正四年の決裂に至っても、秀吉らを派遣して戦わせるにとどめ、信長自身は一度も西国の戦線に出向いていない。どうやら、東の印判状大名＝黒の陣営をまず勢力下に置いてから、西の白の陣営を攻めよう、というのが信長のとった戦略であったらしい。

あと智恵でさかしらに思うに、この戦略はなかなか優れていた。黒軍と白軍を比べると、少なくとも短期戦では黒軍に分がありそうだ。奉行人《ぶぎようにん》機構が発達し、物資の調達や指揮系統の統制における優位を誇れるからである。そうした強い黒軍が敵対勢力として近くにあったのでは、危なくてしかたがない。今川・朝倉・武田といった近くの黒軍をまず叩き潰してから、じっくり西国攻めにかかろう。信長はそんな判断を下したのではあるまいか。

いっぽうの秀吉はどうか。柴田勝家を下し徳川家康と和睦して、信長の後継者としての地位を固めた彼がはじめに手をつけたのは、西国の方であった。毛利氏を味方に引き入れたあと、天正十三年四国攻め、そして天正十五年には九州大長征の旅を敢行し、畿内以西をすべて版図におさめる。そのあと天正十八年に、関東・東北への遠征が行なわれたわけである。

このように、西の白の陣営を先に攻めてこれをみな黒に塗りかえたのちに、きびすを返して東の黒を併呑しようというのが、秀吉のとった戦略であった。

結果からみると、この戦略も成功であった。信長が近隣の黒軍を潰しておいてくれたおかげで、さしあたり近くに大きな脅威はない。ならば、くみしやすい白軍の方に先に攻め入ってこれをみな黒軍に編成しなおし、ふくれあがった大軍の重みで東辺の黒軍を圧し潰してしまおう。秀吉はそんな作戦を立てたのではあるまいか。

もし秀吉が、その政権が十分な膨張をみないうちに、関東の後北条帝国と戦う選択をしていたら、黒軍同士の死闘が続いて長期戦となり、あれほど容易には全国統一をなしえなかったであろう。そのことを彼に悟らせたのは、ひょっとしてひょっとしたら、小牧・長久手の戦での九ヵ月にもわたる黒軍家康勢とのにらみあいの日々だったのかも知れない。

この黒軍対白軍という構図を念頭に置けば、軍門に降った者にはそれなりの地位を保証するという柔軟な姿勢を一貫してとってきた秀吉が、なぜこの小田原攻めのときのみ一転して強硬な態度に変じ、前当主氏政らの自刃、現当主氏直の追放という苛酷な処断をもって後北条政権を強引に解体し去ったのか、という謎も解けそうだ。関東に百年の繁栄を誇った完成度の高い印判状大名政権。自らと同じ支配原理に立つだけに、放っておけばこちらの立場を脅しかねない。その恐怖が、秀吉にあの異例とも言える苛酷な処置をとらせたのであろう。

とすると、この一連の壮絶なサバイバル戦を何とかくぐり抜けて自己の地位を保った大名に非印判状大名が多いのも、偶然ではあるまい。毛利・長宗我部・大友・島津……多少領土の削減を受けた者もあるが、みな立派に生き残った。ところが、東国の黒陣営の方は惨憺たるありさま。武田は信長によって後北条は秀吉によって、木っ端微塵に粉砕されてしまう。上杉と伊達はかろうじてその矛先をかわしたが、伊達は本領を奪われて岩出山へ追いやられるという憂目に遭う。天下人たちが、自己のライバルとして成長しかねない黒陣営の諸侯に対して抱いた、本能的な恐怖と敵意のほどがしのばれる。家康が関東へ逐われたのも、同じ文脈で読みといてよかろう。

かくて、両雄の巧妙な戦略のおかげで、天下一統という難事業は意外なほどの短時日で完成にこぎつけられた。もし、彼らが作戦を誤っていたら、流される血の量も空費される政治・経済・軍事上のエネルギーももっとすさまじかっただろうと思えば、これは慶賀すべき事態なのかもしれない。

ずいぶん好き勝手な想像を並べてきた。黒と白という一対のことばを道具として天下統一に至るプロセスを読みとこうという、ここでの私の拙ない試みは、あまりにラフ過ぎて、あるいは読者の皆さまの御共感をいただけないかもしれない。けれども、この時期の緊迫しかつ波瀾に富んだ政治史を「全国統合過程の戦史は、現象の常套的描写にとどまるか、あるいはほとんどが好事家の手に委ねられて、歴史学の検討対象とされることさえもない」(藤木久志『豊臣平和令と戦国社会』東京大学出版会、一九八五年、序)という嘆きから少しでも救おうという願いにとりつかれ、つい筆を滑らせてしまった。

滑らせついでに、はじめに掲げた問いに戻ろう。黒の王さまの勝利は必然だったのか。白の女王さまに勝機は全くなかったのか。

信長・秀吉がじつにきわどい状況を巧みな戦略で乗り切ったありさまを見ていると、一つ間違えば、あるいは間違わなければ、事態が別の方向へころがっていく可能性は十二分にあったとみた方が自然なのではないか、という思いにとらわれる。では、もし白軍に勝機があったとしたら、いつ、どんなふうにしてか。

さきほど、黒軍と白軍を比べると、物資調達力や統制力において黒軍の方に分があるのではないか、と推察してみた。ところが、黒軍には一つ大きな弱点が存在するのである。狸親父どの家康が、その晩年に何をしたかを思いおこしていただきたい。彼は掌中にした覇権をどうしたら円滑に嗣子秀忠に譲り渡せるかに腐心し、ついに西国大名を真似て二頭政治状況をつくりだす方策をとった。当主の交替、どうもこれが黒軍の弱点なのではないか。

なぜか。毛利氏をはじめとする白陣営の大名たちにあっては、当主の交替は徐々に行なわれる。ある日突然に旧当主がきっぱり隠居して政務から手をひいてしまうというようなことはなく、新旧両当主があい並び競合して文書を出し続ける二頭政治期がしばらく続き、その間にしだいに新当主の足場が固められていく。したがって家督相続時にもトラブルはおこりにくい。

いっぽう、黒陣営の大名たちの相続のしかたは、いずれも「ある日突然」である。印判状化により非人格化・官僚制化が進行しているので、旧当主から新当主への権限の委譲は一挙に行なわれる。次代の当主を徐々に養成していくという措置はとられない。新当主は準備期間を全く経ずに、突然政権の座にすわるわけだ。旧当主のバック・アップはない。それでも、官僚制がきちっとできあがっていれば、そのサポートを頼りにすることができるが、悲しいかな、いまだ発展の途上にあってそこまでの力はない。こうした事情から、家督相続時にバトンの受け渡しがスムースにいかずにトラブルが生じやすかったのではないか。

実際、黒軍の大名たちは軒並み家督相続時の紛争を経験している。つつがなく嫡々相承が行なわれたのは後北条氏くらいで、武田信玄は父信虎を逐って政権を奪ったし、今川義元は花倉の乱で兄を滅ぼして家督についている。上杉謙信も兄晴景から家督を奪ったにひとしいと言えるし、その後継者景勝も御館の乱という熾烈な内戦でライバル景虎を倒して政権をもぎとった。まさに血塗られた道だ。

対する白軍の大名たちにあっては、大友義鑑から義鎮に引き継がれるときの二階崩れの変が目につくくらいで、総じて血なまぐさい風は吹いていない。毛利氏では、隆元が若死にしたあとも幼少の輝元を懸命に補佐する頼もしい叔父さまたちの姿がみられるし、大友氏では、宗教上の抜き難い対立をはらみつつも宗麟—義統父子の二頭政治が長らく続いていく。いずれも、東国にあっては、即座に骨肉あいはむ内戦を惹き起こしかねない状況である。

一見強固な軍事力を誇るかにみえる黒軍には、じつはこのような弱点があった。そして、信長・秀吉もこれを克服することはできなかった。本能寺のあと、信雄も信孝も三法師君も政局を収拾する力を何ら持ちえなかったし、秀吉がいまわの際に「秀より事なりたち候やうに、此かきつけ候しゆとして、たのみ申候、……返々、秀より事たのみ申候」（『毛利家文書』九六〇）とくどくど繰り返した言葉も、何の効果も発揮しなかった。

　このように、黒軍には権限の継承が円滑に行なえないという弱点があった。したがって、この弱点を衝くことができれば、白軍にも巻きかえしの機会はあったはずである。たとえば、本能寺直後、信長という求心力を失って黒軍が四分五裂しかねない危機に陥ったとき。大軍を率いて秀吉との激戦を続けていたさなかの毛利氏にとって、織田勢を押しかえしあわよくば京に攻めのぼる絶好の機会が訪れた。ところが、毛利首脳はころがりこんできたこの好機を摑もうとはせず、秀吉が鮮やかに兵をかえして京をめざし長駆していくのを指をくわえて眺めていた。巷説によれば、「加様の時にこそ馬を乗殺せよ、はや〳〵」（『川角太閤記』一ノ上）と進軍を主張した吉川元春を、秀吉との和睦の起請文を破るのは礼にもとる、そんなことをしたら当家は秀吉によって「葉を枯し根を絶す計に可㆑被㆓打果㆒候」（『太閤記』三）と小早川隆景が説得して、この選択がなされたのだという。この瞬間に小早川隆景が行なった決断が、黒軍にその最大の危機から立ち直る余裕を与えることになった。

　もし、このとき毛利軍が戦う道を選んでいたら、あるいは白軍にも花の京都に旗を立てる機会が訪れたかもしれない。そこまでいかなくとも、黒軍の分裂を招いて天下一統の日程を大はばに遅らせることは、じゅうぶんありえたであろう。そうなれば、幕藩制のようなしっかりしたシステムではなく、もっとゆるやかで地方分権色の濃い統合体に収束することになった可能性が高い。領邦国家とか連邦国家といった呼称が似合うような。もし、そうなっていたら、鎖国なんてできただろうか。明治維新による近代国家への脱皮などという芸当をなしえただろうか……。

ifを問うことは、歴史の営みとしては禁じられた所行なのかもしれない。けれど、その禁を敢えて犯してみたくなるほど、この時期にはらまれていた可能性は多彩だ。実際に演じられたシナリオの他に、白軍の頑張りようなどさまざまな変数のでかた次第で、もっと多くの、もっととんでもないヴァリエーションがありえたのではないか。小早川隆景というささやかな一個人の決断にさえ途方もない重みがかかっていたことを思うと、歴史の必然などという言葉が急に色褪せて見えてくる。

けれど、いかに多様な可能性を秘めていようとも、実際に選ばれるのはそのなかのただ一つ。現実に演じられたのは、黒の王さまの圧勝というシナリオであった。

では、その意味するところは何か。中世から近世へという大きな時代のうねりのなかにあって、このシナリオがになった意味は何か。今度は、多様な可能性のなかから選ばれた、この一つの現実に目を向けてみよう。

本書の長い旅路の途上、くりかえし感じ、また折に触れて指摘もしてきたのは、印判状による黒っぽい支配のしかたが、それまでの長い中世という時代に行なわれてきた支配のありかたと、いかに隔絶した異質なものであるか、ということである。最初に訪れた後北条氏では、命令系の文書、すなわち受取手に利益をもたらさないというおよそ中世らしくない文書が、大量に存在することに目をみはった。印判状大名の訪問を重ねていくうちに、優遇系の文書もまた、徴税制度や交通整備といった官僚システムの充実をあらわす画期的なものであることがわかってきた。

そして、印判状大名の路線を受け継いで発展させた天下人たちのもとに至って、黒い支配というものの屹立した革新性がよりいっそう鮮明になってくる。礼銭の廃絶を宣言して、手数料と引き換えに文書を与えるという中世以来の慣行にきっぱりと終止符をうった信長。さらにそれを徹底させ、受取人の申請によらずに政権の側の政策的意図によって文書を発給することにし、官僚による行政への扉を大きく開いた秀吉。「獄前の死人、訴へ無くんば、検断無し」などとのどかに昼寝を決めこんでいた中世の小さな政府とは全く異質の、大勢の奉行人・吏僚たちが忙しく行き交って、さまざまな政策・命令がつぎつぎと出される巨大な政庁がここに姿をあらわす。

「非人格的・官僚制的」という不器用な形容をしてきた黒の支配は、このように中世の政治慣行とは全く異質なものであった。ただ、「非人格的」と言っても、ほとんどの文書が印判状とは言えいまだ当主の名のもとに出されており、奉行の手にある程度委ねられるようになるのは、しんがりの家康を待たなければならないから、当主の人格に拘束される部分もかなり存在したことになる。「官僚制的」と言っても、肝腎の官僚を教育し供給するシステムは、身分制・世襲制の窮屈な枠に閉じ込められたままだった。異国の学者の概念を借りれば、家産官僚制というところだろうか。

このような不十分さはあるものの、この黒の支配が中世という時代と厳しく対峙する、きわめてラディカルなものであったことは動くまい。長い伝統を誇る中世からみれば、全くの異端児である。これがなぜか、あれよあれよという間に全国を席巻して、次代の近世を連れてきてしまったわけだ。

この異端児のふるさとは東国、経済も文化も花の都よりはるかに立ち遅れた辺境の地である。そこに、天から降ったか地から湧いたか、突然変異のごとく黒の支配が芽を吹く。そして、変異体特有の爆発的な増殖力を発揮して、ついに列島全土を黒く覆いつくしてしまう。黒死病かはたまたエイズか、あきれるばかりの生命力だ。

この繁殖力の源は、何だったのだろう。それが有していたシステムの効率のよさだろうか。申請を受けて安堵や調停を行なうだけの場あたり的で弱体な政治ではなく、政策的な大きな見通しのもとに、各方面にわたる措置をつぎつぎと講じていく力強い政治。川も治めてくれる、橋も架けてくれる、道も市場も造ってくれる、盗人もしょっぴいてくれる、でもそのかわりに重い税金・厳しい監視と統制。その、ぐいぐいと一方向に人々を引きずっていくやりかたが、多元的・重層的、つまり焦点を一点に結ばない中世の政治構造に比べて、意志決定においても実行力においてもはるかに効率がよかったことが、この変異体繁殖のゆえんではないか。そう考えると、彼は黒死病どころか、混乱と荒廃の中世に福音をもたらした大黒様だったのかもしれない。

ではなぜ、この黒死病の大黒様は東国の地に御降臨あそばされたのか。かつて、旅の途中でこのこと、すなわち東国の大名はなぜ印判状的支配を行ないえたのかを問うたときに、家臣など領国内の諸勢力がさほど強固でなく、大名の行動を掣肘する抑止力として働かないためではないか、という解答を出してみた（二三五ページ）。これを想起するならば、辺境にあって中小規模の領主たち、いわば中間層の成育が十分でないという条件に、室町幕府なる列島の統合の中心が解体するという条件がたまたま重なったとき、この突然変異体が発生したのではないか、と推察される。

いっぽう、先進地帯である西国の地では、中間層が既にしっかりした成熟をみせていた。したがって、室町幕府の求心力が消滅して地方政権が各地に誕生することになっても、東国のような強力で専制的な政府はつくれず、人格的なネットワーキングを基軸としたゆるやかな統合が成立することとなったのだろう。

このように、室町幕府の解体による地方政権の簇生という同じシナリオをひとしく演じながらも、それぞれの土壌の相違から、東と西では大きく異なった政体が発育することとなる。うち、東の黒い政体は、その爆発的な繁殖力を武器に次の近世という時代のゆくえを決定づける役割を果すことになる、いわば、中世のなかに生まれた近世である。他方、西の白い政体は、黒との戦いに敗れて消え去ってしまう。しかし、これも中世的な重層・多元を乗り越えて、ゆるやかとは言え一元的な支配を行なった点において、中世とは一線を画するものと評価できよう。すなわち、列島の東と西に生まれた黒白ふたいろの「近世」のうち、黒い方が選ばれることとなった、というのが、ことの真相に近いように私には思えるのである。

はなはだ粗雑ではあるけれど、一連の史劇にこんなふうな意味づけを私なりに与えてみたとき、今さらながら痛切に感ずるのは、歴史とは何とスリリングでダイナミックな動きをするのか、という驚きである。僻地の片隅にぽっと生まれた変異体が、日ならずして全土を覆うことになろうとは、誰が予想したであろうか。

この光景はまた、在地での努力の蓄積、民びとの日々の営みの積み重ねが歴史を変えていくという、よくある説明のしかたにも、いくばくかの疑問を投げかける。たとえば、西国の大名たちが印判状化＝黒化の道に進んだのは、統一政権という外からの力が加えられたからであって、領国の状況、在地の成熟ぶりとは全く関係なく、体制のつくりかえが行なわれている。西国で日々の暮らしを営んでいた人々は、突然検地竿が持ち込まれて手塩にかけた田畠が調べられ、租税を割り当てられ、兵士の供出を求められて、目を剥いたに相違ない。いったん動き出した政治の歯車は、在地の状況には目もくれず、容赦なく進んでいったのだ。どうも、少なくとも変革期には、政治史の舞台でのことの帰趨が逆に在地のありかたを決定づけていくといった事態が、しばしばありえたように思えてならない。

さいごに一言。この長く熱い観劇を終えて、とりわけ印象的なのは、東西の間に生まれた大きな差異が、時代を動かしていく強い原動力となっていることである。もし、このフォッサ・マグナが存在せず、東にも西にも黒い支配がひとしく成長していたとしたら、あのようにすみやかな全国統一は望むべくもなかったであろう。あたかも、川中島における信玄・謙信両雄の死闘が、決着をみないまま、いたずらに回数を重ねていったように、黒と黒の熾烈なぶつかりあいがとめどなく繰りかえされ、優勝劣敗の道程がなかなか進まないまま、群雄割拠の時代が長く続いていったことであろう。西国という侵略しやすいエリアがあったからこそ、それを黒く塗りかえて一挙に巨大な黒をつくりだすことができたのだ。白い地域は、黒にとって恰好の培養基としての役割を果したのだと言えよう。

地域間における差異の存在が、次代を開く原動力を生み出していく——大気に風といういのちが生まれ、大海に潮流という鼓動が与えられるように。歴史のうねりは、異質なもののぶつかりあいのなかから生み出されてくるのだ。クリオの神秘の衣の一端に、ほんの少しだけ手を触れることができたような気がする。

文献リスト

本文中で直接言及・依拠した先行研究のリストである。両手両足の指を満たすほどもないなんて、我ながら唖然とする。私が足を踏み入れた研究分野は、見捨てられた荒野だったのか、それとも未開の沃野だったのか……。

中丸和伯「後北条氏と虎印判状」（『中世の社会と経済』東京大学出版会、一九六二年）……二六

田辺久子・百瀬今朝雄「小田原北条氏花押考」（『神奈川県史研究』三四、一九七七年、のち『後北条氏の研究』〈戦国大名論集8〉吉川弘文館、所収）……三八

拙　稿「文書と真実・その懸隔への挑戦――戦国大名後北条氏を素材として――」（『史学雑誌』九〇―一〇、一九八一年、のち『後北条氏の研究』〈戦国大名論集8〉吉川弘文館、所収）……五六・三五四

佐脇栄智「小田原北条氏代替り考」（『日本歴史』九三、一九五六年、のち『後北条氏の基礎研究』吉川弘文館、所収）……六九

拙　稿「武田氏龍印判状を素材として」（『戦国史研究』三、一九八二年）……七八

峰岸純夫「上州一揆と上杉氏守護領国体制」（『歴史学研究』二八四、一九六四年、のち『中世の東国地域と権力』東京大学出版会、所収）……一二七

市村高男「東国における戦国期在地領主の結合形態――「洞」の検討を通して――」（『歴史学研究』四九九、一九八一年）……一三九

拙　稿「若き日の毛利輝元」（『戦国史研究』一〇、一九八五年）……一六八

山本博文「豊臣政権期島津氏の蔵入地と軍役体制」（『史学雑誌』九二―六、一九八三年、のち『幕藩制

の成立と近世の国制』校倉書房、所収）……二〇九

山本博文「豊臣政権下の大名領国――島津氏を素材として――」（『日本史研究』二六四、一九八四年、のち『幕藩制の成立と近世の国制』校倉書房、所収）……二〇九

宮島敬一「戦国期における六角氏権力の性格――発給文書の性格を中心にして――」（『新史潮』五、一九七九年、のち『中部大名の研究』〈戦国大名論集4〉吉川弘文館、所収）……二一三

池上裕子「戦国大名領国における所領および家臣団編成の展開」（『戦国期の権力と社会』一九七六年、東京大学出版会、のち『戦国大名の研究』〈戦国大名論集1〉吉川弘文館、所収）……二三三・二三五

利岡俊昭「天正末期毛利氏の領国支配の進展と家臣団の構成――「八箇国御時代分限帳」の分析を中心にして――」（『史林』四九―六、一九六六年、のち『毛利氏の研究』〈戦国大名論集14〉吉川弘文館、所収）……二三四

加藤益幹「毛利氏天正末惣国検地について」（『歴史学研究』四九六、一九八一年、のち『毛利氏の研究』〈戦国大名論集14〉吉川弘文館、所収）……二三五

石井紫郎『日本人の国家生活』（東京大学出版会、一九八六年）……二三七

勝俣鎮夫『戦国法成立史論』（東京大学出版会、一九七九年）……二三七

小和田哲男「戦国家法研究への提言――「伊勢宗瑞十七箇条」の確定をめぐって――」（『歴史手帖』四―五、一九七六年、のち『後北条氏研究』吉川弘文館、所収）……二四一

相田二郎「織田氏幷に豊臣氏の古文書」（『相田二郎著作集2　戦国大名の印章』名著出版、一九七六年）……二九二・三〇三

勝俣鎮夫「美濃斎藤氏の盛衰」（『岐阜県史　通史編　原始・古代・中世』一九八〇年、のち『中部大名の研究』〈戦国大名論集4〉吉川弘文館、所収）……三二一

三鬼清一郎「人掃令をめぐって」（『名古屋大学日本史論集　下巻』吉川弘文館、一九七五年）……三五九

中村孝也『徳川家康文書の研究』下巻之一（日本学術振興会、一九六〇年）自序……三七三
藤木久志『豊臣平和令と戦国社会』（東京大学出版会、一九八五年）……三九六

なお、後北条氏の章の主要部を「後北条氏と印判状」と題して『遙かなる中世』九（一九八八年）に、毛利氏の章の主要部を「毛利氏における中世と近世――文書論的アプローチ――」と題して『史学雑誌』九五―一〇（一九八六年）に、かつて発表した。

謝辞

この拙い一書が何とかこうしてかたちをなすことができたのは、さまざまな恵みのおかげである。

なかでも、勤務先の東京大学史料編纂所から受けた恩恵ははかりしれない。ここの書庫に蓄積された先人の史料蒐集の豊かな成果なくしては、本書のような作業を思いつくことすらなかったであろう。各地の大名の文書を集めるため、影写本や写真帳の大山と夜な夜な格闘し、鼠一匹の日と小判ざくざくの日を果てしなくくりかえして、しだいに本書の土台がかたちづくられてきた。最上の環境に恵まれたことに感謝の言葉もない。

さらに、先輩や友人の方々からも、折りに触れて暖かな助言や励ましのかずかずをいただくことができた。とりわけ、歴史学の初歩からご指導いただいた石井進先生から受けた学恩は大きい。先生があるとき口にされた「史料に明確に反していなければ何を言ってもよいのですよ」という、冗談とも本気ともつかぬ言葉は、今でも私の大切な座右の銘である。

先生を介して、吉川弘文館の渡辺清氏から本をまとめてみませんか、というお薦めをいただいたのは、まだ私が大学院の学生の頃であった。論文を一本か二本ものしただけの駆け出しの若輩にとって、このご好意はほんとうにうれしく、その後のおぼつかない歩みを支える大きな励みと自信になった。以来一〇年。まことに忍耐強くお待ち下さったおかげで、ようやくあのときの約束が果せる運びとなった。学生時代以来のよき友人である同社の岡恵里氏を編集担当に配して下さる、という粋なご配慮をいただいたこととともに、深く感謝したい。

そしてさいごに、私の小さな電脳に。生身の人間なら三日で放り出してしまうだろう厖大な単純作業を、嫌な顔ひとつせず黙々と従順に、しかも間違いひとつ犯さずに手際よくこなしてくれた、すばらしいアシスタントである。彼なくしては、蒐集した文書の各データを整理・分析することは不可能であり、戦国大名の文書相の比較という本書の方法は、到底成立しえなかったであろう。

こうした優秀なアシスタントを私にもたらしてくれたこの国の繁栄。その淵源をずうっと溯っていくと、中世の末に黒の王さまが勝利したところにいきつくのかもしれない。とすれば、本書によって、私は彼にほんの少しは恩がえしできたことには……きっとならないだろうけれど。

もんじょそう／文書相

それぞれの政権が発給した文書の様相.「人相」「手相」のごとく文書にも面構えがあり，それを観察すれば相手の性格が読みとれるのではないか，という希望のもとに命名された．判物*と印判状*との発給状況はどう推移するか，二頭政治*期は現出するか，どんな内容のものがどれくらい出されたか，年記・書止文言・署名・敬称などの書式はどうなっているか，などの着眼点によって構成される．……217

ゆうぐうけい／優遇系

発給文書を内容ごとに分類する際の一ジャンル．禁制・役免・過所・伝馬の四者からなる．軍隊からの保護，租税の免除，交通上の便宜のはからいなど，種々のこまごまとした優遇措置を講じたものとしてくくられた．印判状大名*に特徴的に見られる．彼らが租税の賦課・交通網の統制と整備などに積極的にとりくんだことのあかしと考えられる．……40，227

れいせん／礼銭

文書を出してもらうにあたって，発給者に対して受取人が支払う代価．文書の獲得と保持はその文書によって利益を得る者の責任において行なうべきだという理念，すなわち広く言えば当事者主義の発想にもとづいて，中世では広汎に授受されていた．信長・秀吉両雄の手によって廃絶に向い，中世に終焉をもたらした変革者としての彼らの名をいっそう高からしめることになる．……317，344

る．わけても，この現象が徐々にではなく急激におこるときは，その政権が大きな変動をおこしている徴候なので要注意．………67，149

はんもつ／判物

サイン＝花押を据えた文書．印判状*の対概念．起請文・感状・官途状などに強い適合性を示す，厚礼な書式のことが多い，などの諸特徴から，この判物による統治は人格的*・個人的な性格を帯びていると推察される．………54，178

ひいんばんじょうだいみょう／非印判状大名

印判状*を全く，あるいはほとんど出さなかった大名．印判状大名*の対概念．毛利氏を典型とし，大内・尼子・大友・島津・六角など西国・畿内の諸氏の他，東国の佐竹氏や東北の芦名氏らをも含む．彼らは判物*による人格的*・個人的でゆるやかな統治を展開したが，印判状大名の路線を引き継いだ天下人の侵攻の前に屈し，ここにもう一つの近世の可能性はついえることとなる．………217

ふぉっさ・まぐな／フォッサ・マグナ

印判状大名*と非印判状大名*の分布を地図上に図示したときに，両者を東西に分つものとしてくっきり浮びあがってくるライン．両者の懸隔のあまりのはなはだしさゆえに，この呼称が与えられた．この落差によって生み出された巨大な海嘯こそが，新しい時代を招来する原動力となったのだ，と考える人もいる．………219，405

めいよけい／名誉系

発給文書を内容ごとに分類する際の一ジャンル．感状と官途状の二者からなる．受取手に抽象的な“名誉”を与えるものとの発想から名づけられた．非印判状大名*はこれを多用し，人格的支配*を展開していく．………39，178

めいれいけい／命令系

同じく発給文書を内容ごとに分類する際の一ジャンル．命令と掟からなるが，場合によってはさらに給付通知や通達といった細目を立てたところもある．受取手に何ら利益をもたらさない，政権の側の要求を伝えた文書という点において，中世的な証文と大きく性格を異にする．印判状大名*はこれを多用し，官僚制的支配*を展開していく．………41，55

呈する様相にイメージの源泉を持つ．主君と家臣とのつながりは，感状や官途状といった名誉系*に属する文書を盛んに与えたり，起請文を頻繁にとりかわしたり，といった行為を通じて保持される．……143

しんせつ／親切

印判状*による黒*い支配をしく政府のモットー．大勢の官僚をかかえ，頼みもしないのにどしどし文書を頒布して，積極的な行政を展開する．大規模な土木事業の遂行，流通・交通環境の整備や治安の向上などの利点もあるが，重い課税・厳しい統制といった苛酷さをもあわせもつ．中世末の社会にとっては「大きなお世話」に過ぎなかった，との見方もある．……………………………………………319，362

たぬきおやじ／狸親父

徳川家康のしたたかさの謂．とりわけ，印判状*による体制固めをきっちりと行ないながら，判物*をわざわざ部分的に残して主君と家臣との個人的つながりを一部に保持しようとたくらむような，政治的老獪さをさす．………………………………………………………………392

ちいさなとうしゅ／小さな当主

当主から権限を委譲されて，特定の地域の統治を任された支城主．印判状大名*に特有の現象．広大な領国を治めるために各地に派遣された後北条氏の一族たちを典型とする．主君と家臣との人格的つながりに依拠する非印判状大名*の政権にあっては，その性格ゆえに，こうした当主の権限を余人に分掌させるという行為はなしえなかった．……………………………………………………………………………75，172

にとうせいじ／二頭政治

新旧双方の当主から競いあうように並行して文書が出される状態．非印判状大名*に特有の現象．家臣によってどちらの当主から文書をもらうかがほぼ決まっていたことが検証できるため，非印判状大名の統治が個人的・人格的つながりに重きを置くものであることを証する有力な論拠として活躍する．……………………………………134，145

はくれいか／薄礼化

政権の発給文書の書式が鄭重なものから尊大なものへと変化していくこと．発給者の力が従来よりも強大になり，家臣ら領内の諸勢力と隔絶した上下関係を結べるようになったことのあらわれである．そのため，政権の強さの度合いをはかる手軽なものさしとして重宝され

の諸氏を含む．彼らは印判状による非人格的・官僚制的*で強力な統治を展開することで，織田信長ら天下人の先達の役割を果し，近世の統治のありかたを決定した元凶という栄誉をになう．………………217

かんりょうせいてきしはい／官僚制的支配

奉行人・吏僚たちによって構成される領国経営のシステムをベースとした支配のありよう．人格的支配*の対概念．命令系*の文書を大量に頒布し，検地・徴税・兵士調達・交通路整備など，さまざまな施策を積極的に展開していく．それまでの中世という時代には類を見ない，画期的な統治のありかただったと評価される．…………55，401

くろ／黒

印判状大名*陣営のイメージ・カラー．内容分布の円グラフを描いたときに，黒く塗られた命令系*の分野が大きな面積を占めることに由来する．……………………………………………………………218

じゅうたんばくげき／絨毯爆撃

ある地域の戦国大名を，規模の大小を問わずすべて訪問するという手法．手間はかかるが，著名で代表的な大名だけを訪れたのでは見逃してしまう世界を覗くことができるという利点を有する．東北地方を旅した際に採用され，印判状大名*と非印判状大名*の二色に織りなされる不思議な風景をとらえることに成功した．……………244，272

しょじょうけい／書状系

書止文言のうち，書状に主に使われるものの総称．証文の世界でこれが多用されるか否かによって，その政権の強弱をはかることができる．多用されればゆるやかな支配，そうでなければ強い支配である．また，同じ書状系のなかでもどれを使うか，「恐惶謹言」か「恐々謹言」か「謹言」か，をみることで薄礼化*の進行状況がきめ細かくトレースできるのもうれしい．……………………………………177

しろ／白

非印判状大名*陣営のイメージ・カラー．内容分布の円グラフを描いたときに，白く塗られた名誉系*の分野が大きな面積を占めることに由来する．………………………………………………………219

じんかくてきしはい／人格的支配

主君と家臣との個人的・人格的なきずな・つながりをベースとした支配のありよう．官僚制的支配*の対概念．二頭政治*期の毛利氏が

用　語　集

本書での旅の道すがら，ずいぶんと気ままに言葉をつくり出してきたし，特殊な意味あいをになわせて用いた言葉も少なくない．ここに，その主なものをまとめ，もって読者の皆さまの旅の幸いを祈りたい．

数字は関連のページ数を，＊は「用語集」の採録語であることを示す．

あてがいけい／宛行系

発給文書を内容ごとに分類する際の一ジャンル．所領宛行・宛行約束・寄進の三者からなる．土地を中心とする「もの」を与えた文書．……39

あんどけい／安堵系

同じく発給文書を内容ごとに分類する際の一ジャンル．所領安堵・職等の安堵・相続安堵の三者からなる．あらたに何かを与えるのではなく，既得権益を安堵した文書．……39

いんばんじょう／印判状

はんこを捺した文書．判物*の対概念．列島に近世をもたらした“うちでの小槌”という役どころを演ずる本書最大の立役者．領民等に対して命令を下すときには必ずこれが用いられる，大量に一斉に出されることが多い，書式は薄礼，などさまざまな特徴から，この印判状による統治は非人格的・官僚制的*な性格を帯びていると推察される．……22

いんばんじょうか／印判状化

政権の発給文書が判物*からしだいに印判状*に切り替えられていくこと．東国の印判状大名*各氏，及び天下人たちのいずれもが経験する．後北条氏における分析により，この現象は人格的*・個人的な統治のありかたが非人格的・官僚制的*なものに変化していくことを物語るものと位置づけられている．……57

いんばんじょうだいみょう／印判状大名

印判状*を発給文書の中心に据えた大名．非印判状大名*の対概念．後北条氏を典型とし，武田・今川・上杉・伊達など，東国・東北

学術文庫版あとがき

二二年前、ここで私は生まれた。

『中世のなかに生まれた近世』

何とも情報量に乏しい、そっけないタイトルである。今の私なら、どんなふうに付けるだろうか。『はんこが近世を連れてきた』。いやいや、もっと果敢に『はんこ大名の天下獲り』と攻めるだろうか。

二二年の時を越え、あらためて一字一句をなぞりつつの校正作業を終えてみて、しかし、タイトル以外については意外なほどに、今ならこうは書かないのに、ともどかしく思う箇所が少なかった。全国の大名を一つ一つ丹念に探査して地道に証拠を積み上げてゆく本書の手法にとっては、地味で着実で跳ね過ぎない、これくらいの文体がよく似合う。むしろ、よくもこれだけの厖大な作業をこつこつやり遂げたものよと、若き日の自分のがんばりが、いとおしくなったりもした。

一つだけ、今振り返ってみて、ここはその後、自分のなかで大きく変化したと気づく論点がある。はんこ大名（印判状大名）が連れてきた「近世」をどうとらえるか、についてである。本書では、はんこ大名が積極的に展開して、その後の日本を決定づけることとなった非人格的・官僚制的な支配について「黒い支配」と形容し、「政策的な大きな見通しのもとに、各方面にわたる措置をつぎつぎと講じていく力強い政治」だと評価しつつも、「でもそのかわりに重い税金・厳しい監視と統制」と必ずマイナス面を言い添えるという姿勢で一貫している。「幕藩制という、二六五年も続く化物のごとき官僚システム」と、嫌悪感を滲ませたフレーズまで登場する。政府などという必要悪は小さければ小さいほどよい。何でも独力で解決する自力救済の中世こそ、ほんらいあるべき理想のかたちだという中世肯定史観を引きずっているのである。

そうした自力救済への無邪気な傾倒が徐々に吹っ切れていったのは、本書のつぎに『黄金太閤』（中公新書、一九九二年）で、豊臣秀吉という稀代の政治パフォーマーの迫力に圧倒され、さらに時代をくだって『黄門さまと犬公方』（文春新書、一九九八年）で、徳川綱吉という異色の将軍が掲げた理想とその蹉跌に立ち合い、と天下人や公方さまたちとのつきあいを深めてゆくにつれて、であった。為政者の近くに身を置き、彼らの心の高ぶりやおののきを感得しようとつとめることで、政治という営みの底知れない玄妙さ、おもしろさにしだいに魅せられていったのである。

けれども、個々の政治家の努力だけにフォーカスしていても、全体の動きが視野に入ってこない。一五年の長い休止期間をはさんで上梓した『江戸の小判ゲーム』（講談社現代新書、二〇一三年）では、そのことを意識し、江戸の社会全体がどんなメカニズムで動いていたかを、公儀と武士と商人という三プレイヤーのゲームの構図に見立てて読み解いてみた。そのことで、社会集団同士の均衡関係や貨幣の流通速度にまで及ぶ新しい視野が拓けてきた。寛政の改革に際してのチーム定信奮闘のドラマも立ち上がってきた。ようやく、かつて投げつけた「二六五年も続く化物のごとき官僚システム」という悪罵を撤回することができる。

拓けてきた新しい視野をよりクリアなものにするべく、つぎのターゲットは江戸の商人たちと定めた。まずは花のお江戸の商人のデータベースをこつこつ作成し、それをもとに個々の商人の業種や存続期間、店舗のある場所や株相続の経緯などについて統計分析をおこなってみると、江戸の商人はA（ティファニー型）とB（コンビニ型）の二つのタイプにきれいに分類できて、後発のBタイプがどんどん勢力を強めて江戸の街を席巻してゆくようすが見えてきた。

おや、このストーリーは懐かしいたたずまいをしている。

遠くへ来たように思えて、どこまでも本書は私の原点なのであった。

山室恭子

本書の原本は、一九九一年、吉川弘文館より刊行されました。

山室恭子（やまむろ　きょうこ）

1956年生まれ。東京大学文学部卒業。同大学院人文科学研究科博士課程中退。文学博士。現在，東京工業大学工学院教授。専攻は，日本史。主な著書に，『黄金太閤』『群雄創世紀』『黄門さまと犬公方』『江戸の小判ゲーム』などがある。

講談社学術文庫

定価はカバーに表示してあります。

中世《ちゅうせい》のなかに生《う》まれた近世《きんせい》

山室恭子《やまむろきょうこ》

2013年5月9日　第1刷発行
2020年10月29日　第2刷発行

発行者　渡瀬昌彦
発行所　株式会社講談社
東京都文京区音羽 2-12-21 〒112-8001
電話　編集（03）5395-3512
販売（03）5395-4415
業務（03）5395-3615
装　幀　蟹江征治
印　刷　豊国印刷株式会社
製　本　株式会社国宝社
本文データ制作　講談社デジタル製作

ISBN978-4-06-292170-1

「講談社学術文庫」の刊行に当たって

これは、学術をポケットに入れることをモットーとして生まれた文庫である。学術は少年の心を養い、成年の心を満たす。その学術がポケットにはいる形で、万人のものになることは、生涯教育をうたう現代の理想である。

こうした考え方は、学術を巨大な城のように見る世間の常識に反するかもしれない。また、一部の人たちからは、学術の権威をおとすものと非難されるかもしれない。しかし、それはいずれも学術の新しい在り方を解しないものといわざるをえない。

学術は、まず魔術への挑戦から始まった。やがて、いわゆる常識をつぎつぎに改めていった。学術の権威は、幾百年、幾千年にわたる、苦しい戦いの成果である。こうしてきずきあげられた城が、一見して近づきがたいものにうつるのは、そのためである。しかし、学術の権威を、その形の上だけで判断してはならない。その生成のあとをかえりみれば、その根は常に人々の生活の中にあった。学術が大きな力たりうるのはそのためであって、生活をはなれた学術は、どこにもない。

開かれた社会といわれる現代にとって、これはまったく自明である。生活と学術との間に、もし距離があるとすれば、何をおいてもこれを埋めねばならない。もしこの距離が形の上の迷信からきているとすれば、その迷信をうち破らねばならぬ。

学術文庫は、内外の迷信を打破し、学術のために新しい天地をひらく意図をもって生まれた。文庫という小さい形と、学術という壮大な城とが、完全に両立するためには、なおいくらかの時を必要とするであろう。しかし、学術をポケットにした社会が、人間の生活にとってより豊かな社会であることは、たしかである。そうした社会の実現のために、文庫の世界に新しいジャンルを加えることができれば幸いである。

一九七六年六月

野間省一

日本の歴史・地理

君が代の歴史
山田孝雄著（解説・鈴木健一）

古今和歌集にあったよみ人しらずの「あの歌」は、いかにして国歌になったのか、種々の史料から和歌としてのなりたちと楽曲としての沿革の両面でたどる。「最後の国学者」が戦後十年を経て遺した真摯な追跡。

2540

潜伏キリシタン　江戸時代の禁教政策と民衆
大橋幸泰著

近世では一部のキリシタンは模範的な百姓として許容され、本当の悲劇は、近代の解放後に起こった。近世の宗教弾圧を検証し、「隠れ切支丹」の虚像を覆す。近世大浦天主堂の「信徒発見の奇跡」は何を物語るのか。

2546

元号通覧
森　鷗外著（解説・猪瀬直樹）

一三〇〇年分の元号が一望できる！　文豪森鷗外、最晩年の考証の精華『元号考』を改題文庫化。「大化」から「大正」に至る元号の典拠や不採用の候補、改元の理由まで、その奥深さを存分に堪能できる一冊。

2554

本能寺の変
藤田達生著

なぜ明智光秀は信長を殺したか。信長は何と戦い、何に負けたのか。戦国時代とは、室町幕府とは、日本の中世・近世とは何か。史料を丹念に読み解くことで、日本史上最大の政変の深層を探り、核心を衝く！

2556

満鉄全史　「国策会社」の全貌
加藤聖文著

一企業でありながら「陽に鉄道経営の仮面を装い、陰に百般の施設を実行する」実質的な国家機関として大陸に君臨した南満洲鉄道株式会社の誕生から消滅まで。年表、首脳陣人事一覧、会社組織一覧付き。

2572

戦国時代
永原慶二著（解説・本郷和人）

大名はいかに戦ったか。民衆はいかに生き抜いたか。そして日本はいかに変容したか。戦後日本史学の巨人が戦国時代の全体像を描き出した決定的論考。戦乱の実像と時代の動因を、明晰かつ生き生きと描く名著！

2573